商务馆对外汉语教学专题研究书系（第二辑）
总主编 赵金铭
审 订 世界汉语教学学会

汉语作为第二语言教学的教学技术研究

主编 郑艳群

商务印书馆
2019年·北京

总主编 赵金铭

主　编 郑艳群

作　者（按音序排列）

白建华	陈　默	陈　申	村上公一
何　敏	洪　炜	李向农	李艳惠
林金锡	卢达威	卢　伟	宋春阳
孙雁雁	王建勤	谢天蔚	信世昌
熊玉珍	徐　娟	许德宝	薛馨华
姚道中	于　涛	张　霓	张小峰
张晓苏	张　屹	张亦凝	郑通涛
郑艳群	朱　宇		

目 录

总　序 …………………………………………………………… 1
综　述 …………………………………………………………… 1

第一章　汉语教育技术研究形势分析 …………………… 1
第一节　汉语国际教育信息化的发展与展望 ………………… 1
第二节　基于文献统计的多媒体汉语教学研究报告 ………… 19

第二章　多媒体汉语教学原理探讨 ……………………… 31
第一节　汉语多媒体口语教学的方法和原理 ………………… 31
第二节　视觉表征在汉语教学设计中的应用 ………………… 39

第三章　网络汉语教学设计与学习策略研究 …………… 56
第一节　网络环境下的汉语学习策略研究 …………………… 56
第二节　网络汉语写作教学研究 ……………………………… 68
第三节　网络汉语同步视频教学研究 ………………………… 94

第四章　网络汉语学习环境构建研究 …………………… 107
第一节　汉语网络教学中的反馈方式研究 …………………… 107
第二节　汉语网络个性化学习环境构建研究 ………………… 121

第三节　汉语网络教学中的文化环境研究 ················· 130

第五章　汉语教学前沿技术应用与探讨 ················· 142
　　第一节　机器翻译用于汉语阅读教学研究 ················· 142
　　第二节　计算机辅助汉语能力测试研究 ··················· 152
　　第三节　汉语网络学习工具的评测与选择标准 ··········· 161
　　第四节　慕课的特点及其在汉语教学中的应用 ··········· 191

第六章　信息化教学实证研究与计算机模拟 ············· 213
　　第一节　汉语网络学习平台需求和功能实证调查 ········ 213
　　第二节　多媒体汉语口语教学效果分析 ·················· 228
　　第三节　利用电子抽认卡学习汉字的实证研究 ··········· 237
　　第四节　汉语声调教学的实验和计算机模拟研究 ········ 254

第七章　汉语教学中的信息挖掘与利用 ················· 266
　　第一节　汉语教学数据挖掘的意义和方法 ················ 266
　　第二节　汉语教学管理中的信息集成 ···················· 282

第八章　信息技术应用于汉语教学的反思与对策 ······· 293
　　第一节　数字化汉语教学中人与技术的关系 ············· 293
　　第二节　网络汉语教学资源可靠性和作用 ················ 302
　　第三节　科技应用于汉语教学的有效性 ·················· 316
　　第四节　科技应用于汉语教学的原则 ···················· 331

后　记 ··· 346

总 序

赵 金 铭

对外汉语教学专题研究书系是商务印书馆出版的同名书系的延续。主要收录2005—2016年期间,有关学术杂志、期刊、高校学报等所发表的有关对外汉语教学研究论文,涉及学科各分支研究领域。内容全面,质量上乘,搜罗宏富。对观点不同的文章,两方皆收。本书系是对近10年对外汉语教学研究成果的汇总与全面展示,希望能为学界提供近10年来本学科研究的总体全貌。

近10年的对外汉语教学与研究,呈现蓬勃发展的局面,与此同时,各研究分支也出现一些发展不平衡现象。总体看来,孔子学院教学、汉语师资培训、文化与文化教学、专业硕士课程教学等方面,已经成为研究热门,研究成果数量颇丰,但论文质量尚有待提升。由于主管部门的导向,作为第二语言汉语教学的汉语本体研究与汉语教学研究,在一定程度上被淡化。语音、词汇及其教学研究成果较少,语法、汉字及其教学研究成果稍多,汉字教学研究讨论尤为热烈。新汉语水平考试研究还不够成熟,课程与标准和大纲研究略显薄弱。值得提及的是,教学方法研究与教学模式研究、汉语作为第二语言习得研究、现代教育技术研究及其在教学中的应用研究，发展迅速，方兴未艾，成果尤为突出。本书系就是对这10年研究状况的展示与总结。

近10年来，汉语国际教育大发展的主要标志是：开展汉语教学的国别更加广泛；学汉语的人数呈大规模增长；汉语教学类型和层次多样化；汉语教师、教材、教法研究日益深入，汉语教学本土化程度不断加深；汉语教学正被越来越多的国家纳入其国民教育体系。其中，世界范围内孔子学院的建立既是国际汉语教育事业大发展的重要标志，也是进一步促进国际汉语教学持续发展的一个重要平台，吸引了世界各地众多的汉语学习者。来华外国留学生汉语教学与海外汉语教学，共同打造出汉语教学蓬勃发展的局面。

大发展带来学科研究范围的扩大和研究领域的拓展。本书系共计24册，与此前的22册书系的卷目设计略有不同。

本书系不再设《对外汉语课堂教学技巧研究》，增设《汉语作为第二语言教学的教学方法研究》和《汉语作为第二语言教学的教学模式研究》两册。汉语作为第二语言教学，既与世界第二语言教学有共同点，也因汉语、汉字的特点，而具有不同于其他语言作为第二语言教学的特色。这就要求对外汉语教学要讲求符合汉语实际的教学方法。几十年以来，对外汉语教学在继承传统和不断吸取各种教学法长处的基础上，结合汉语、汉字特点，以结构和功能相结合为主的教学方法为业内广泛采用，被称为汉语综合教学法。博采众长，为我所用，不独法一家，是其突出特点。这既是对外汉语教学的传统，在教学实践中也证明是符合对外汉语教学实际的有效的教学方法。与此同时，近年来任务型教学模式风行一时，各种各样的教法也各展风采。后方法论被介绍进来后，已不再追求最佳教学法与最有效教学模式，教学法与教学模式研究呈现多样化与多元性发展态势。

进入新世纪后，对外汉语教学学科理论研究的一个重要进展是开拓了第二语言习得理论与实际问题的研究，从重视研究教师怎样教汉语，转向研究学习者如何学习汉语，这是一种研究理念的改变，这种研究近10年来呈现上升趋势。研究的重点集中于学习者语言系统研究、汉语作为第二语言的习得研究，以及汉语作为第二语言学习者研究。本书系基于研究领域的扩大，增设《基于认知视角的汉语第二语言习得研究》，从一个新的角度开辟了汉语学习研究的新局面。

教育部在2012年取消原本科专业目录里的"对外汉语"，设"汉语国际教育"二级学科。此后，"汉语国际教育"作为在世界范围内开展汉语作为第二语言教学的名称被广泛使用，学科名称的变化，为对外汉语教学带来了无限的机遇与巨大的挑战。随着海外汉语学习者人数的与日俱增，大量汉语教师和汉语教学志愿教师被派往海外，新的矛盾暴露，新的问题随之产生。缺少适应海外汉语教学需求的合格的汉语教师，缺乏适合海外汉语学习者使用的汉语教材，原有的汉语教学方法又难以适应海外汉语教学实际，这三者成为制约提高对外汉语教学质量、提升对外汉语教学水平的瓶颈。

面对世界汉语教学呈现出来的这些现象，在进行深入研究，寻求解决办法的同时，也产生了一种急于求成的情绪，急于解决当前的问题。故而研究所谓"三教"问题，一时成为热门话题。围绕教师、教材和教法问题，结合实际情况，出现一大批对具体问题进行研究的论文。与此同时，在主管部门的导引下，轻视理论研究，淡化学科建设，舍本逐末，视基础理论研究为多余，成为一时倾向。由于没有在根本问题上做深入的理论探讨，将过多的精力用于技法的提升，以至于在社会上对汉语作为一个学科产生了不同认识，某种程度上干扰了学科建设。本书系《汉语作为第二语言教学的学科理论研究》和《汉语作为第二语言教学的教学理论研究》两册集中反映了学科建设与教学理论问题，显示学界对基本理论建设的重视。

2007年国务院学位办设立"汉语国际教育硕士专业学位"，目前已有200余所高等院校招收和培养汉语国际教育专业硕士。10多年来，数千名汉语教师和志愿者在世界各地教授汉语、传播中国文化，这支师资队伍正在共同为向世界推广汉语做出贡献。

一种倾向掩盖着另一种倾向。社会上看轻汉语作为第二语言教学的观点，依然存在。这就是将教授外国人汉语看成一种轻而易举的事，这是一种带有普遍性的错误认知。这种认识导致对汉语作为第二语言教学科学性认识不足。一些人单凭一股热情和使命感，进入了汉语国际教育的教师队伍。一些人在知识储备和教学技能方面并未做好充分的准备，便匆匆走向教坛。故而如何对来自不同专业、知识结构多层次、语言文化背景多有差别的学习者，进行汉语作为第二语言教学的专业培养和培训，如何安排课程内容，将其培养成一个合格的汉语教师，就成为当前迫切需要解决的问题。本书系增设的《汉语作为第二语言教学的教师发展研究》《汉语作为第二语言标准与大纲研究》以及《汉语作为第二语言教学的课程研究》，都专门探讨这些有关问题。

自 1985 年以来，实行近 20 年的汉语水平考试（HSK），已构成了一个水平由低到高的较为完整的系统，汉语水平考试（HSK）的实施大大促进了汉语教学的科学化和规范化。废除 HSK 后，研发的"新 HSK"，目前正在改进与完善之中。有关考试研究，最近 10 年来，虽然关于测试理论和技术等方面的研究仍然有一些成果出现，但和以往相比，研究成果的数量有所下降，理论和技术方面尚缺乏明显的突破。汉语测试的新进展主要表现在新测验的开发、新技术的应用和对重大理论问题的探讨等方面。《汉语作为第二语言测试研究》体现了汉语测试的研究现状与新进展。

十几年来，汉语作为第二语言教学史的研究越来越多，也越来越深入。既有宏观的综合性研究，又有微观的个案考察。宏观研究中，从学科建设的角度探讨汉语教学史的研究。重视对外汉语教学历史的发掘与研究，因为这是对外汉语教学学科建设中不可缺少的一部分。宏观研究还包括对某一历史阶段和某一国家或地区汉语教学历史的回顾与描述。微观研究则更关注具体国家和地区的汉语教学历史、现状与发展。为此本书系增设《汉语作为第二语言教学史研究》，以飨读者。

本书系在汉语本体及其教学研究、汉语技能教学研究、文化教学与跨文化交际研究、教育技术研究和教育资源研究等方面，也都将近 10 年的成果进行汇总，勾勒出研究的大致脉络与发展轨迹，也同时可见其研究的短板，可为今后的深入研究引领方向。

本书系由商务印书馆策划，从确定选题，到组织主编队伍，以及在筛选文章、整理分类的过程中，商务印书馆总编辑周洪波先生给予了精心指导在此深表谢意。

本书系由多所大学本专业同人共同合作，大家同心协力，和衷共济，在各册主编初选的基础上，经过全体主编会的多次集体讨论，认真比较，权衡轻重，突出研究特色，注重研究创新，最终确定入选篇章。即便如此，也还可能因水平所及评述失当，容或有漏选或误选之处，对书中的疏漏和失误，敬请读者不吝指教，以便再版时予以修正。

综　述[①]

近十年来，汉语教育技术的发展正践行着教育技术研究各个范畴的基本理念，逐渐成为汉语教学研究的对象。我们将对汉语教学中应用多媒体和网络技术的教学实践与理论思考、中文信息处理技术及新科技的应用探索，以及汉语教育技术实证研究和模拟研究等突出的方面所取得的新进展进行总结和分析；并从教育技术推动汉语教学发展的角度，从研究框架、基础研究和自身理论构建以及研究方法等方面提出新的认识。目的是在世界教育技术大发展的时代，为汉语教学赢得新的发展机遇。

一　近十年来汉语教育技术研究的新进展

（一）多媒体汉语教学研究走向纵深

多媒体技术应用于汉语教学是有历史基础的，教师对多媒体技术在课堂教学中的应用及其与汉语课程整合问题依然怀有较高

[①] 本篇"综述"以《汉语教育技术研究的新进展与新认识》为题，发表于《国际汉语教学研究》2017年第4期。

的热情,这是由汉语教学本身的特点决定的。于涛(2010)[①]对1996年至2009年有关多媒体辅助对外汉语教学研究的论文做过总结,指出这一时期信息技术应用于汉语教学从技术角度来看的突出特点就是在课堂教学中应用多媒体技术,该文同时指出了多媒体辅助对外汉语教学存在的问题以及未来的发展方向。

然而,我们发现,当多媒体在汉语课堂教学中普及应用之后,却遇到了瓶颈,研究内容的重点从侧重技术层面对多媒体课件设计的探讨,转变为侧重应用形式的讨论,以及背后的理论分析。已有的研究从课型和感觉通道及呈现模式的角度做了分析。(1)从涉及的课型来看,尤以对口语课的讨论居多。孙雁雁(2012)[②]分析了多媒体环境下初级口语课堂教学方法,提出"激发输入—互动输出"教学模式,这是一篇探究口语教学中应用多媒体技术原理的文章,可以为其他课型的深入研究提供借鉴。(2)从感觉通道和呈现模式来看,以视觉研究居多。张小峰(2012)[③]从视觉文化的视野探讨视觉表征在对外汉语教学设计中的应用。该文认为,语言知识的视觉表征是视觉文化背景下汉语教学理念的实践,是第二语言课堂教学的内在需要,"是教育技术实践于对

---

① 参见于涛《多媒体计算机技术与对外汉语课程的整合研究——对我国多媒体辅助对外汉语教学研究状况的统计分析》,《云南师范大学学报》(对外汉语教学与研究版)2010年第2期。

② 参见孙雁雁《"激发输入—互动输出"模式在多媒体初级汉语口语教学中的运用》,《第十届国际汉语教学研讨会论文选》,北方联合出版传媒(集团)股份有限公司、万卷出版公司2012年版。

③ 参见张小峰《视觉表征在对外汉语教学设计中的应用》,《现代远距离教育》2012年第3期。

外汉语教学的价值体现"。朱宇（2010）①根据双重编码理论，基于新双重编码假设，检验和解释了不同形式的电子抽认卡对美国汉语初学者生词字形、字音、字义记忆的影响。其研究结果有望作为多媒体汉字教学的理论依据。

（二）汉语网络教学和学习设计研究成为热点

网络教学研究中，对网络学习策略的探讨是非常重要和必要的，因为以学习策略为出发点来探讨网络教学的对策，是遵循以学习者为中心理念的体现。卢伟（2009）②强调了在网络教学中对学习者因素的关注和研究，认为开展网络学习策略研究将有助于网络教学设计、教材编写、课件制作、资源建设和学习策略培训。

对信息社会是否还要教授汉字书写的问题，张霓（2012）③认为汉字书写的难题限制或影响了书写技能的发展，该文进而论述了在美国利用网络工具开展高级写作训练的必要性、合理性及可行性，并给出了具体的教学设计方案。

由于视频技术的应用更贴近语言教学的需要，因此在国际化或跨地区的网络教学中，探讨网络视频教学的研究仍在继续，随之也出现了一些需要解决的问题。信世昌（2012）④提出了基于

---

① 参见朱宇《再探电子抽认卡对美国汉语初学者汉字记忆的影响》，《世界汉语教学》2010年第1期。
② 参见卢伟《网络环境下的汉语学习策略研究》，李晓琪主编《汉语教学学刊》（第5辑），北京大学出版社2009年版。
③ 参见张霓《与数码时代同步——利用网络技术训练写作技能》，许德宝主编《美国科技与中文教学》（2012），中国社会科学出版社2012年版。
④ 参见信世昌《结合视讯会议及多媒体网站之汉语文化沟通教学》，《第十届国际汉语教学研讨会论文选》，北方联合出版传媒（集团）股份有限公司、万卷出版公司2012年版。

社会互动理论、以跨文化交流为主导思想的网络视频教学模式的合理性,并对具体问题进行了详细分析,使我们能够从中窥见设计和实施一个远程教学项目的整体面貌。

网络教学离不开平台和工具,这些技术为互动式汉语学习提供了方便。谢天蔚(2006)[①]审视了这些软件工具、平台的时效性、可信度,分析了它们的特点及在汉语教学中可能具有的作用、意义和适用性,指出了各类工具的局限性,并结合教学理论和汉语教学的目标给出了应用这些软件工具的建议。网络学习工具分为不同的类型,许德宝(2012)[②]根据参与度和互动性的定义,对常见网络学习工具进行了评测,目的是根据语言教学的需要选择合适的网络工具,并给出了语言教师在教学中参考和选用软件工具的标准。

从网络教学目前的发展和探索来看,网络教学的成效没有超越甚至不及传统课堂面授。人们努力的方向,一是模拟或再现第二语言课堂教学中优越的方面,二是发扬和发掘网络教学可能有利于语言教学的功能应用。整体来看,这些研究都可以归结于对网络语言学习环境的研究。因此,人们对网络教学研究的一个重要内容便是构建有利于网络语言学习的环境。姚道中(2006)[③]

---

① 参见谢天蔚《博客、维基、网播与中文教学》,张普等主编《数字化汉语教学的研究与应用》,语文出版社2006年版。

② 参见许德宝《网络参与式学习工具的评测与虚拟课堂软件的选择标准》,许德宝主编《美国科技与中文教学》(2012),中国社会科学出版社2012年版。

③ 参见姚道中《利用反馈改进网上汉语教学》,李晓琪主编《汉语教学学刊》(第2辑),北京大学出版社2006年版。

认为，网上听和读的练习应尽可能多设计并提供解释性反馈，防止学生猜中正确答案；多设计和提供间接性反馈，使学生通过思考真正掌握语言知识和技能；阅读较长的文章时，可以考虑做多层次的反馈。熊玉珍（2012）[①]认为，满足汉语学习者个性化需求是有效汉语学习、汉语教育质量提高的具体体现，通过测评构建学生学习模型是关键。薛馨华和陈申（2008）[②]指出，汉语网络教学设计者在考虑教学内容的"文内因素"（Text）时还应考虑"文外因素"（Context），构建学习所需的"社会场景"。

这些有关网络教学和学习设计的研究，目的正是朝着一个理想化的网络学习环境靠近。实际上，构建理想的网络环境所需要的各项工作都应该抓紧展开。模拟课堂教学是一方面，创新应用形式更应该受到重视。只有这样，才有可能产生成功的、超越课堂教学的网络学习模式和学习效果。

（三）探索前沿科技与中文信息处理技术的应用

科学技术应用于教学，是现代教育技术最重要的特点。这里所说的技术，除了有形的机械或设备之外，还有信息处理技术。它们都可能以不同的形式或程度影响语言教学。

虽然有些技术应用于教学相对成熟（如机器翻译），有些刚刚起步（如慕课），但都值得再做深入探讨。不同的技术可以用于教学的不同方面，同类技术的不同性能和指标也有不同的应用，对语言教学来说，面临如何选择的问题，即按照哪个方面或哪些

[①] 参见熊玉珍《基于测评的汉语个性化学习环境的构建》，《电化教育研究》2012年第3期。

[②] 参见薛馨华、陈申《网络教学的文化环境》，《世界汉语教学》2008年第3期。

指标来评价软件的适用性。

1. 关注前沿科技的应用

除了人们经常讨论的多媒体教学、网络教学以及计算机自适应测试，还有智能教学系统，它是教育技术学中重要的研究领域；游戏化教学，它是目前比较流行的教学理论和教育实践；慕课教学、移动教学、微信教学等，这些都是科技时代的产物，是现代科技与汉语教学自然融合的体现。

慕课是近年来教育技术研究的热点问题，慕课到底对汉语教学有什么启示？林金锡和张亦凝（2015）[①] 从理论和结构、互动、教学方法的特点等方面区分了"联通主义慕课"（cMOOC）和"基于内容的慕课"（xMOOC），认为基于内容的慕课或许能够适用于汉语教学的某些领域，并结合目前已经上线的慕课做了分析。

在大数据时代，通过数据挖掘和分析，可以帮助我们发现更多汉语教学的规律，这有助于在教学进程中及时采取干预或反馈措施，从而优化教学。郑通涛（2011）[②] 论述了管理平台建设的必要性，强调了网络平台信息的获取和利用，阐述了网络平台信息在教学管理中的作用。学者们也注意到了外语教学研究范式的变化。郑艳群（2016）[③] 结合汉语教学研究的具体问题，论述了大数据和数据挖掘技术在汉语教学理论研究、实践研究以及学科

---

① 参见林金锡、张亦凝《慕课对对外汉语教学的启示》，《国际汉语教育》2015年第1期。

② 参见郑通涛《构建孔子学院全球教学管理平台模式研究》，《国际汉语学报》2011年第1期。

③ 参见郑艳群《汉语教学数据挖掘：意义和方法》，《语言文字应用》2016年第4期。

建设方面的重要意义；结合汉语教学的具体实例，论述了汉语教学研究中应用数据挖掘技术的常用方法和具体步骤。

2. 关注汉语信息处理技术的应用

就语言教学来说，有一类无形的技术是需要特别关注的，那就是语言信息处理技术，如汉字输入技术、文字转换技术、分词技术、机器翻译技术、电子词典、汉字手写识别技术、汉语语音识别技术等。

村上公一（2006）[①]对机器翻译可用于什么类型语言知识的辅助学习做了探讨。文章报告了一项教学实验，利用机器翻译所得的材料进行实验室研究和调查，了解机器翻译对阅读教学的影响。

电脑辅助测试或电脑辅助判断语言能力，一直是人们感兴趣的项目，但实际技术实现和效果始终没有达到令人满意的程度。宋春阳（2010）[②]的文章通过试卷的项目分析发现题型对试题难度和区分度都有很大影响。作者从认知心理及概率统计等角度对产生这种差异的原因进行了分析，针对汉语能力电脑辅助测试题型的构成提出了自己的见解。这些认识对推进电脑辅助语言能力测试的效果和技术实现都有启发。

---

① 参见村上公一《中日机器翻译与中文阅读教学》，《第八届国际汉语教学讨论会论文选》，高等教育出版社2006年版。

② 参见宋春阳《基于统计的汉语能力电脑辅助测试题型构成研究》，费毓芳主编《桃李学刊（第一辑）——上海交通大学国际教育学院十周年院庆论文集》，上海交通大学出版社2010年版。

（四）研究方法上重视汉语教育技术应用的实证研究并引入计算机模拟的方法

1. 重视实证研究

一段时间以来，一方面，人们想探究到底怎样的技术或怎样的技术使用方式对教学的哪些方面产生了积极的作用；另一方面，人们也希望纠正一些关于技术应用的不当认识或做法。于是，研究者在已有研究的基础上开展了实证研究，出发点是为了对理论加以验证、修正或补充。

李向农等（2008）[①]对学习者需求进行了问卷调查，调查和分析结果为网络平台建设提供了来自使用者的声音。

李向农和张晓苏（2012）[②]对中高级口语课堂多媒体使用效果开展了问卷调查，并以授课时的观察记录、教师访谈为佐证做了进一步的分析，从而提出中高级课堂上多媒体教学应遵循的四项原则。

这些研究使得汉语教育技术的应用走出了盲目地凭经验摸索或凭感觉使用的阶段。

2. 引入计算机模拟的方法

除了有限样本的实验研究，我们欣喜地看到已有研究者开展了汉语计算机模拟研究，其特点是先建立研究对象的数学模型或描述模型，然后在计算机上进行实验。与实验研究相比，计算机

[①] 参见李向农、张屹、何敏《远程可视化对外汉语教学平台的设计》，《云南师范大学学报》（对外汉语教学与研究版）2008 年第 1 期。

[②] 参见李向农、张晓苏《留学生"汉语口语"多媒体辅助教学效果分析》，《云南师范大学学报》（对外汉语教学与研究版）2012 年第 5 期。

模拟研究可以减少对环境的依赖,即不像实验研究那样涉及很多参与实验的人的因素,并且可以通过对参数的调整验证不同的假设。这为今后其他汉语教学实验提供了理想的研究方法的参考,也会提高实证研究的水平,但是需要计算机技术人员的支持。

陈默和王建勤(2011)[①]采用计算机模拟的研究方法对汉语声调教学的三种教学策略进行了研究,考察哪种教学策略更有助于声调习得。所采用的计算机模拟的研究方法包括语音表征的建立、双语模型训练、教学策略训练和测试。当然,正如陈静等(2008)[②]所说,进行计算机模拟的目的不仅仅在于验证行为实验的结果,更重要的是可以获得一些行为实验无法获得的结果。

信息时代,层出不穷的信息技术涌入汉语教学,剥去热情之后的反思是发展阶段的共同特征,反思有利于发展,有利于澄清认识。反思之后的建议或对策是宝贵的。在此我们选取的篇目涉及人与技术因素的关系、网络平台软件工具利用、软件工具应用策略、如何以理论为基础创设有利于教学效率提高的教学方法等。谢天蔚(2006)、白建华(2007)、李艳惠(2007)、徐娟(2010)[③]从不同的角度或不同的层面,对相关的研究问题和研究方法进行

[①] 参见陈默、王建勤《汉语声调教学的实验和计算机模拟研究》,《语言教学与研究》2011年第1期。

[②] 参见陈静、穆志纯、孙筱倩《计算机模拟汉字字形认知过程的研究》,《智能系统学报》2008年第3期。

[③] 参见白建华《高科技手段与高效率教学——浅谈高科技手段在对外汉语教学中的有效融入》、李艳惠《汉语教学与科技的融合——何去何从》,崔希亮主编《汉语教学:海内外的互动与互补》,商务印书馆2007年版。徐娟《论数字化对外汉语教学的硬件、软件、人件与潜件》,《现代教育技术》2010年第2期。

了反思,这是前进道路上非常可贵的。此外,卢达威和洪炜(2013)[①]提出了对"汉语国际教育信息化"的认识。文章认为,汉语国际教育信息化包括传统意义上的计算机辅助汉语课堂教学和多媒体教学资源开发,还包括各种汉语学习、汉语传播平台及辅助汉语教学研究的各类数字化资源建设。这一认识是从信息技术应用于汉语教学领域发生和发展的角度所做的总结,比较全面地概括了过去和现在信息技术应用于汉语教学的各个方面。

二 对汉语教育技术研究的新认识

回顾近十年来汉语教育技术的发展历程,虽然取得了长足的进步,但也还有一些问题值得我们继续思考,以为汉语教学赢得新的发展机遇。在此,我们提出如下三点新认识作为今后的重点研究或发展方向。

(一)在教育技术研究的基本框架下开展汉语教育技术的理论与实践研究

教育技术的定义明确指出了教育技术的研究范畴。因此,从教育技术全面支撑教学设计、从而推动汉语教学发展的角度思考,一切有利于促进汉语学习过程和资源建设的设计、开发、运用、管理和评估的理论与实践研究,都属于汉语教育技术领域的工作。

我们可以发现,已取得的汉语教育技术研究成果都可以在这一框架下找到相应的位置;而在这一框架下所看到的研究"强项"

---

① 参见卢达威、洪炜《汉语国际教育信息化的发展与展望》,《语言教学与研究》2013年第6期。

(指文献数量多)或"弱项"(指文献数量少),有可能(不是绝对)是已有汉语教育技术研究重点关注的问题,以及汉语教育技术研究进程中薄弱或遇到瓶颈的问题。因此可以说,这一框架为汉语教育技术的发展指明了方向。

(二)加强基础研究并逐步建立汉语教育技术自身的理论

从目前已有的研究成果来看,有些基本问题并没有得到很好的解决。我们认为,其背后是理论研究的不足。应加强汉语教育技术理论研究,解决汉语教育技术研究特有的或基本的问题,逐步建立起汉语教育技术自身的理论。

以汉语多媒体教学应用为例,虽然大家已经普遍认识到多媒体技术在汉语教学中的作用,在教学中也进行了广泛使用,甚至产生了依赖,但近些年多媒体应用的总体水平并没有什么提高。原因在于目前对汉语教育技术理论研究不够。就汉语多媒体习得研究而言,应该通过研究揭示基于图形和语言双编码输入条件下的汉语习得的过程和机制,如双编码输入条件下的汉语习得效果是否优于单一语言编码输入条件下的汉语习得效果,继而进一步探讨不同的媒体形式与汉语知识和言语技能教学的相关效应,再通过实证研究进行检验。

此外,我们应该关注外语/第二语言教育技术研究的成果和动态,用综合和细化的观念对待这一交叉学科的基础研究和理论问题。

(三)以大数据研究方法推动汉语教育技术研究

在当下,针对第二语言教学的研究方法和研究范式发生了变化。通过数据挖掘开展教育研究就是最为突出的特点之一,它不仅是教育研究的趋势和方向,更是推动教育创新和发展的基础和力量。大数据研究方法可以帮助我们处理教育研究中复杂的数据来源和数据类型。就汉语教育技术研究来说,它的意义体现在如下三个方面:(1)全面认识汉语教学与教育技术的关系问题,发现更多技术环境下汉语教学的规律。(2)用丰富的汉语教育技术知识指导技术环境下教师的教学行为,开展相关的教师培养和培训。(3)用丰富的学习分析结果,提供技术环境下的学习支持并开展技术环境下的汉语习得研究,包括按需提供技术性的学习支持或为技术环境下的习得研究提供支持等(郑艳群,2016)。 这类研究的主要特征是通过对汉语教学的计量研究描写教学软实力,了解技术的进步在哪些方面会带来哪些机会和可能的帮助,促进汉语教育技术理论和实践研究的深化。

第一章

汉语教育技术研究形势分析

第一节 汉语国际教育信息化的发展与展望[①]

随着科技的进步,信息技术已深入到汉语国际教育的各个方面。这不仅包括传统意义上的计算机辅助汉语课堂教学和多媒体教学资源开发,还包括各种基于互联网的汉语学习、推广平台及辅助汉语教学研究的数字化资源建设。可以说,信息技术已成为推动汉语国际教育事业发展的重要工具,信息化是汉语国际教育发展的必然趋势。面对这一现实,我们有必要对其历史、现状及未来发展趋势进行梳理和展望,以帮助广大汉语教师更好地把握信息技术,使信息技术更好地服务于汉语国际教育。

本节首先回顾汉语国际教育信息化的发展历程,将其分为起步、全面发展和国际传播三个阶段,并分别梳理各阶段信息技术在汉语教育各方面的发展情况。在此基础上指出当前信息化存在的不足,并展望未来的发展趋势。

---

① 本节摘自卢达威、洪炜《汉语国际教育信息化的发展与展望》,《语言教学与研究》2013年第6期。

一 1985—1994 年：起步阶段

对外汉语教学[①]与信息技术的结合绝非偶然，早在 20 世纪 50 年代末，计算机辅助语言教学（Computer Assisted Language Learning，简称 CALL）已在世界范围内兴起。1959 年，美国伊利诺伊大学研制的"柏拉图系统"（Programmed Logic for Automatic Teaching Operations，简称 PLATO）被公认为第一个专门的计算机辅助教学系统，可以辅助讲授包括英语、法语等多种语言课程。虽然当时个人电脑还未诞生，让计算机进入日常课堂教学似乎是天方夜谭，然而，这些研究和实践却为对外汉语教学的信息化提供了启示。1966 年，王方宇在美国发表的《电脑与中文》明确提出了使用计算机辅助汉语教学的问题。

1985 年，第一届国际汉语教学讨论会召开。在该届讨论会上，一些学者首次把计算机辅助汉语教学的思想引入国内，如王方宇（1986）、邱质朴和徐志韬（1986）、郑锦全（1986）[②]等。这些探索标志着我国对外汉语教学信息化的开始。

（一）起步阶段的主要研究

纵观起步阶段的研究，大致可分为几个方面：

[①] "对外汉语教学"这一学科名称近年来已逐步被涵盖性更广的"汉语国际教育"所取代。本节以 2005 年 7 月首届世界汉语大会的召开为分界点，2005 年以前仍旧沿用"对外汉语教学"的说法，2005 年后采用"汉语国际教育"的表述。

[②] 参见王方宇《有关计算机辅助教学中文的一些问题》、邱质朴、徐志韬《汉语作为外语教学数据库"DBTCFL"系统设计的探讨》、郑锦全《计算机汉字设计与汉语教学》，《第一届国际汉语教学讨论会论文选》，北京语言学院出版社 1986 年版。

第一是汉字处理的问题。如李金铠（1988）[①]指出汉字处理的困难和意义，周有光（1991）[②]进一步探讨了汉字拼音输入的问题，张普和向华（1991）[③]介绍了拼音输入法的设计原则等。

第二是计算机辅助教学的理论探讨。张普（1991）[④]从必然性、必要性、可行性三方面阐述了计算机科学和对外汉语教学结合的趋势和发展方向，并列举了两者结合的八个方向，如对外汉语教学总体设计、对外汉语教材编写、对外汉语教学的现代化管理等等。文章的思考颇具前瞻性和战略眼光，很多方面至今还极具指导意义。郑艳群（1995）[⑤]结合不同的教学法设计了计算机辅助教学的若干模式。

第三是对计算机辅助教学的初步实践。郑艳群（1991）[⑥]设计的汉语计算机辅助教学系统（CCAI）是计算机在对外汉语教学应用的先驱。该系统涵盖了课文、生词、练习、测试等教材各个

[①] 参见李金铠《计算机和现代汉字学》，《第二届国际汉语教学讨论会论文选》，北京语言学院出版社1988年版。

[②] 参见周有光《汉语规律在电脑处理中的应用》，《第三届国际汉语教学讨论会论文选》，北京语言学院出版社1991年版。

[③] 参见张普、向华《试论来华留学生COA能力的培养——兼析"PJY拼音—汉语变换系统"》，《第三届国际汉语教学讨论会论文选》，北京语言学院出版社1991年版。

[④] 参见张普《论汉语信息处理技术与对外汉语教学》，《语言教学与研究》1991年第1期。

[⑤] 参见郑艳群《汉语计算机辅助教学的基本类型》，《第四届国际汉语教学讨论会论文选》，北京语言学院出版社1995年版。

[⑥] 参见郑艳群《汉语计算机辅助教学系统可实现题型的分类与设计》，《第三届国际汉语教学讨论会论文选》，北京语言学院出版社1991年版。

部分，配有语音、图像等多媒体设备，学生通过听说和练习，充分调动了学习积极性、提高了学习效率。但由于受当时技术手段的限制，CCAI 对教学的辅助主要以图片和音视频展示为主，形式不够生动，交互性不强，且为单机版系统。

此外，这一阶段学者们还提出了建设汉语中介语语料库的设想。如储诚志和陈小荷（1993）[①] 从系统设计、技术细节等层面提出了设计思路，为语料库的构建奠定了基础。

（二）研究的局限性

这一时期信息技术的应用受到较多限制。首先，计算机普及程度低。虽然 1981 年 IBM 公司推出了全球第一台个人计算机（IBM-PC），但离普及还相距甚远。其次，中文信息处理仍在着力解决"字处理"的难题。汉字字符集（GB 2312）的制定、汉字输入软件的研发等到 20 世纪 80 年代中期方有所突破。最后，对外汉语作为一门学科建设的时间不长，基础薄弱。从王力先生 20 世纪 70 年代末提出"对外汉语是一门科学"算起，此时的对外汉语作为学科建设还不足十年，这在客观上决定了计算机在对外汉语教学中的应用程度不高。

起步阶段对外汉语教学信息化水平不高，主要体现在：（1）研究数量少。（2）内容呈现形式不够丰富，主要以文字、图片、音频和录像为主。（3）对多媒体的整合不够成熟。（4）教学辅助系统交互能力不强。（5）开发门槛高，造价昂贵，能够胜任软件开发的人不多。（6）均为单机版系统。

---

① 参见储诚志、陈小荷《建立"汉语中介语语料库系统"的基本设想》，《世界汉语教学》1993 年第 3 期。

二 1995—2004 年：全面发展阶段

以 1995 年作为全面发展阶段的起点，主要考虑到两个标志性事件：一是中国电信正式开始向社会提供 INTERNET 接入服务，极大拓展了计算机辅助教学的手段。二是第一届中文电化教学国际研讨会成功召开。这是对外汉语教学信息化方面的首个专门研讨会，对于促进对外汉语教学信息化的发展具有重要意义。

这一时期，研究者开始对基于信息技术的各种教学模式进行探讨，各种多媒体教学资源的研究与开发得到较大发展，语料库的建设也引起了前所未有的重视。

（一）教学模式的探讨

1. 基于多媒体的课堂教学

这一阶段，不少学者就多媒体在特定的语言技能、语言要素教学中的运用方法进行了探讨。砂冈和子（2000）[1] 针对日本学生听力较弱的特点，提出利用网络、电子词典自行校对听写结果等方法。靳洪刚（2005）[2] 运用不同多媒体方式呈现汉字，发现呈现汉字时突出汉字部件组合的方式最为有效。郑艳群（2004）[3] 探讨了口语教学中多媒体的应用，指出多媒体技术可以创造虚

---

[1] 参见砂冈和子《听力教学 CALL 四法》，《第六届国际汉语教学讨论会论文选》，北京大学出版社 2000 年版。

[2] 参见靳洪刚《多媒体汉字呈现与汉字习得研究：三个跨语言组的汉字测试分析》，《汉语研究与应用》（第三辑），中国社会科学出版社 2005 年版。

[3] 参见郑艳群《多媒体技术与汉语口语教学》，《汉语口语与书面语教学——2002 年国际汉语教学学术研讨会论文集》，北京大学出版社 2004 年版。

拟的语言教学环境,为学生正确地表达语言提供帮助。丁安琪(2002)、饶勤(2003)[1]讨论了在新闻报刊阅读课中如何利用网络资源。李嘉郁(2004)[2]则探讨了词汇教学、文化教学中多媒体的应用问题。更进一步,有的学者对不同语言水平课程中多媒体使用程度进行了量化。如张崇富(1999)[3]认为视听说课中,初级视听和说的比例大致为6∶1至8∶1,中级为3∶1至5∶1,高级为1∶1至1∶2。

2. 基于互联网的辅助式学习与远程教学

远程汉语教学是本阶段对外汉语教学信息化的重要方面。信世昌(1997)[4]在借鉴台湾和国外远程教育经验的基础上,较早地提出了构建远程对外汉语教学平台的全过程。邓小琴(2004)、金珍我(2004)、郑艳群(2004)[5]分别介绍和评析了泰国、韩国、日本远程教育的案例。其中,日本"Tutorial 汉语远程教学

---

[1] 参见丁安琪《利用互联网资源辅助报刊课教学》,《汉语学习》2002年第5期。饶勤《网络环境下的对外汉语报刊教学再探》,《海外华文教育》2003年第2期。

[2] 参见李嘉郁《多媒体技术在文化教学中的应用》,《暨南大学华文学院学报》2004年第2期。

[3] 参见张崇富《语言环境与第二语言获得》,《世界汉语教学》1999年第3期。

[4] 参见信世昌《电脑网路"对外汉语教学"之因素分析与设计》,《第五届国际汉语教学讨论会论文选》,北京大学出版社1997年版。

[5] 参见邓小琴《关于泰国远程教育电视台汉语教学多媒体技术手段的使用》、金珍我《韩国远程教育(网络大学)外语教学概况》,张普、谢天蔚、徐娟主编《数字化对外汉语教学理论与方法研究》,清华大学出版社2004年版。郑艳群《日本早稻田大学 Tutorial 汉语远程教学模式评析》,《世界汉语教学》2004年第2期。

模式"的远程小班互动式教学,是远程教学中较成功的范例。赵雪梅(2007)[①]对我国远程教育平台"网上北语"[②]的建设理论和实践经验进行了总结,提出远程教学必须具备科学的课程体系、优质的数字化教学资源、网上学习支持服务体系、有效的评测系统、功能完备的教学网站。张建民(2004)[③]提出了基于互联网的辅助式学习模式,通过互联网给学习者提供大量汉语交际环境。

3. 教学反思

在不断探索和积累的同时,有的学者开始对基于信息化的教学进行了反思。谢天蔚(2000)[④]认为,虽然使用多媒体课件有"方便、多样、灵活、共享"的优点,但开发多媒体课件却是"费时、费力、费钱"的。郑艳群(2001)[⑤]也认为课堂教学中技术的量和度必须适当控制,"否则效果不佳,甚至会出现负面效应"。胡波(2002)[⑥]对比听力课的传统课堂教学和网络教学,认为网

---

① 参见赵雪梅《远程对外汉语教学的实践与探索》,《第八届国际汉语教学讨论会论文选》,高等教育出版社2007年版。

② "网上北语"于2001年9月7日正式开通,网址:http://www.eblcu.com/index.shtm。

③ 参见张建民《网络应用于对外汉语课堂教学的模式和原则》,《第七届国际汉语教学讨论会论文选》,北京大学出版社2004年版。

④ 参见谢天蔚《用电脑教中文的长处和难处》,张普主编《现代化教育技术与对外汉语教学——第二届中文电化教学国际研讨会论文集》,广西师范大学出版社2000年版。

⑤ 参见郑艳群《课堂上的网络和网络上的课堂——从现代教育技术看对外汉语教学的发展》,《世界汉语教学》2001年第4期。

⑥ 参见胡波《对网络听力教材的反思》,《E-Learning与对外汉语教学——第三届中文电化教学国际研讨会论文集》,清华大学出版社2002年版。

络教学从课件到教学法都有待改进。

（二）多媒体教学资源开发理论与实践

多媒体教学资源开发包括多媒体教材编写和多媒体课件制作。在这一阶段，有的学者从理论角度探讨了多媒体教学资源的开发方法，更多学者则从实践的角度阐述具体开发经验。

1. 多媒体教学资源开发的理论研究

多媒体教材编写不是简单地在纸本教材的基础上增加音视频光盘，而应有特定的原理和开发方法。王建勤（2000）[①]对教材编写理念、设计思想、编写手段的现代化进行了全面剖析，并提出了一种以网络为平台的具有开放性（内容不固定）和可持续性（考虑到学习者离开课堂后的学习）的教材编写模式。黄勤勇（1999）[②]阐述了多媒体教学资源的特点、编写流程和编写原则。课件制作理论方面，宋继华等（2004）[③]把语言教学规律与软件工程、人机工程、教育技术等理论结合，作为网络课件开发的理论指导原则。黄勤勇（2000）[④]提出了完整的"视、听、说"多媒体课件的制作流程。卢伟（2002）[⑤]从技术角度阐述了网络课

---

① 参见王建勤《对外汉语教材现代化刍议》，《语言文字应用》2000年第2期。

② 参见黄勤勇《多媒体对外汉语教材的作用及发展战略》，《世界汉语教学》1999年第2期。

③ 参见宋继华、徐娟、许见鸿《对外汉语教学网络课件开发的理论原则》，《北京师范大学学报》（社会科学版）2004年第2期。

④ 参见黄勤勇《试述对外汉语教学多媒体教材的制作原则》，《外语电化教学》2000年第12期。

⑤ 参见卢伟《因特网第二语言学习课件的设计原则与制作方法刍议》，竟成主编《对外汉语论丛》（第二集），上海外语教育出版社2002年版。

件的设计步骤。

2. 各类多媒体教学资源的开发与实践

从开发方式看，多媒体教学资源可分为两类，第一类是在已有纸质教材基础上补充或改编；第二类是从多媒体的角度开发汉语教学资源。

早期的多媒体教材多为第一类。当时技术手段单一，大部分是以录像为主的电视教学片，适合视听说课程。如《你好，北京》（中国广播电视出版社，1990年）、《对外汉语视听说课本》（冯惟钢编，内部试用）、《中文之道》（白乐桑和白钢创编，法国高等师范大学影视教材制作中心，2000年）、《国际商务汉语》（北京语言文化大学出版社，1997年）等。① 随着多媒体教学资源的形式越来越丰富，不少多媒体教材开始在已有教材基础上重新改编。如多媒体教学软件《中国全景——初级汉语》以电视教材《中国全景——汉语视听说（初级）》为原型设计；② 《中文》多媒体教材及配套网络资源《网上学中文》则根据原有汉语教材

---

① 参见张德鑫《电视汉语教学片的原理和设计——兼说〈你好，北京〉》，《语言教学与研究》1995年第3期。冯惟钢《视听说教学及其教材的编写》，《世界汉语教学》1995年第4期。白乐桑、白钢《影视语言、主体感应与汉语教学——〈中文之道〉基础汉语教学片创编心得》，《第六届国际汉语教学讨论会论文选》，北京大学出版社2000年版。李忆民《视听说对外汉语教材编制初探——〈国际商务汉语〉的总体构想与编制原则》，《汉语学习》1999年第1期。

② 参见林剑峰、李爽《对外汉语多媒体教学软件〈中国全景——初级汉语〉的设计与开发》，《E-Learning与对外汉语教学——第三届中文电化教学国际研讨会论文集》，清华大学出版社2002年版。

《中文》重新改编而成。①

第二类教学资源通常从多媒体教学角度出发综合运用多种技术手段。如郑艳群（1997）②设计的《多媒体汉字教学字典》，除了传统的查检和释义，还有汉字听音、跟读、查看笔顺等功能。赵金铭（2000）③认为该字典"融字典、词典、对外汉语教材为一体，开创了教材新媒体"。《生存汉语》则直接基于互联网开发，是"网上北语"面向零起点短期汉语学习者的网络教学课件。④

因应海外汉语学习者的需求，一些项目开始尝试跨国合作。如2002年启动的"中美网络语言教学项目"，率先从政府层面展开跨国合作，共同开发汉语教学资源，并出版多媒体教材《乘风汉语》（高等教育出版社，2005年）。

3. 语料库及资源库建设

这一阶段语料库建设（包括汉语中介语语料库和各类语言教学语料库）得到充分重视，取得了丰硕的成果，主要有：汉语中介语语料库系统、汉语中介语语音语料库、汉语口语教学语料库、

---

① 参见贾益民、熊玉珍《中文多媒体教材研制策略——〈中文〉多媒体光盘和〈网上学中文〉的设计、开发和应用研究》，《暨南大学华文学院学报》2004年第2期。

② 参见郑艳群《从〈多媒体汉字教学字典〉看多媒体汉语教学的特点》，《第五届国际汉语教学讨论会论文选》，北京大学出版社1997年版。

③ 参见赵金铭《汉字教学与学习的新思路——评〈多媒体汉字字典〉》，《语言教学与研究》2000年第4期。

④ 参见赵雪梅《〈生存汉语〉网络课件设计思路》，《云南师范大学学报》2004年增刊。

语素数据库、汉语阅读材料语料库等。① 这些语料库已成为汉语二语习得与教学研究的重要工具，有力地促进了对外汉语教学学科的发展。

资源库方面主要包括各类教学素材库和网络应用系统的开发，如"对外汉语教学课程测试试卷自动生成系统""汉语教学问题自动答疑库"等，② 但此类资源由于开发成本高、难度大，总体数量不多。

在这一阶段，信息技术的广泛应用给传统汉语教学模式带来了前所未有的转变。可以说，信息化在经历这一阶段全面、深入、快速的发展后，信息技术已深入到教学和科研的各个环节，成为对外汉语教师学术研究、课堂教学、评估测试、教学管理必不可少的工具。

---

① 参见陈小荷《"汉语中介语语料库系统"介绍》，《第五届国际汉语教学讨论会论文选》，北京大学出版社1997年版。王韫佳、李吉梅《建立汉语中介语语音语料库的基本设想》，《世界汉语教学》2001年第1期。赵金铭、郑艳群《汉语口语教学与多媒体口语数据库的建立》，《南京大学学报》2002年特刊。邢红兵《基于〈汉语水平词汇等级大纲〉的语素数据库建设》、方向红《试论有专业倾向的汉语阅读材料语料库》，张普、谢天蔚、徐娟主编《数字化对外汉语教学理论与方法研究》，清华大学出版社2004年版。

② 参见邱军、隋岩《"对外汉语教学课程测试试卷自动生成系统"的设计思想及特点》，《世界汉语教学》1998年第4期。赵冬梅《"网上北语"汉语教学问题自动答疑库的设计与应用》，《语言教学与研究》2002年第3期。

三 2005年至今：国际传播阶段

2005年7月，首届世界汉语大会召开，这在我国对外汉语教学发展史上是一个历史的转捩点。[①] 新的形势下，对外汉语教学的概念已延伸为汉语国际教育，不仅包括在华留学生的汉语教学，还包括越来越大量的海外非汉语环境下的汉语教学。信息化在汉语国际教育中的重要性日益突出。这一阶段中，信息化一方面继续服务于学科建设，另一方面更多地支持汉语国际教育事业的传播和推广，而后者的发展更是突飞猛进。

（一）汉语国际教育学科建设的信息化

在课堂教学方面，技术手段已能满足汉语老师的基本需求。为了更好地促进教学，学者们从信息技术应用的原理和评价指标方面进一步研究。郑艳群（2008）[②] 从心理学、认知学习理论、信息加工原理等方面全面探讨了多媒体的形式和语言课堂教学之间的关系，并通过口语、听力、阅读等课的教学实验，分析了多媒体条件下课堂教学的效果，指出了教师在课堂上运用多媒体技术时应注意的问题。徐娟（2010）[③] 针对以往网络课程交互性的不足，对网络课程、网络教学平台、汉语教学过程的交互性提出了量化的交互设计评价指标体系。

---

① 参见赵金铭《从对外汉语教学到汉语国际推广》，"商务馆对外汉语教学专题研究书系"代序，商务印书馆2006年版。

② 参见郑艳群《计算机技术与世界汉语教学》，外语教学与研究出版社2008年版。

③ 参见徐娟《数字化对外汉语教学的交互设计评价》，《第九届国际汉语教学研讨会论文选》，高等教育出版社2010年版。

教学资源建设方面，多媒体教学资源已成为教材开发的趋势。据中山大学国际汉语教材研发与培训基地统计，2006—2012年全球出版的汉语教材中，多媒体教材或附带多媒体的纸质教材占57.5%。

语料库建设方面，涌现出一大批优秀的语料库，如北京语言大学"HSK动态作文语料库"①、中山大学"汉字连续性偏误中介语语料库"②、北京语言大学"汉语中介语-HSK甲级字音节语音库"③，还有正在建设的"全球汉语中介语语料库"④等。另外，还出现了专门用于汉语教学研究的软件系统，如储诚志设计开发的《中文助教》⑤，该软件包括课文加注拼音、字词频率统计、字词HSK等级和常用度标示等功能，对日常备课、教材编写及汉语研究提供了很多帮助。

（二）汉语国际教育事业的信息化

这一时期，信息化在国际汉语的推广和传播中作用日益显现，并随着"汉语热"兴起变得非常迫切。主要表现在以下方面。

---

① "HSK动态作文语料库"于2009年正式开通，网址：http://202.112.195.192:8060/hsk/login.asp。

② 参见张瑞朋《留学生汉语中介语语料库建设若干问题探讨——以中山大学汉字偏误中介语语料库为例》，《语言文字应用》2012年第2期。

③ 汉语中介语-HSK甲级字音节语音库：http://www.dwhyyjzx.com/cgi-bin/yuyin/。

④ 参见崔希亮、张宝林《全球汉语学习者语料库建设方案》，《语言文字应用》2011年第2期。

⑤ 参见储诚志设计《中文助教》，北京语言大学出版社2006年版。

1. 从国家层面推进汉语国际教育信息化

在汉语加快走向世界的大形势下,许琳(2006)[①]提出了五项任务,其中与信息化相关的就有三项,包括教材编写方面要求"尽快编写针对性和适应性较强的多媒体和网络教材";网络平台方面要求"制定并颁布汉语国际推广网络资源标准和建设规范";考试方面要求"尽快实现纸考、机考、网考三结合"。在国家汉办设立的19个汉语国际推广基地中,有4个[②]与教材和教学资源密切相关。信息化成了汉语国际教育事业发展的重要支持。

2. 大力开发基于网络的汉语教学资源

这一时期,网络汉语教学资源的开发与应用得到了长足发展,成为汉语传播的重要工具。这些网络汉语教学资源可以分为三类:

一是以网站形式构建的综合汉语教学资源平台,属于"大而全"的汉语资源库。如国家汉办主办的"网络孔子学院"[③],涵盖了各种教学资源,为全球所有汉语及中国文化爱好者提供了一系列与汉语及中国文化相关的教学资源及服务。

二是以网络为载体的多媒体汉语教材。如"长城汉语"[④]融学习、管理、测评、资源等系统为一体;《新乘风汉语》以游戏

---

① 参见许琳《汉语加快走向世界是件大好事》,《语言文字应用》2006年增刊。
② 中山大学国际汉语教材研发与培训基地、武汉大学汉语国际推广教学资源研究与开发基地、对外经济贸易大学国际商务汉语教学与资源开发基地、上海财经大学国际商务汉语教学与资源开发基地。
③ 网络孔子学院:http://www.chinesecio.cn/。
④ 长城汉语:http://www.greatwallchinese.com.cn/。

的方式学习汉语和中国文化；[①] "汉语阶梯网"[②] 是一个面向海内外零起点学习者的公益性分级学习平台。

三是各种专题资源库。由于资源收集整理的难度高，且耗费巨大，虽然不少学者提出过不同资源库建设设想，但真正能够实施并免费公开的资源库极少。近年来，在国家汉办的支持下，一些专题资源库得以开发应用。较典型的如中山大学国际汉语教材研发与培训基地的"全球汉语教材库"[③]，收集汉语教材信息 15 500 多册，为全球汉语教师免费提供丰富的教材信息资源，对汉语国际推广起到了重要推动作用。

四 汉语国际教育信息化的不足与展望

（一）汉语国际教育信息化的不足

汉语国际教育信息化从起步到全面发展，经过 20 多年，已深入汉语教学的各个领域，成绩斐然。但信息化的使命并没有就此完成。随着汉语国际教育事业的迅猛发展，学科建设的日益成熟，汉语国际教育与信息化的关系越来越紧密，对信息化的要求越来越高。但无论在学科建设还是事业发展方面，信息化都存在不少未尽如人意之处。

1. 多媒体课堂教学研究不够深入

虽然不少学者研究过多媒体技术在不同课型、不同要素教

[①] 参见赵勇《国际汉语教学资源开发趋势》，《世界汉语教学学会通讯》2009 年第 4 期。

[②] 汉语阶梯网：http://www.stepsofchinese.com/。

[③] 全球汉语教材库：http://www.ctm-lib.com/。

学中应用的效果问题,但这些研究还不够深入。首先,大多数研究仅从教学经验出发,介绍各种多媒体技术带来的好处,这些研究以自省的定性分析为主,缺乏实证数据的定量分析。其次,目前的研究对各种多媒体技术在课堂教学中的使用条件未做深入研究。多媒体技术在课堂上的使用受哪些因素影响?使用的比例如何?对不同年龄、不同程度的学习者是否有所区别?是否有某些课型传统方法更适用?这都需要学者们进一步研究探索。

2. 远程网络教学模式研究比较薄弱

网络教学有其自身的特殊性。对比音频、视频等单向传播的多媒体手段,网络具有更强的双向交互能力;但对比传统的面对面的课堂教学,网络教学又显得交互不足。在传统课堂,教师能根据学生反应随机调整教学策略,而人与计算机程序的交互则是相对固定的、有限的,学生容易因激励不够而产生挫折感,导致学习动力下降。网络语言教学既想获得随时随地学习的便利,又想提供及时的指导,需要进一步探索教学模式和提高人工智能的技术水平。

3. 网络和多媒体教学资源整体质量不高

首先,信息技术和教材内容没有真正整合。目前大部分多媒体教学资源只是原有纸质教材的简单再现,属于纸质教材的附属物,并没有让多媒体成为教材的有机组成部分,更没有充分发挥多媒体学习的优势。其次,网络和多媒体教学资源水平参差,存在严重的低水平重复建设现象,优质资源甚少。最后,各种网络教学资源缺乏更新维护。网络的优势之一在于实时性、动态性,如果不能做到动态更新,与时俱进,则丧失了网络教学资源建设的意义。如何开发出满足学习者需求的、具有针对性、实用性、动态性的优质汉语教学资源仍是亟待解决的问题。

4.资源开发过程中教师和技术人员相互介入不足

在开发复杂的多媒体教学资源时，通常是教师提出需求，技术人员实现。但技术人员可能并不了解教学的原理，而教师对技术实现的效果也常常把握不准确，因此开发出的产品往往与原来的设计大相径庭。这表面上看是双方沟通问题，实质上是教师和技术人员对各自的领域不了解，相互介入不足所造成的。在今后的开发中亟待转变这种泾渭分明的开发模式。

（二）汉语国际教育信息化研究展望

1.加强多媒体学习认知机制研究

多媒体学习认知机制研究是关于人类对多媒体信息加工机制的研究，如多媒体是如何影响学习过程的，学习者是如何整合和利用多种媒体形式的信息的，学习者的多种感觉通道的信息是如何被加工并整合的，等等。[1]

在汉语国际教育中，多媒体学习认知机制研究需与语言习得机制结合，研究音频、视频、动画等不同的多媒体技术在汉语习得中如何发挥作用，如何影响学习者的认知过程。此外，还需要结合具体的课型，研究在不同的技能课中或网络课堂中，应如何恰当使用多媒体技术，如哪些技术是必不可少的，哪些技术是不需要的，各种技术在课堂上应占多大比例，等等。只有加强多媒体学习认知机制的研究，才能够真正开发出适合学习者需求的多媒体网络资源。

---

[1] 参见刘儒德、赵妍、柴松针、徐娟《多媒体学习的认知机制》，《北京师范大学学报》（社会科学版）2007 年第 5 期。

2. 加强教师和技术人员的相互介入，转变多媒体教学资源开发模式

第一，技术人员应从多媒体教学资源规划之初就直接参与项目，协助制订需求。这样可以使需求更加合理，也可以使技术人员深入了解设计思路、把握设计重点。第二，教师应深入到资源开发的全过程，一者便于遇到困难及时沟通、调整策略，避开对教学不太重要的技术难点；二者有利于教师对资源开发的效果和进度心中有数，也有利于后续的改进。但这要求教师加强驾驭信息技术的能力，了解信息技术的优势和劣势。只有加强相互的介入，转变开发模式，才能制作出令人满意的多媒体教学资源。

3. 加强多媒体教学资源的可持续开发及合作开发

构建多媒体教学资源不是一劳永逸的工程，迭代式的开发和资源的持续更新将成为资源建设的基本要求。迭代式开发指资源平台应该小而精，尽快上线使用，逐步添加功能，并根据用户反馈不断改进。同时，在使用的过程中也应当及时更新学习材料。这样才能发挥多媒体教学资源优势，并保持生命力。由于迭代式开发和资源更新需要耗费巨大的开发和维护成本，因此，在构建教学资源时，建设者们应当改变观念，把改进和维护作为开发成本列入预算。从长远的角度来说，构建可持续改进的教学资源能最大限度地减少重复投入，节约开发总成本。同时，还应重视加强教学资源的合作开发和整合，避免重复建设，实现优势互补。

4. 加强信息技术新载体的研究

在技术层面上，信息技术的载体日新月异，从录音机、录像机，到投影机、个人电脑，再到智能手机、平板电脑，不同的载体有不同的属性，如智能手机或平板电脑虽不太适合大量输入，但方便手写和触摸,且方便携带。什么样的汉语学习形式适合在这些新载体上应用,如何达到更好的学习效果,需要做进一步的深入研究。

目前智能手机和平板电脑的使用已相当普遍,也出现了基于智能手机和平板电脑开发的汉语及教学软件,如"成语填字坊"就是基于香港教育学院语言资讯科学研究中心"LIVAC 共时语料库"[1]开发的手机软件,但这种应用总体而言还不普及,具有广阔的发展前景。

第二节 基于文献统计的多媒体汉语教学研究报告[2]

多媒体辅助对外汉语教学成为目前对外汉语教学研究的一个重要课题,无论是在研究的数量上,还是在研究的内容和方法上,都取得了一些有影响的成果。任何学科的发展都以科研论文的发展为标志,本节收集了目前(1996 年至今[3])刊登在主要期刊上的有关多媒体辅助汉语教学研究的论文,以此为研究对象,分析

---

[1] LIVAC 共时语料库:http://www.livac.org。

[2] 本节摘自于涛《多媒体计算机技术与对外汉语课程的整合研究——对我国多媒体辅助对外汉语教学研究状况的统计分析》,《云南师范大学学报》(对外汉语教学与研究版)2010 年第 2 期。

[3] 通过题名和关键词检索了维普中文科技期刊数据库,虽然就搜集到的论文而言,还不能说是这一领域研究的全部,但也可大体反映目前这一领域的最新研究成果。

了这一领域的研究状况、研究内容和存在的问题,并提出了一些建议,以期为该领域的进一步研究提供一些参考。

一 研究的状况及特点

综观这10多年来多媒体辅助对外汉语教学研究的成果,可以得出如下一些结论:(1)研究呈上升趋势(见表1-1)。(2)研究对象以在校的长期(超过一个学期)语言进修生(以学习汉语为主要目的)为主(见表1-2)。(3)从研究内容上看,可以概括为围绕以下几个主要方面:多媒体汉语课件的制作和利用、多媒体与对外汉语课堂教学的整合、与对外汉语课程整合的优劣势。(4)从研究方法上看,有理论研究也有实证研究。

表1-1 1996年至今多媒体辅助对外汉语教学研究论文的发表统计

起讫年度	篇数
1996—2000年	4
2001—2005年	18
2006年至今	19

表1-2 针对不同对象的多媒体辅助对外汉语教学研究论文的统计

对象	篇数	说明
汉语专业	1	泰国中文系学生
长期进修	9	按学习者的程度分初中级、中级和高级三类,其中初中级两篇,中级五篇,高级两篇
短期强化	2	
预科生	0	预科生指学习一年或两年汉语后进入专业课学习的留学生
海外学生	5	其中三篇的学习对象为学习商业汉语的海外学生,两篇为学习中文的海外学生

二 研究的主要内容

从研究内容上看,主要涉及以下几个方面。

(一)多媒体计算机技术与对外汉语课程整合的重要环节是课件的制作和应用

多媒体课件是根据教学大纲的要求和教学的需要,经过严格的教学设计,并以多种媒体的表现方式和超文本结构制作而成的课程软件。根据教学任务或活动可以把多媒体课件分为课堂演示型、学生自主学习型、练习型、测试型和资料型几类。目前应用较多的还是针对具体学科内容设计的演示型多媒体课件(见表1-3),它支持以教为主的教学模式,以教师课堂教学的辅助手段出现,强调的是用于解决教学中的难点和重点,一般是由教师控制,向学生展示。

表1-3 几种主要的多媒体汉语课件

研究者	适用课型	适用对象	课件类型	课件特点	制作工具
胡文心、张宇容(1998)[①]	商务汉语	日本工商界人士	自学型	交互性强,利于学生在个别化的语境中学习	ToolBook, Photoshop, Curtcall, Premiere, Sound Blaster

---

① 参见胡文心、张宇容《〈商务汉语〉多媒体光盘的制作》,《微型电脑应用》1998年第6期。

（续表）

研究者	适用课型	适用对象	课件类型	课件特点	制作工具
周国鹃(2004)[①]	精读	中级学生	演示型	提供良好的语言载体，轻松的学习环境，调动了学习者的主动性，取得了较好的学习效果	
张连跃、杨上元、张海云(2008)[②]	语篇导读	高级学生	演示型	按PPT导读——课文文本学习——输出检测的顺序开展教学，从教和学两个方面进行了评价，结论是学生在语篇书面、口头表达能力方面有了显著提高	PPT
付玉萍、郭天明(2003)[③]	文化		演示型	能够根据教学要求和教师的教学个性自动生成课件／教案，支持现有的多媒体素材格式，具备任意添加外来素材资源的开放性特点，操作简洁，适于普及和推广	FIN

---

① 参见周国鹃《论多媒体课件在中级汉语教学中的运用》，《云南师范大学学报》（对外汉语教学与研究版）2004年第2期。

② 参见张连跃、杨上元、张海云《运用幻灯片进行高级语篇导读的教学实践》，《世界汉语教学》2008年第4期。

③ 参见付玉萍、郭天明《基于Windows的课件／教案自动生成系统及其在对外汉语文化教学中的应用》，《暨南大学华文学院学报》2003年第3期。

（续表）

研究者	适用课型	适用对象	课件类型	课件特点	制作工具
彭珠 (2002)[①]	口语	海外学生	自学型和教学游戏型	界面美观、操作流畅、语境化教学方式、趣味性强、具有语音纠错功能	VB
雷莉 (2001)[②]	综合	初级学生	演示型	以《你是哪儿人》一课为例，制作了有关的课文文本和声音图片	Authorware
洪玮 (2001)[③]	商务汉语	海外学生	练习型	《实用商业汉语》多媒体软件能使学生自由观像，可在电脑上直接进行五种语言练习活动，即听力理解、角色模仿、听说、读写和课文顺序排列	Victory

除了应用性的成果外，还有一些基础性的研究。如黄勤勇

---

① 参见彭珠《多媒体对外汉语教学软件的设计与开发》，《徐州师范大学学报》（自然科学版）2002 年第 4 期。

② 参见雷莉《多媒体 CAI 课件系统在对外汉语教学中的应用——〈你是哪儿人〉第二课时 CAI 课件系统设计》，《海外华文教育》2001 年第 4 期。

③ 参见洪玮《试谈多媒体在商业汉语教学中的应用》，《世界汉语教学》2001 年第 4 期。

（2000）[①]以对外汉语"视听说"课型为例讨论了对外汉语教学课件的制作流程和制作原则。崔文（2006）[②]讨论了设计开发对外汉语教学课件中的几种策略：基于音频的语音教学；基于图像的汉字教学；基于视频的情景教学和基于人机交互的自我检测。陈小玲（2001）[③]重点从教和学两个方面讨论了对外汉语教学电子教案的优势。杨翼（2001）[④]提出了词汇课件的设计依据及其特点。任筱萌（2001）[⑤]参考和借鉴了多媒体辅助英语教学的成果，提出了开发汉语教学软件的设想，如汉语写作软件、语言测试软件和商务汉语软件。朱湘燕（2007）[⑥]分析了多媒体汉语写作网站设计的理论基础，提出了多媒体汉语写作软件功能的一些设想。

（二）多媒体计算机技术与对外汉语课堂教学整合的研究

所谓多媒体计算机技术与汉语课堂教学整合的研究是指在现代教育技术理论指导下，把多媒体计算机技术与对外汉语课堂教

[①] 参见黄勤勇《试述对外汉语教学多媒体教材的制作原则》，《外语电化教学》2000年第12期。

[②] 参见崔文《MCAI在对外汉语教学中的应用原理和策略》，《中国科技信息》2006年第3期。

[③] 参见陈小玲《对外汉语教学电子教案编制研究》，《武汉科技大学学报》（社会科学版）2001年第1期。

[④] 参见杨翼《对外汉语多媒体词汇课件的网状结构设计》，《海外华文教育》2001年第4期。

[⑤] 参见任筱萌《HSK（自适应）命题中引入多媒体技术的设想》，《语言教学与研究》2001年第3期。

[⑥] 参见朱湘燕《多媒体辅助对外汉语写作教学研究》，《国际关系学院学报》2007年第4期。

学有机结合的一种新兴教学方式。郑艳群（2006）[①]讨论了使用多媒体教学手段进行汉语教学的全过程，重点阐述了使用多媒体教学手段的适时、适量原则，并对如何备课、如何处理课堂上的随机事件提出了相应的原则和措施。

还有不少文章从听、说、读、写等多种课型着手，探讨了多媒体教学手段的应用。刘欣（2007）[②]比较了应用多媒体进行语法教学和传统语法教学的优越性，指出了多媒体语法教学适应于学习者难以掌握的一些汉语特有的语法规则。在"听、说、读、写"四项语言技能训练中，"听"的被动性最强，学生也普遍反映听力课枯燥、提高很难，刘新春（2006）[③]和冯玉（2008）[④]讨论了多媒体技术应用于听力课教学的积极意义。陈作宏（2006）[⑤]以建构主义学习理论为基础，探索了以学生为中心的多媒体辅助口语教学的新的模式。吴双（2009）[⑥]在对比传统写作教学和多媒体写作教学的基础上，具体分析了多媒体形式下的汉语写作课

[①] 参见郑艳群《多媒体汉语课堂教学方法》，《语言文字应用》2006年第1期。

[②] 参见刘欣《多媒体在对外汉语语法教学中的应用初探》，《云南科技管理》2007年第2期。

[③] 参见刘新春《多媒体技术在对外汉语听力课上的应用》，《现代语文》（语言研究版）2006年第9期。

[④] 参见冯玉《对外汉语听说教学中多媒体教学手段的应用》，《中国教育技术装备》2008年第20期。

[⑤] 参见陈作宏《多媒体在对外汉语高级口语教学中的运用》，《民族教育研究》2006年第1期。

[⑥] 参见吴双《多媒体辅助对外汉语写作教学的意义》，《云南师范大学学报》（对外汉语教学与研究版）2009年第1期。

堂教学的手段和方法。汉字教学是对外汉语教学中的重点和难点，传统的教学方法形式单一、训练枯燥，不利于识记，殷梅（2008）[1]讨论了多媒体应用于汉字教学的优越性。

（三）多媒体计算机技术与对外汉语课程整合的优劣势

纪晓静（2002）、陈晨（2009）、陈杰（2006）[2]都认为多媒体应用于汉语教学具有生动直观、富有趣味性和形象性等特点，可提高教学效率、强化学生记忆效果，并利于提高学生的语言交际能力。陈昕（2002）[3]以认知心理学理论为依据，围绕知觉、注意、记忆等范畴，结合多媒体的特性，探讨了多媒体在对外汉语教学中的积极作用。同时，陈晨（2009）和陈杰（2006）也提出了多媒体应用中存在的劣势，如华而不实、视觉疲劳、学生参与课堂积极性降低、学生手写能力降低等问题。这就需要处理好形式与内容、课件与讲解、展示与板书、重点与非重点等几组关系，合理利用多媒体进行汉语教学。相关研究都有针对性地提出了较细致的解决方案。李瑾（2008）[4]指出计算机辅助汉语教学的局限性表现在缺乏好的技术支持、课程开发不完善和师生交流机会减

---

[1] 参见殷梅《对外汉语汉字教学方法的改革》，《山东文学》（月刊）2008年第2期。

[2] 参见纪晓静《试论多媒体在对外汉语教学中的作用》，《外语电化教学》2002年第5期。陈晨《浅谈多媒体语言教学在对外汉语教学中的优势与劣势》，《科技信息》2009年第8期。陈杰《对外汉语教学中多媒体的合理利用》，《航海教育研究》2006年第1期。

[3] 参见陈昕《多媒体辅助教学中的认知心理研究》，《海外华文教育》2002年第4期。

[4] 参见李瑾《简论计算机辅助对外汉语教学》，《现代语文》（语言研究版）2008年第4期。

少三个方面,在对比了中国和海外的计算机辅助汉语教学现状的基础上,对未来的发展方向做了展望。

(四) 多媒体计算机技术与对外汉语课程整合的实证研究

实证研究是验证理论、改进教学、检验设备的重要手段,一些文章介绍了多媒体计算机技术与对外汉语课程整合的实证研究的成果(见表1-4)。

表1-4 多媒体辅助对外汉语教学的实证研究统计

研究者	研究时间	研究对象	研究方法	结论
雷莉 (2001)	2年	四川大学留学生,57人	调查	(1)59%的留学生认为多媒体课件系统可有效地激发多方面的思维,利于知识的获取和保持。 (2)67%的留学生认为多媒体课件更直观生动。 (3)89%的学生认为以电影的形式展示课文内容加速了他们对课文内容的感知和理解。 (4)84%的学生认为多媒体课件呈现语法知识更生动有趣。 (5)78%的学生认为多媒体课件呈现的练习更轻松。
赵焱 (2009)[①]	16周	泰国某大学中文系学生,50人	调查、访谈、学习心得	(1)所有学生都认为以多媒体方式进行文化课教学优于传统方式。 (2)多数学生希望课件中增加图片减少文字,在动画和声效方面不宜过于花哨,对视频文件和网络等其他辅助手段应有所控制。

---

① 参见赵焱《中国文化课多媒体教学的实验研究》,《软件导刊》(教育技术)2009年第1期。

（续表）

研究者	研究时间	研究对象	研究方法	结论
郑艳群(2005)[①]	3个学期	北京语言大学汉语速成学院中级混合班，14—20人	问卷调查、现场演示调查、撰写感受和召开座谈会	（1）全部的学生认同多媒体教学，肯定的意见主要集中在"有兴趣""帮助理解和记忆"。 （2）存在的问题主要集中在视觉疲劳和色彩搭配方面。
格桑央京(2009)[②]	5周	泰国短期班	采用"长城汉语"多媒体教学模式、通过"长城汉语"标准测试衡量教学效果、问卷调查	这一教学模式提高了课堂教学效率，强化了学生语言交际能力。大部分学生喜欢并愿意继续学习这种课程，大部分学生认为在听说方面有了进步。96%的学生达到《国际汉语教学通用课程大纲》所规定的二级目标。

这些实证研究都是在高校内进行的，研究对象有中文系学生，也有短期班学生；从国别上看，有混合班留学生，也有某一国别的留学生；从研究方法上看，一般采用定性研究，如调查、访谈或撰写学习心得的方法分析，也有的采用定性研究和定量研究（标

[①] 参见郑艳群《汉语口语多媒体教学的体验和思考》，《汉语学习》2005年第2期。

[②] 参见格桑央京《数字化对外汉语教学的进展与深化——以"长城汉语"多媒体教学模式为例》，《民族教育研究》2009年第2期。

准测试）相结合的方法进行数据分析。这些实验都证明了多媒体辅助汉语教学的整体效果优于传统的单一的课堂教学模式，激发了学生学习的兴趣，提高了学习效率。

三 *存在的问题与建议*

第一，从研究对象的角度来看，研究对象的划分不够细致。不少的文章未对研究对象做分析，大部分研究都集中在长期的语言进修生，也有零星文章涉及中文本科生、短期班学生和海外学习者，而预科生没有涉及。

第二，目前与汉语教材配套的汉语教学软件开发显得有些滞后，具体表现在：（1）目前的汉语教学软件还存在面不够广的情况，如与听力、语音、阅读等相关的汉语教学软件还未见，而有的汉语教学软件，如语言测试软件和写作软件的开发还停留在设想阶段，并未付诸实施，其可操作性也有待实践的检验。（2）从已开发的软件的内容来看，受制作能力和制作条件的限制，在图文音像、界面设计、功能设计等方面存在一些不足。大型软件开发的专业性很强，而且是跨专业的，是一个系统工程，需要团队协作。因此，宜提倡一线教师参与、专业人员开发的方式。（3）从目前课件的应用来看，大多数学校所使用的多媒体汉语教学课件都是由各自学校制作的，自成体系，存在低水平重复建设，协作和交流不足的情况。因此应注意优化资源配置，整合各方力量。

第三，从多媒体计算机技术与汉语课堂教学整合研究的成果来看，研究涉及语法课、听力课、口语课、写作课各种课型，但报刊阅读、科技汉语等课型还未见相关成果，广阔空间尚待发掘。

第四，研究的广度和深度有待进一步扩展。多媒体在对外汉语教学中如何应用才能取得更好的效果，需要一定的理论基础做指导，但有些文章还停留在经验主义阶段，缺乏理论的总结与探讨，无法为多媒体辅助汉语教学提供有效的理论指点和具体的操作方法。同时，实证研究是验证理论、检验设备、摸索经验的重要支撑，但目前多媒体辅助汉语教学的实证研究成果也不多。有的统计由于人数较少，离统计学意义上的实验还有一定距离。另外，从统计对象的选择上，还可进一步细化，如国别或文化背景差异也应纳入统计对象，不同性别和年龄在认识上的差异是否对实验结果有影响也有待考察。

第二章

多媒体汉语教学原理探讨

第一节 汉语多媒体口语教学的方法和原理[①]

一 "激发输入—互动输出"模式的简单描述

"激发输入—互动输出"教学模式,是在前人研究成果(崔永华,1999;周淑清主编,2004;赵金铭主编,2004;马箭飞,2004;仇鑫奕,2006)[②]的基础上,主要以Krashen(1981)[③]"可

[①] 本节摘自孙雁雁《"激发输入—互动输出"模式在多媒体初级汉语口语教学中的运用》,《第十届国际汉语教学研讨会论文选》,北方联合出版传媒(集团)股份有限公司、万卷出版公司2012年版。

[②] 参见崔永华《基础汉语教学模式的改革》,《世界汉语教学》1999年第1期。周淑清主编《初中英语教学模式研究》,北京语言大学出版社2004年版。赵金铭主编《对外汉语教学概论》,商务印书馆2004年版。马箭飞《汉语教学的模式化研究初论》,《语言教学与研究》2004年第1期。仇鑫奕《虚拟现实技术支持下的对外汉语教学模式》,《外语电化教学》2006年第1期。

[③] 参见Krashen, S. D. *Second Language Acquisition and Second Language Learning*. Oxford: Pergamon Press, 1981.

懂输入"(Comprehensible Input)、Swain(1995)[①]"理解输出"(Comprehensible Output)以及罗勃特·W.布莱尔编著(1987)[②]"低屏蔽效应"(Low-defence Effect)为指导,结合多媒体环境下初级汉语口语课堂的教学特点,将教学过程锁定在从教师对新知识输入到学生将所学内容口头输出这一教学环节。即教师在多媒体初级汉语口语课堂向学生输入新知识时,除输入内容要遵循 Krashen 强调的"i+1"原则[③],输入形式也要力求营造"低屏蔽效应",借助多媒体的独特优势,使所要输入的新知识从形式到内容都能最大限度地吸引学生的注意力,从而最大限度地激发学生的好奇心和求知欲,为学生很好地掌握这些内容埋下伏笔;在 Swain 所强调的"理解输出"基础上,教师借助多媒体设计多种形式的课堂互动,帮助学生在不同形式的互动中最大限度地理解并掌握所学内容,通过口头输出达到预期的教学目的。

因此,教师在输入端对学生好奇心和求知欲的"激发"手段、学生在输出端理解所学内容所借助的不同形式的课堂"互动",便成为描写"激发输入—互动输出"这一模式的关键。

二 "激发输入—互动输出"模式的具体运用

我们在描述"激发输入—互动输出"这一模式的运用时,将

[①] 参见 Swain, M. Three functions of output in second language learning. In Cook, G. & Seidlhofer, B.(eds.) *Principles and Practice in Applied Linguistics*. Oxford: Oxford University Press, 1995.

[②] 参见罗勃特·W.布莱尔编著《外语教学新方法》,许毅译,北京语言学院出版社 1987 年版。

[③] 关于教学内容的难易度把握,本节暂不讨论。

切入点放在"输入"上，力求在对"激发输入"进行相对详细的描写的过程中，顺势反映出学生的互动输出。①

（一）借助多媒体以时间差制造悬念，激发学生的求知欲

在基于多媒体的初级汉语口语教学中，我们可以借助多媒体课件快速、准确、生动形象地向学生提供交际背景及所学内容，也可以利用多媒体很好地控制呈现交际背景与呈现所学内容之间的时间差，以此制造悬念，激发学生的求知欲。以学生学习"马马虎虎"一词为例：

首先，将"马马虎虎"放到多媒体课件的问答句中，②延迟给出课件中答句的时间。教师先以课件呈现相关的图片或动画，并播放课件中的问句"——怎么样？"。学生看着生动形象的画面会不自觉地冒出自己的母语，个别学生会说出相应的汉语，但学生的发音往往并不准确。教师给学生留出一定的时间让其"嘁嘁喳喳"互相交换信息，以此将学生接触新内容的兴奋点提到一定高度，然后通过多次点击课件中"马马虎虎"的声音播放，让学生尽量将自己的发音通过一次次的调整向课件中的声音靠拢。实在有顽固的错误，就帮助学生找出问题所在，直至"马马虎虎"的发音全部过关。③

---

① 在"激发输入—互动输出"模式中，并不是每一种方法都能做到均等兼顾输出的各种互动形式。在最初阶段，学生的口语水平很低，只能与课件互动、与老师互动，随着学生口语水平的不断提高，才能慢慢实现包括学生之间互动在内的多种互动。

② 我们从开始就注意培养学生在口语交际中只回答焦点信息这一习惯。参见孙雁雁《答句的衔接语模式及其特点》，何炎祥、萧国政、孙茂松主编. *Recent Advance of Chinese Computing Technologies*. Singapore: Colips Publications, 2007.

③ 若有个别同学的错误发音很顽固，可下课后单独矫正，不再占用过多的课堂时间。

然后，将"马马虎虎"放到多媒体课件的完整句子中，延迟给出课件中包含"马马虎虎"句子的时间。可以将课件切换到超市，隐去课件中的声音，只有画面：课件中的主人公和朋友走到一件衣服前，朋友很惊喜地指指衣服，主人公摇头。看完画面，请学生配音。第一次的配音可能错误百出，教师可以不做任何评价，启发学生注意画面中的一些重要细节，如"惊喜地指衣服""摇头"，让学生再试着配一次音，然后点击出声音："这件衣服太漂亮了""我觉得马马虎虎"。学生听后会迫不及待地多次模仿。以此方法，还可以将课件切换到别的场景，帮助学生依据真实的交际情境学习含有"马马虎虎"的其他句子。

相对于传统教学手段而言，学生可以根据画面直接领会教师即将输入的新知识内涵，而不需要教师再多做任何语言上的解释。利用延迟给出答案的时间差制造悬念后，可以促进学生与课件之间的多次、多形式互动，在互动中使学生充分体验消除悬念的快乐，从而真正实现在快乐中学习。

（二）借助多媒体加大输入数量、提高输入质量，激发学生的表达兴趣

多媒体口语课堂使用的图声并茂的相关课件，可以将学生对课件内容的理解时间缩短为0，其切换不同课件速度之快，更是传统课堂所望尘莫及的。这些无疑都会加大相同信息的输入数量；同时，多媒体课件可以将紧贴现实、现时生活的相关内容资料整合为一，这无疑也提高了向学生输入信息的质量。这些真实、生动、丰富、实用的输入内容，因学生课下进入实际交际时可以马上用到，从而会大大激发学生的表达兴趣。我们以两种常用的具体输入方法为例。

1. 在相同场景中增加不同交际目的的输入数量，激发学生在不同交际目的中替换不同的词语进行表达的兴趣

我们以请求别人帮助的句式"麻烦＋（再）＋动词＋一下／数量词＋名词"为主要学习内容，将场景设为"小饭馆"，以用餐的高峰时间为背景。课件中主人公的筷子掉到了地上，但服务员没有发现，主人公要告诉服务员"服务员，麻烦再给一双筷子"；主人公要的米饭太多了，吃不完，想和朋友分着吃，但没有多余的碗，主人公就要请求"服务员，麻烦再给一个碗"；主人公的盘子堆满了吃剩的东西，请求"服务员，麻烦换一下盘子"；主人公杯子里的水喝完了，请求"服务员，麻烦再加一下／点儿水"；主人公桌上的菜凉了，请求"服务员，麻烦再热一下"；主人公吃完了，请求"服务员，麻烦结一下账"。

通过以上虚拟情境的切换展示，学生在多次替换相应词语的表达中加深记忆了"麻烦＋（再）＋动词＋一下／数量词＋名词"这一结构，同时，在多次不同目的的交际表达中，通过替换动词、名词和量词，学生体会了"动词＋一下"与"动词＋数量词"的不同之处，也接触到了所输入的表示不同请求目的的实用句子。因为课件所提供的内容都很贴近学生的日常生活需要，因此学生在随课件切换的学习过程中，自然会将自己融入虚拟氛围，在忘我中积极参与虚拟交际，为自己课外进入实际交际进行积极储备。

2. 在不同场景中增加相同目的的交际活动，激发学生对同一内容的练习兴趣

我们以"你们有什么招牌／特色／拿手／特价菜"句式为主要学习内容，将活动设为"点菜"，背景是不同的饭店。课件中主人公通过进出不同档次、不同风格、不同地域的餐厅，多次练

习询问特色菜或特价菜的几种表达方式。学生在色、香俱全的课件展示中,根据自己的需要,在练习中选择自己喜欢的一种或几种表达,在课件切换的视觉刺激中进行趣味盎然的非机械操练。教师还可根据学生的具体接受情况,选择性地展示一些当地的常见菜,如在北京常见的"北京烤鸭""水煮鱼""京酱肉丝"等,以及相应图片或简单制作过程,①帮助学生加深记忆这些菜的名字,提供给学生真实生动且实用的回答内容,激发学生趣味盎然地将练习更自然地进行下去。

3. 借助多媒体多样化输入,激发学生积极参与互动

我们认为,初级留学生学习汉语的过程大致可以包括三个阶段:准口语阶段,指学生基本没有口语表达能力,只能听后模仿;板块口语阶段,指学生只能将学过的句子原封不动地呈现出来,或只能简单替换其中的某一个词语,而不能随意组织句子;生成口语阶段,指学生能根据不同场合,运用学过的知识随意组织新句子。在每一个阶段,因所采用的学习机制不同,②借助多媒体进行输入的方法也相应地有所差别,我们只选取其中的三种输入法做简单介绍。③

(1)"视听说游戏"输入法

准口语阶段,学生的语言知识积累很少,我们更多地采用行

---

① 图片和制作过程的展示是为了加深学生对菜名的记忆,因此可以没有任何配音,以免影响学生的接受兴趣。

② 参见范琳、张其云《建构主义教学理论与英语教学改革的契合》,《外语与外语教学》2003年第4期。

③ 我们将三种输入方法作为三个阶段的代表,并不表示某种方法只能在某个阶段使用,而是某种方法在某个阶段的使用率相对更高些。

为主义学习机制。借助多媒体优势,采用模仿、游戏、竞赛等多种形式集中学生的注意力,延长学生的注意时间,给学生相对多的时间去看、听、模仿,对学生进行"刺激—反应"训练,培养学生的语感,使学生快速进入板块口语阶段。以学习"商店"为例,我们分四步进行:第一步,展示课件中的正确发音,学生模仿,老师纠音;第二步,学生在各自的平台上自主操作进行录音对比,自我纠音,老师在主控台监听并参与纠音;第三步,学生自主控制电脑桌面上的相关游戏课件,如将"商店"与其他已学过的词混合在一起,学生通过声音射击包含单词"商店"这一气球等游戏形式,自己检查对"shāngdiàn"以及相似音"shēngdiǎn""shèngdàn""shāndiàn""shānduān"等读音的掌握程度;第四步,进行多种形式的比赛游戏,如快速切换包含"商店"以及已经学过的"医院、学校、超市、银行、邮局"等词的图片,让参赛学生快速说出图片相对应的单词,以此训练学生对"商店"反应的灵敏度,顺势复习学过的内容。

(2)"虚拟魔方游戏"输入法

板块口语阶段,学生已经有了一些言语形式的积累,有了一定的个人言语能力,我们可以采取行为主义和认知主义相结合的学习机制,借助多媒体课件,在刺激学生积极互动的同时,充分调动学生发现语言规律的能力。以学习赵金铭主编《路》(下)(北京语言大学出版社,2006 年)第三十课"不然的话"这一语法点为例。教师在向学生介绍了"不然的话"的语法意义"如果不是这样"及其常用表达框架"应该做的事儿(A),不然的话,不这样做将出现的结果(B)"后,可以借助多媒体首先展示可以进入这一框架且学生学过的词或短语。词语展示后,在学生大致理解了这一表达框架的基础上,我们随之可以进行多种形式的比赛游戏:首先,借助多媒体优势,快速呈现能进入 A 组的词语,让学生补出相应的能进入 B 组的词语,或者按相反顺序进行,以此检验学生对这一表达框架的接受情况及反应速度。其次,可以借助多媒体快速呈现能进入 A 组词语的图片或动漫,让学生转换成相应的词语并补出相应的 B 组的词语,或者按相反顺序进行,以此帮助学生快速回忆学过的内容。再次,可以通过播放 Flash,让学生根据动画提供的情境信息,选择合适的词语进入这一框架,叙述动画故事梗概,以此帮助学生灵活、得体地运用所学内容。最后,引导学生口头总结出可以进入 A、B 两个语法位置的词或短语的规律性特点,提升学生对这一表达框架的使用得体度。

(3)"发球—接球游戏"输入法

生成口语阶段,学生具备了生成新句子的能力,我们可以更多地采用建构主义学习机制,借助多媒体向学生提供或文字,或图片,或动画等不同形式的素材,帮助学生熟练生成新句子,了解不同句法结构在表达同一个意思时的语用差异,提供给学生简单常用的叙述、说明体裁的语篇结构模式,从而提高学生的表达水平,扩大学生的交际能力及交际范围。以"A 比 B+Adj""A 没有 B+Adj"为例。首先,教师以例句对这两个结构做简单说明,强调积极意义或很希望达到这一程度的形容词才能进入这两个框架,然后可借助多媒体快速给出多个形容词(包括不能进入此框架的形容词),让学生进行造句比赛。在比赛中,若学生发现不能进入此框架的形容词,教师就可以再次强调形容词的范围,若学生没有发现,教师应想办法提醒并强调。其次,快速展示包含形容词的图片,学生造句比赛,在快速将图片转换成形容词并造句的过程中，帮助学生准确生成句子。再次，借助多个故事性、说明性动画课件，隐藏课件中包含"A 比 B+Adj""B 没有 A+Adj"的句子，学生进行补充比赛，以此帮助学生进一步理解两种框架的使用情境，以及使用这两种框架时说话人的心理活动。最后，给出简单的动画课件，让学生尝试从头到尾进行简单的叙述比赛，最终将"A 比 B+Adj""B 没有 A+Adj"置入语篇中。

  本节在前人研究成果的基础上，针对初级口语课堂教学从新知识输入到学生口头输出这一教学环节，基于多媒体教学手段，以"可懂输入""理解输出""低屏蔽效应"理论为指导，提出"激发输入—互动输出"这一教学模式，并着重介绍了构成此模式的三种主要教学方法，希望以此方式抛砖引玉，共同探讨实现学生口语输出自动化的多种途径。

第二节　视觉表征在汉语教学设计中的应用[①]

  以计算机为基础的信息技术带来的强大技术能力，正在把整个世界视觉化，世界逐渐转变成了图景。视觉化已经成为现代社会的一个特征，人们的认知方式越来越依赖于视觉媒介。[②] "看"变成了对世界的一种阐释，就好像阅读对于文本的阐释一样。在

---

  ① 本节摘自张小峰《视觉表征在对外汉语教学设计中的应用》，《现代远距离教育》2012 年第 3 期。

  ② 参见尼古拉斯·米尔佐夫《视觉文化导论》，倪伟译，江苏人民出版社 2006 年版。

这个意义上,"看"是一种新的认知方式,一种新的思维方式。"意义"从"看"的阐释中产生,"建构"从"看"的解构中完成。[1]

从视觉化的角度"看"语言,语言获得了新的"形式"。如果说文字是一种媒介,文字的意义在于转化了语言,使语言获得一种线性可视的存在形式。计算机技术也是一种媒介,它再一次转化了语言,不同的是,计算机技术为语言提供了一种平面可视的存在形式。这一转化的意义是深刻的:孤立的词语转变成了语义的网络;抽象的语法形式转变成了意义的外化;不同语言形式方面的差异,转化成了不同语言所蕴含的独特的思维视角。以文字为媒介的线性可视是对语言的声音线性形式的直接模拟,因此,语言单位的意义与关系是隐性的、抽象的;以计算机为媒介的平面可视是对语言意义的直接模拟,因此,语言单位的意义与关系是显性的、形象的。从线性到平面,从形式到意义,语言变得直观可视了。

一 视觉表征是第二语言课堂教学的内在要求

从媒介的角度看,第二语言课堂教学的本质是用一种媒介教另外一种媒介,包括使用语言自身这种媒介。第二语言教学需要像重视语言本体一样理解媒介的力量。媒介影响的不仅是教学内容,更是整个教学的模式与教学的过程的改变。计算机进入第二语言教学领域以后,深刻地改变了第二语言教学以语言教语言的

---

[1] 参见朱静秋、张舒予《信息技术支撑下的视觉素养培养》(下),《电化教育研究》2005年第4期。

传统模式,它给第二语言课堂引入了一个以视觉表征为基本特征的教学模式。正如麦克卢汉所说:"任何媒介(即人的任何延伸)对个人和社会的任何影响,都是由于新的尺度产生的;我们的任何一种延伸(或曰任何一种新的技术),都要在我们的事务中引进一种新的尺度。"[①]这一转变,是计算机这种媒介和第二语言教学结合后的内在要求。

计算机自诞生之日起,就迅速成为认识人类认知过程的重要工具。计算机延伸了人脑,它把人的符号世界以信息加工的形式迁移到计算机世界中。人和思维分离了,计算机给人们提供了一个观察人的认知过程和认知结构的新视野。计算机外化了人的神经系统,信息加工的过程"可视"了。人的认知和学习过程可以用计算机来模拟,这重塑了人对自身的认识。由此,人获得了一个新的身份——信息加工者,人的认知和学习过程就是对信息进行输入、编码、贮存、检索、解码和输出等一系列加工的过程。

计算机使世界信息化了,人获得了前所未有的自由。人从自身的心理"暗箱"中走了出来,得以审视自己的认知与学习:人能看到什么、听到什么,不是仅仅取决于刺激的特征,更取决于学习者和情景的关系;人能记住什么、回忆什么,不是仅仅取决于刺激的强度,更取决于信息的编码与信息提取的线索是否与自身的心理图式或语义网络相连接;人能学会什么,不仅仅与机械的操练有关系,更取决于在信息的作用下,新的图式或新的语义链接的产生。人的认知与学习不再是行为主义关照下对情景刺激

[①] 参见马歇尔·麦克卢汉《理解媒介——论人的延伸》(增订评注本),何道宽译,译林出版社2011年版。

的被动反应，而是人与情景互动的复杂过程。

　　计算机揭示了人的信息属性，分析了人类内在的认知与学习过程，确立了人在认知与学习中的主体地位，使学习语言的过程成了一个老师引导学生发现规则、理解规则、创造性地运用规则的过程。这一点和录音机塑造的第二语言教学模式截然不同。在录音机塑造的课堂中，目的语的语言的形式——新的语音习惯和句型习惯成了第二语言学习的核心目标，机械操练成为第二语言的练习的核心手段。录音机控制了第二语言的课堂教学，学习者被机械化了，学生成了录音机的延伸。而计算机在语言教学中引入了学生的尺度，计算机重新定义了第二语言教学课堂中师生的角色：在教学开始阶段，教师是信息的提供者，学生是信息的接收者；学生是信息的归纳者，教师是思考的启发者。在教学发展阶段，教师是练习的设计者，学生是假设的实践者；教师是实践的反馈者，学生是假设的改进者。在教学高潮阶段，学生最终成为一名交际者，教师变成了一名合作者。在这一过程中，计算机在语言教学中的意义表露无遗——它以学习者的认知为中心，它的语法是信息编码，语义是意义建构，语用是信息应用。第二语言教室中的计算机是一个"人"的比喻，当老师打开计算机的时候，他打开的是人的心扉。

　　在这个过程中，关键是教师要提供贴合交际情景的语言材料以启发学生的探索。所谓贴合交际情景的语言材料，意味着必须是学生易接受、可理解、可生成的。这一点依靠语言本身是难以做到的，因为语言本身是抽象的。而计算机技术给语言提供了强大的视觉表征能力，突破了语言本身的抽象性，为语言提供了形象直观的表达方式，为学生自主探索目标语言的意义及规则创造了可能。

因此，当计算机多媒体化了以后，语言视觉表征的意义就完全显现了出来。计算机多媒体化的本质是计算机的"人"化，人由此获得了一种感知世界的全新方式——虚拟的真实。多媒体最大限度地虚拟了情景、建构了世界，人们获得了一个虚拟的世界。如果说语言是人类建构世界的第一个工具，那么，多媒体就是人类获得的基于计算机的建构世界的新工具。语言是世界的投影，多媒体是世界的虚拟，媒介、语言与世界在计算机中汇合了。媒介是语言，它像语言一样建构世界；语言即媒介，它像媒介一样图示世界。媒介、语言与世界的内在一致性因为计算机而得以凸显出来。

认识到这种一致性是重要的。正是因为这种一致性，我们获得了一个观察语言的新视角，获得了一种观察语言的新工具。当语言摆脱语言媒介本身的限制，用另外一种媒介——尤其是用多媒体——来表达时，语言和世界的关系就直观起来：我们可以像观察情景一样来观察语言，由此，我们就可以把对语言项目的描写转化为对情景图式的描写，就可以把对语言项目的解释转化为对情景图式的解释。因为情景是交际事件发生并获得意义的结构，意义是对象到情景的函项。一个人从餐馆中获得顾客的身份，他的交际行为发生在餐馆，受限于餐馆，他的交际行为的意义就产生于餐馆的情景。"我要炒鸡蛋"这句话在餐馆中是点菜，意思是"我点一个菜，这个菜是炒鸡蛋"。同样是这句话，如果是在家里的餐桌上说，有可能就是告诉家人给自己夹一点儿炒鸡蛋。麦克卢汉（2011）指出："一切媒介作为人的延伸，都能提供转换事物的新视野和新知觉。"

如果说录音机意味着学习的内容是口语的话,那么多媒体意味着语言学习的内容是情景。交际始于情景的需求,终于情景的满足。语言学习的过程,是一个情景图式由建立到逐渐丰满的过程。在多媒体作为主导媒介的第二语言课堂中,情景成为第二语言教学的基本前提,意义成了第二语言教学的核心目标,学习第二语言就是为了获得交际能力,也就是在合适的情景中成功地接收和表达意义。这正是交际法的核心目标。多媒体与交际法的精神是高度吻合的,多媒体进入第二语言教学课堂后,大大促进了交际法的完善与发展,它对第二语言教学的影响是全方位的,主要体现在以下几个方面:

第一,多媒体把情景引入了课堂,为第二语言教学引入了一个新的逻辑起点。起点的差异带来了过程的不同。教学内容的安排不再完全按照语言结构的复杂程度进行线性安排,而是根据交际情景的需要,综合考虑语言形式和交际功能进行螺旋式的安排。从此,以语言结构为主导的教学大纲逐渐被以交际能力为核心特征的教学大纲所代替。

第二,多媒体给课堂引入了交际。在传统的第二语言教学看来,交际行为只有在经过漫长而乏味的模仿、记忆、操练后才会出现,可是,在多媒体塑造的课堂中,学习第二语言开始之日,就是学习用第二语言进行交际之时。Howatt(1984)[①]就认为,在英语作为第二语言教学的课堂上,或者是"学习用英语"(Learning to Use English),或者是"通过用英语去学习英语"

[①] 参见 Howatt, D. *A History of English Language Teaching*. Oxford: Oxford University Press, 1984.

（Using English to Learn It）。在多媒体塑造的第二语言课堂中，教学过程交际化了。

第三，多媒体还改变了师生的课堂角色与行为。在交际过程中意义协商被认为是最有效的教学行为，教师成为学生交际需要分析者、交际活动促进者、学生问题咨询者及交际活动管理者，教师用一切方法激发学习者使用语言去完成任务，所有的教学行为都指向交际。学生是交际的主体，他根据情景创造性地使用语言，用语言去做事。第二语言学习者就是一个交际者。

由此，我们对第二语言教学课堂中多媒体的认识也深化了，多媒体一方面将抽象的语言要素转化为形象的世界图像，另一方面将现实的交际情景虚拟化了，也就是说第二语言课堂可视化了。

二 *语言知识可视化教学设计的基本方法*

计算机技术对于第二语言教学的根本意义在于它为第二语言教学引入了新的尺度：它突破了长久以来用语言描述语言的困境，为语言提供了一种表达自身的新工具；它改变了固有的观察语言的线性视角，为教师提供了一种设计语言教学的平面化新视角；它打破了第二语言学习者探索语言意义的习用方式，为第二语言学习者提供了一种建构语言知识、提高学习效率的新方法。计算机技术转化了语言存在的形式，为语言知识的表达创造了新的视角，提供了丰富的可能。

根据语言项目不同的特点，语言知识可视化教学设计可以分为不同的策略，分述如下。第一，如果教学的语言项目是意义较为实在的实词，我们可以设计不同类型的图片表征库。以名词为例,在第二语言教学中,解释名词的目标不是为了促进概念的形成,而是为了说明指称的对象。例如"牛奶"这个词,在第二语言中没有必要将其解释成"母牛产的奶汁",因为牛奶是什么对第二语言学习者来说不是问题,他们的问题是汉语中的"niúnǎi"这个词的语音形式或者"牛奶"这两个汉字指的是什么。如果建立一个汉语名词图片表征库,词义的解释就可以转化为词义的直观显现。当然,不同类型的名词,需要不同的表征方法。比如在交通工具这个词族中,就可以用图片将其还原成事物的视觉原型,这样的表征方法,我们叫作直接法,所以典型的交通工具可以表征为如下形式(见图2-1):

公共汽车　　出租汽车　　火车

自行车　　飞机　　船

图2-1　直接法

正如世界中的对象总是处于某种关系中一样,每个典型成员绝不是孤立地存在着,典型成员是一个生长点,在它周围,有一系列相关的名词可以依托这个"生长点"成长起来。以"公共汽车"为例,在"公共汽车"这个语境中有公共汽车的名称"某某路公共汽车","路"这个量词就是公共汽车的引申。公共汽车有很多停车的地方,这个地方叫"站",我们可以说"在某某站上车","站"这个名词也是公共汽车的引申。这个"站"还可以是量词,表示公共汽车行进的路程，例如我们可以说"坐三站下车"。这样，在公共汽车的基础上，我们可以把"路"和"站"表征为下面的形式（见图 2-2）：

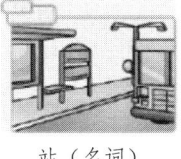

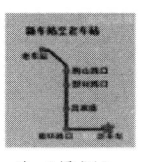

路　　　　站（名词）　　　站（量词）

图 2-2　引申法

这样，以公共汽车为核心，就把相关的名词组织了起来，共同组成了一个公共汽车的图式。这种从核心词语出发，引申出其他词语的表征方法叫引申法。再比如，很多事物的表征有赖于它归属的整体。客厅、厨房、卧室、卫生间都是房子，但是它们表达的是房子的功能。所以，对它们的表征要以房子为出发点，以左大括号表现它们和房子整体的关系。它们可以表征为（见图 2-3）：

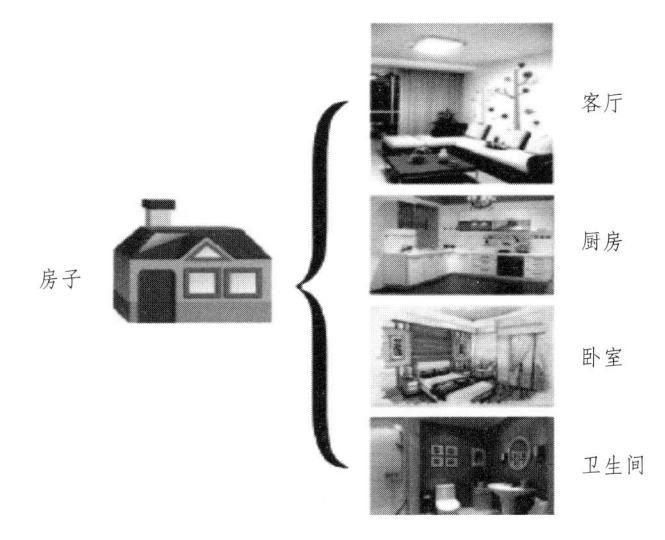

房子　　　　　客厅

　　　　　　　厨房

　　　　　　　卧室

　　　　　　　卫生间

图 2-3　框架法

这种方法我们叫框架法。这种方法的特点是从整体到部分。

第二，有的语言项目虽然是实词，但这些实词的意义构成较为复杂，我们可以设计不同的表征图，以刻画这类语言项目的准确内涵。例如"以前"这个词看似简单，但其参照点及其所指其实是较为复杂的。如果"以前"直接以"现在"为参照，这时，它的含义是以"现在"为回溯的起点，指向向前回溯的任何一个时点，例如：

波伟以前没学过汉语。

玛丽以前去过长城。

这时，"以前"需要表征为图2-4[①]：

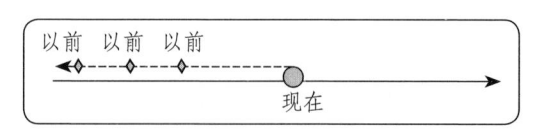

```
以前  以前  以前
←----◇----◇----◇-----●----------------→
                     现在
```

图2-4 "以前"的表征（1）

如果以"将来"的某个时点为参照，"以前"指向的是从"将来的时点"出发，回溯到"现在"这一范围内的任何一个时点。例如：

上课以前要关手机。

参加比赛的同学请在下周三以前去办公室报名。

这时，"以前"需要表征为图2-5：

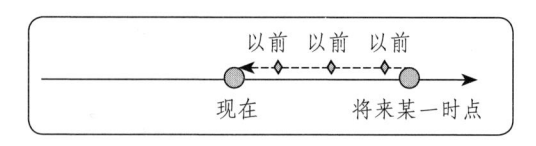

```
                以前  以前  以前
←-----●---------◇----◇----◇----●-----→
      现在                  将来某一时点
```

图2-5 "以前"的表征（2）

---

① 三个菱形符号表示的是"任意一个时点"的意思。一个菱形符号表示的是"唯一一个时点"的意思。

如果"现在"这个参照是隐含在时段中,"以前"指向的是以"现在"为回溯起点,以该时段为距离的唯一一个时点。例如:

三天以前我们去看了一场电影。

一年以前波伟来到中国。

这时,"以前"需要表征为图2-6:

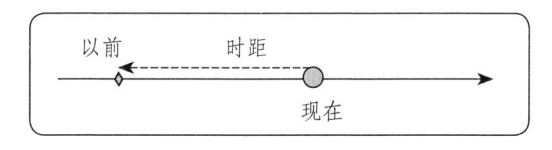

图2-6 "以前"的表征(3)

上面三种情况中,"以前"都以"现在"为参照点。但是,"以前"还能以过去的某个时点为参照,用来指"过去"的"过去",例如:

地球诞生以前宇宙是什么样子?

没来中国以前丁荣学过一点儿汉语。

这时,"以前"指向以"过去"某一时点为回溯起点的任何一个时点,这个用法可以表征为图2-7:

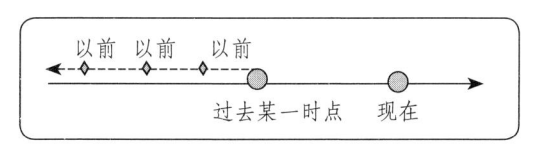

图2-7 "以前"的表征(4)

通过以上四张表征图,我们就可以直观而准确地刻画出"以前"这个词的意义和用法,对学生把握这个词有很大的帮助。

第三,汉语虚词的意义高度抽象,是对外汉语教学的一个重点和难点。但我们可以把虚词转化为与之对应的情景图式,因为虚词适用的情景是直观可视的。例如,介词"从"如果和表示处

所的词语结合,表示的是某一事件开始的地方。例如:

他们明天从学校门口出发。

小明从桌子上跳了下来。

如果和表示时间的词语结合起来,表示的是某一事件开始的时间。例如:

我们从8点开始上课。

从今天起,我们来学习怎么写汉字。

"从"后面还可以是动词或动词短语,这时,这个动词或动词短语表示的事件就获得了"开始"的角色。例如:

从上学到现在,小明的成绩一直很好。

从飞机起飞起,王华就在睡觉。

因此,"从"的核心意义是"起点",我们可将其表征为图2-8。在这张图中,圆圈表示"起点"。

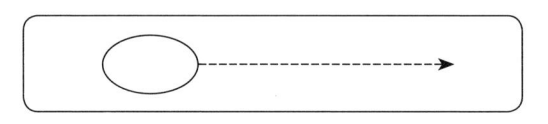

图 2-8 "从"的表征

"从"是起点,"到"是终点,如果"从"和"到"结合起来,则表示范围,可以将其表征为图2-9。例如:

从南京到北京要坐10个小时的火车。

从晚上6点到8点上课。

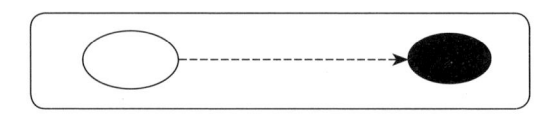

图 2-9 "从……到……"的表征

从起点到终点,可以比喻为一个变化的过程。例如:

请大家从高到低排队。

学习要从易到难,循序渐进。

因此图 2-9 还可以表示变化过程,空心的圆圈表示变化的起点,有阴影的圆圈表示变化的结果,箭头表示变化的过程。

在"从"的图式中,箭头是一个重要因素,它表示行动、发展、变化的路径,所以,"从"又据此引申出表达路线或场所的功能。例如:

从隧道走要快得多。

十几辆婚车从马路上开过。

这两个例子中的"隧道"和"马路"不是起点,但我们可以把它们想象成人或事物移动的轨迹,这一轨迹必然有起点和终点,起点和终点构成了所谓的"路线"。实际上,"从"的这一意义正是"范围"或"过程"情景的抽象。

"路线"是人或事物运动必然的结果,是人们观察运动的依据,由此进一步虚化后,"从"还可以用来表示"根据"。例如:

人的正确思想从实践中来。

从为人来说,老张没的说。

"实践"是"人的正确思想"的"路线","为人"是观察老张如何的"路径",事实上,所谓的"根据"其实就是"路径"的抽象化。这两个意思都突出了"箭头"这个要素,所以,我们把"从"的这个意思表征为图 2-10,在这张图中,起点和终点都虚化了。

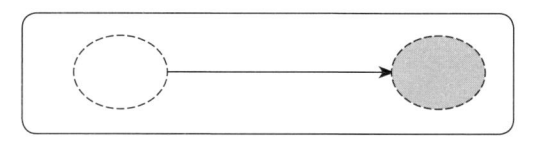

图 2-10 "从"的引申义表征

表面上看，似乎"从"有不同的意义和用法，但实际上，"从"表示的就是事件"开始"这一情景图式，我们可以用图 2-11 把"从"统一表达为：

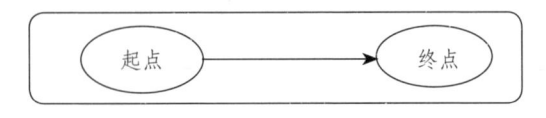

图 2-11　"从"的情景图式

这样我们就把对"从"的描写与解释转化为对相关情景图式的描写与解释，从而直观而深刻地刻画出这个语言项目的特征。

第四，如果教学项目是谓词短语，我们可以通过表征事件之间的关系来表征谓词短语的构造及意义。谓词短语是汉语最为重要的句子构造单位，它是谓词的组合。一个谓词就是一个事件的核心，谓词的组合表达了事件的关系。例如：

鸭子煮熟了。

他把头发染红了。

在这两个例子中，"熟""红"都是谓词，分别表示一个事件。但是，这些事件不是自发出现的，它们是由"煮""染"引起的，从时间上看，先有动作，后有结果，因此，这类表示动作和结果的述补结构可以表征为事件的发展过程，它的意思可以解释为"事件$_1$结束后引起了事件$_2$"。据此，这类述补结构就可以表征如图 2-12：

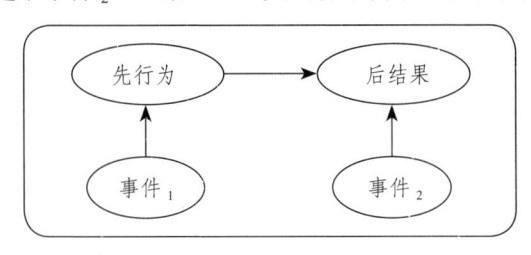

图 2-12　结果补语的表征

这个表征图式，不仅揭示了结果补语的语义构造，同时也显示了它的句法构造。按照这样的原理，我们就可以将不同的谓词短语类型进行统一的视觉化的表征。

利用图表说明对象是教学中常用的方法，但是，在第二语言教学中，教学对象成了语言本身，语言本身是抽象的，只有当计算机，尤其是多媒体进入第二语言教学领域后，人们才获得了描写语言的新工具。这个工具最大的特征就是可以使抽象的语言知识视觉化，从而使语言对语言的间接解释变成了对语言意义的直接表征。可以说，计算机给第二语言教学引入了新尺度，为第二语言教学的创新创造了条件。

三　基于视觉表征的对外汉语教学设计的探索

当以计算机为核心的信息技术作为教学媒介进入第二语言教学课堂的时候，语言的可视化图景变得清晰起来。计算机把隐藏在语言形式底层的语言意义展示了出来给学生"看"，学生"看"到的，不光是语言单位的图式，而且是汉语观察事物与情景的独特视角。

视觉表征对汉语作为第二语言教学的意义由此显现了出来，视觉表征成为对外汉语教学设计的逻辑起点。这一设计模式的主要特点是运用以计算机为核心的多媒体技术，以语言知识的视觉表征为语言意义的编码方式，显示语言单位的认知图式，促进学生对汉语反映事物和情景认知特点的感知与理解，从而习得汉语的基本表达方式。

从教学者的角度看，教师在这一教学设计模式中的角色是语言图式的表征者。教师的核心任务是分析和描写汉语要素，说明其意象凸显面，创设认知习得的条件，并据此策划教学项目的实施脚本。这一设计模式为语言教学中教师的主导作用赋予了新的含义。

从学习者的角度看，学生在这一教学设计模式中是语言图式的建构者。学生不再把记忆数量庞大的词汇和陌生的语法规则作为学习重点，而是去感知与理解汉语反映事物和情景的认知特点。掌握一个语言项目，意味着完成了对一个语言项目图式的建构。这一模式真正确立了学习者在语言学习中的核心地位。

从教学过程看，这一教学设计模式将课堂教学分为三个主要步骤：第一，语言要素可视化表征；第二，师生探究语言要素的意义及与之相关的语言形式；第三，在适当的情景下，引导学生运用所学语言项目。在这一过程中，教师是信息的提供者、思考的启发者、实践的反馈者，学生是信息的接收者、信息的归纳者、假设的实践者。这三个步骤保证了教师与学生、学生与学生的交流与合作。

从教学资源看，这一设计模式需要建设语言知识表征库和语言练习情景库。我们已经初步建立了实词的表征库，常用介词、连词、副词及助词的表征库的建设也已基本完成。语言练习的情景库也正在规划、建设中。前者是为了系统地表征语言要素，后者是为了学习者探索语言的意义。

从教学时空看，视觉表征可以为对外汉语远程教育，进而为汉语国际教育设计切实有效的多媒体网络学习环境。在语言知识的视觉表征过程中，学习的语言项目可视化了，这既是多媒体计算机应用于第二语言教学的结果，更是进一步推动多媒体更好地服务于教学实践的动力。如果只有空洞的技术，但缺乏适用于这种技术的内容，只会使新的教学理念流于形式。语言知识的视觉表征，可以有效地融合技术与课程，为对外汉语网络课程的建设、网络教学资源的开发、教学软件的设计提供全新的理念。

总之，语言知识的视觉表征是视觉文化影响下对外汉语教学的一种新的教学理念的实践，它的意义，不仅仅在于教学内容形式的转变，更根本的是，它是教育技术实践于对外汉语教学的价值体现。

第三章

网络汉语教学设计与学习策略研究

第一节　网络环境下的汉语学习策略研究[①]

一　网络环境下汉语学习策略研究的意义

二语学习策略研究是外语教学与心理学跨学科研究的产物，在二语习得研究与二语教学中占有重要的地位，有助于加深我们对二语学习者及其学习和认知过程的了解，帮助学习者认识自己的学习活动，改进学习方法，提高二语学习的效率，因此对于二语学习主体的研究具有极大的理论意义，对于二语教学也具有很大的应用价值。

虽然迄今国外已有大量关于二语学习策略的研究成果，[②] 国

---

① 本节摘自卢伟《网络环境下的汉语学习策略研究》，李晓琪主编《汉语教学学刊》（第 5 辑），北京大学出版社 2009 年版。

② 参见 Rubin, J. & Thompson, I. *How to Be a More Successful Language Learner.* Heinle & Heinle, Publishers, 1994. Oxford, R. *Language Learning Strategies: What Every Teacher Should Know.* Rowley, Mass: Newbury House, 1990. O'Malley, J. Michael & Chamot, Anna Uhi. *Learning Strategies in Second Language Acquisition.* Cambridge: Cambridge University Press, 1990. Naiman, N., Frohlich, M., Stern, H. & Todesco, A. *The Good Language Learner.* Clevedon, Avon: Multilingual Matters, 1996. Cohen, A. D. *Strategies in Learning and Using a Second Language.* London: Longman, 1998. Macaro, E. *Learning Strategies in Foreign and Second Language Classroom.* New York: Continuum, 2001. Cohen, A. D. & Weaver, S. J. *Styles- and Strategies-Based, Instruction: A Teacher's Guide.* Beijing: Foreign Language Teaching and Research Press, 2006.

内的外语教学界出版了不少专著,[①] 对外汉语教学界也有不少学者对外国学习者的汉语学习策略展开相关的研究,[②] 但是对于网络环境下汉语学习策略的研究却几近空白。

---

① 参见程晓堂、郑敏编著《英语学习策略》,外语教学与研究出版社2002年版。吴本虎《英语学习策略》,安徽教育出版社2002年版。刘振前、肖德法主编《外语学习策略研究》,山东大学出版社2006年版。李力、陈治安、蒋宇红主编《策略·风格·归因——学会学英语》,上海外语教育出版社2006年版。饶振辉《英语学习策略中的个体差异与文化因素》,上海外语教育出版社2007年版。

② 参见杨翼《高级汉语学习者的学习策略与学习效果的关系》,《世界汉语教学》1998年第1期。徐子亮《外国学生汉语学习策略的认知心理分析》,《世界汉语教学》1999年第4期。徐子亮《中外学生二语学习策略的相异性研究》,《暨南大学华文学院学报》2003年第3期。徐子亮《不同认知风格的汉语学习者在学习策略运用上的差异研究》,《第八届国际汉语教学讨论会论文选》,高等教育出版社2007年版。罗青松《外国人汉语学习过程中的回避策略分析》,《北京大学学报》(哲学社会科学版)1999年第6期。江新《汉语作为第二语言学习策略初探》,《语言教学与研究》2000年第1期。刘颂浩《关于在语境中猜测词义的调查》,《汉语学习》2001年第1期。刘颂浩《汉语学习者阅读中的理解监控行为考察》,《暨南大学华文学院学报》2002年第3期。钱旭菁《汉语阅读中的伴随性词汇学习研究》,《北京大学学报》(哲学社会科学版)2003年第4期。钱旭菁《词义猜测的过程和猜测所用的知识——伴随性词语学习的个案研究》,《世界汉语教学》2005年第1期。吴门吉《监控策略及其在初级汉语口语教学中的应用》,《暨南大学华文学院学报》2004年第1期。吴勇毅《学习策略对汉语作为第二语言(CSL)学习的影响》,潘文国、Step han Roddy主编《对外汉语教学的跨文化视角——旧金山对外汉语教学学术会议论文集》,华东师范大学出版社2004年版。吴勇毅《不同环境下的外国人汉语学习策略研究》,上海师范大学博士学位论文,2007年。钱玉莲《韩国学生汉语学习策略研究》,世界图书出版公司2007年版。

可见，关于网络环境下汉语学习策略的研究尚未受到学界关注，研究成果仍为凤毛麟角，因此更有必要开展这方面的专门研究。此外，随着网络技术的飞速发展，汉语国际推广的不断拓展，网络汉语教学得到越来越广泛的应用。基于网络的远程汉语教学实质上是利用网络学习资源，在教师指导下，以学生为中心的个别化、自主式的认知学习。因此，进行网络环境下汉语学习者的学习策略研究，一方面，将有助于加深我们对远程汉语学习者的网络学习过程的认识，有针对性地进行汉语网络教学设计、教材编写、课件制作、资源建设和策略培训，并应用相关技术来支持学习者各种学习策略的有效运用，以提高汉语网络教学的效果，因而具有很大的实用价值；另一方面，还有助于拓宽二语学习策略的研究领域，在网络广阔的虚拟学习环境中考察远程学习者的策略运用情况，通过与真实二语学习环境下学习策略的异同比较，发现网络二语学习策略的特性和规律，所以也具有一定的普遍理论意义。

二 网络环境下汉语学习策略研究的主要内容

近年来，国内对外汉语教学界关于汉语学习策略研究的范围主要涉及如下几个方面：理论介绍、研究综述、成功汉语学习者的策略、影响策略的因素、策略和学习效果的关系、宏观的整体学习策略研究、言语微技能（阅读、听力、写作、口语）和言语要素（如汉字）学习策略的研究、特定的汉语学习群体的学习策略研究以及中外学习者学习策略的对比研究、汉语学习策略的培训等。①

从理论和应用的角度看，无疑也应该包括上述内容。但是，我们认为当前亟待研究的是应用层面的问题，不宜过多地纠缠相关的理论争议（比如策略的分类及其理论依据），而应该更加关注与网络汉语学习策略的运作及效果密切相关的实际问题，着重探讨如下三个方面的内容。

（一）考察网络环境下汉语学习策略的使用状况

我们必须考察网络环境下汉语学习者使用学习策略的总体状况，了解网络虚拟环境和真实环境下汉语学习策略的共性是什么，并在此基础上进一步探究网络虚拟环境下汉语学习策略的特性，也就是远程学习者在学习汉语本体知识、培养汉语言语技能和运用汉语进行网上交际时，哪些学习策略经常使用，哪些不常使用或不适合使用，以构建常用的网络汉语学习策略体系，为汉语网络教学设计、课件制作、自主学习方法指导等提供依据。

例如，我们可以研究远程汉语学习者如何使用元认知策略来计划、监控和评价网络汉语学习，管理自主学习计划，安排和调整学习时间与进度；如何使用认知策略中的资源策略进行基于网络资源的自主探究学习和基于网络语料库的数据驱动学习，并对超媒体教学信息进行判定、组织、分类、归纳与精加工；如何使用社交／情感策略进行基于交互技术的小组合作学习、话题讨论交流、完成交际任务等。

关于网络虚拟环境和真实学习环境下汉语学习策略的共性与

---

① 参见王新菊《第二语言学习策略研究综述》，《新疆大学学报》（哲学·人文社会科学版）2008年第3期。

特性,我们通过对远程学习者的在线问卷调查与分析[①],得到一些初步的发现。

比如,网络环境下汉语学习者进行在线阅读时,往往使用属于"认知策略"的"资源策略",借助网络词典查找词义,或者通过在线翻译获取词语的母语对应词来理解词义。如果缺乏网络资源的支撑,有些学习者就会使用猜词策略。又如,网络环境下汉语学习者运用交际策略时,较少使用"用手势、表情、图片、实物等帮助表达意思"的策略,较常使用"用打字的方式直接打出词语的母语对应词来",而在真实环境下面对面的口头交际中,学习者极少采用这种交际策略,而更常"用手势、表情等帮助表达意思"。

再如基于网络的音频和视频交互环境下,汉语学习者运用与交际策略(或"元认知策略"中的"监控策略")相关的"自我修正"(Self-repair)策略的情况与日常口头交流的情况相似,但是在基于网络的文本交互环境下(如 MSN 实时笔谈),由于学习者对汉字字形及输入法不熟悉而经常出现打字错误,因此在提交文本之后较常使用"自我修正"策略,对所录入的错别字进行自我更正(即录入正确的汉字然后再次提交给对方),或者在"意义协商"过程中,当对方提出疑问或要求确认时,对自己的书面语言输出进行修正然后提交文本,这些自我修正大都属于有外在表征(如错别字)的"显性修正"(Overt-repair)。此外,学习者在

---

① 这些远程汉语学习者为近年来在厦门大学海外教育学院学习过的欧美、东南亚国家留学生,受试数量为 30 名。该项问卷调查采用网络在线调查系统,其开放性决定了受试数量将随时增加,相关的统计数据也将随之变动。

打字过程中，对音码输入法所提供的多音字或形码输入法所提供的形似字进行选择时，也会对自己的汉字选择过程进行自我监控。比如，原先想选择某一个汉字但意识到选错了，马上改选正确的汉字，然后录入该汉字，最后才提交文本给对方。在这种情况下，学习者所运用的自我修正策略属于"隐性修正"（Covert-repair），因为尚未出现错误的外部表征——错别字。与网络环境相比，在日常生活面对面的口语交际中，汉语学习者很少借助汉字来表达思想，因此几乎不会对书面的语言输出进行自我修正。在网络音频、视频和文本混合交互环境下，当学习者不知道某一语言形式或者听不懂对方的话语时，倒是经常要求对方写出其书面形式（汉字、词语、短语甚至整句话）。也就是说，学习者使用"合作策略"子类中的"直接求助"策略，通过请求交际另一方的帮助达到交际目的。

（二）研究网络环境下汉语学习策略使用的影响因素

文秋芳主编（2003）[①]将影响学习策略使用的因素分为环境因素（学习条件、教学环境、学习任务）和学习者因素（学习动机、努力程度、认知风格、学习风格、容忍含混度、运用大脑两半球的不同倾向、性格类型）。考虑到网络环境下汉语学习的情况比较复杂，我们认为，策略使用的影响因素的范围可以拓宽一些，最好也考虑性别、年龄、国籍等个体变量以及文化背景和网络虚拟学习环境等因素。

---

① 参见文秋芳主编《英语学习策略实证研究》，陕西师范大学出版社 2003 年版。

根据宋婧婧（2006）[①]关于留学生汉语口语交际策略的调查，语言能力不同的学生在交际策略使用上存在着差异，同时这种差异将影响到他们的口语交际能力；交际策略的使用还受到学习者与家人交流语言、年龄、性别等因素的影响；交际策略的使用类型与表达效果之间存在密切的关系。汤桂珍（2007）[②]对留学生汉语口语自我修正策略的调查发现，汉语水平的差异对留学生自我修正策略的使用及结构有显著影响，任务要求的不同对自我修正策略的使用也有显著影响。印度尼西亚华裔与其他国家学生在自我修正策略的使用上存在显著差异，印度尼西亚华裔男生与女生在自我修正策略的使用上存在显著差异。上述这些实证研究的结论支持和印证了国内外学者先前的研究结论，如学习者策略的使用有群体差异和个体差异，策略使用和语言学习成功的各个方面有关。[③]

那么，网络环境下是否也存在这些差异？如果是，它们体现在哪些方面？和校园环境下有何异同？如果我们考察网络环境下各种学习策略的使用与汉语学习者的国别、年龄、性别、性格、动机等个体变量的关系，对比优秀语言学习者和一般学习者或者不同国别、性别、年龄的学习者使用策略的异同，分析学习策略的选择和使用与汉语水平的相关性，了解网络学习策略的有效性

---

① 参见宋婧婧《留学生汉语口语交际策略调查研究》，厦门大学硕士学位论文，2006年。

② 参见汤桂珍《留学生汉语口语自我修正策略调查研究》，厦门大学硕士学位论文，2007年。

③ 参见 Macaro, E. Strategies for language learning and for language use: Revising the theoretical framework. *Modern Language Journal*, 90 (3), 2006.

及对汉语学习的促进作用，必将有助于我们验证或质疑现有相关的研究结论，归纳二语学习策略使用与各种因素关系的共性，还有助于我们总结网络环境下汉语学习策略与各种因素关系的规律，探讨其特性。

（三）研究网络环境下汉语学习者策略意识的提高及策略运用的有效性

Macaro（2006）指出："尽管有一些相反的研究结果和保留意见，但只要策略培训的时间足够长，并侧重元认知策略培训，学习者的策略培训在促进成功的学习方面是有效的。"二语学习策略意识的提高主要通过学习策略的培训和指导来实现，这方面国内外学者做过专门研究和介绍。Wenden（1991）[①] 阐述了学习策略训练的可行性，Oxford（1990）在总结与描述学习策略的方法和操作步骤基础上介绍了一个策略培训模式。国内英语教学界进行过相关研究，如校园环境下英语学习策略指导的原则、步骤和方法（文秋芳主编，2003），语言学习策略的诊断和选择以及如何确定训练方案和实施策略培训（程晓堂和郑敏编著，2002）。非英语专业本科生词汇记忆策略训练（刘振前和肖德法主编，2006）。对外汉语教学界也有相关论著涉及如何培训校园环境下留学生的汉语学习策略（钱玉莲，2007；吴勇毅，2007）。这些研究对网络环境下汉语学习策略意识的提高及策略培训有重要的启示作用，有助于远程学习者正确选择和有效运用

---

① 参见 Wenden, A. L. *Learning Strategies for Learner Autonomy: Planning and Implementing Learner Training for Language Learners*. Engliwood Cliffs, New Jersey: Prentice Hall Regents, 1991.

汉语学习策略。

根据我们关于猜词策略在线调查的初步发现，对于网上阅读材料是否需要词语注释的答卷反馈如下：

不必进行词语注释，应该让学习者运用猜词策略自己猜测词义：40%

不必进行词语注释，但要提供网络词典让学习者查找义项和选择词义：70%

不必进行词语注释，但要提示词语的多个义项让学习者猜测和选择词义：70%

不必进行词语注释，但要提示多个不同的词义让学习者猜测和选择词义：70%

不必进行词语注释，但有必要提示多个词义让学习者猜测和选择，并用选择题的方式反馈猜词结果：80%

有必要进行词语注释，不必让学习者自己猜测词义：50%

有必要进行词语注释，但不必直接显示在网页上，最好让学习者自己决定是否浏览词语注释：50%

有必要用外语注释词语，因为汉语注释较难理解：30%

有必要用汉语注释词语，因为外语注释有时不准确，容易误导：20%

有必要用汉语和多种外语注释词语，这样对不同水平和母语的学习者都有帮助：50%

根据上述问卷反馈及比例，我们发现，很有必要对网络汉语阅读过程中的猜词策略和资源策略提供指导和技术支撑，以提高学习者的策略意识及策略运用的有效性。但是，如果学习者过多地使用资源策略，比如借助所提供的网络词典查找义项和选择词义,或者依赖所提供的词语注释,则猜词策略无法得到足够的训练,阅读理解(尤其是快速阅读)能力难以有效地提高;反之,如果学生过多地使用猜词策略,则资源策略无法得到充分地运用。

那么,如何解决这一矛盾呢?我们不妨借助网络数据库技术和语言技术,尝试为学习者提供一种以自主策略运用为基础、同时培训猜词策略和资源策略的折中方式(详见本节第四小节)。

三 *网络环境下汉语学习策略研究的方法*

关于学习策略的研究方法,国内外不少学者做过介绍。如Oxford(1990)的语言学习调查问卷表(SILL),文秋芳主编(2003)的问卷调查、面谈、写学习日记、实际观察、有声思维等调查学习策略的方法。此外,国际上比较权威的美国的Weinstein等人于1987年编制的学习策略量表(Learning and Study Strategies Inventory,简称LASSI),则分别从态度、动机、时间管理、焦虑、专心、信息加工、选择要点、学习辅助、自我测试、考试策略等10个维度对学习策略进行测评研究。[①]

开展网络环境下汉语学习策略的研究,可参照上述量表,综合运用文献研究、对比研究、定量与定性研究、实证研究等方法,并以实证研究为主要方法,对不同的个体与群体进行问卷调查、访谈、观察,在此基础上进行个案分析和对比分析,进行定量统

---

① 参见 Weinstein, Claire E. & Palmer, D. R. LASSI User's Manual. 2002. http://www.hh-publishing.com/_onlinecourses/study_strategies/BSL/admin/usersmanual.html.

计和定性描述，发现、总结和验证规律。

实证研究的关键在于语言学习调查问卷（SILL）的设计。Dörnyei（2003）[①] 曾指出问卷调查的九大弊端。Macaro（2006）则认为尽管考察学习者策略使用情况的方法还不完美，但是其信度和效度还是可以接受的。设计调查表时应尽量采用通俗易懂的文字和学习者熟悉的表述方式对各种学习策略进行具体的描述，帮助受试者在理解问卷的前提下进行答卷，以提高答卷反馈信息的可靠性。比如，Faerch & Kasper（1983）[②] 将交际策略分为减缩策略和成就策略，前者包括功能减缩和形式减缩，后者包括补偿策略和检索策略。如果我们直接用这样的术语去对学习者进行问卷调查，则无法保证受试在准确理解问卷内容的前提下做出合适的答案反馈。因此，在问卷调查中，对交际策略及其子类要进一步细化，描述策略名称时要避免术语，对策略的具体表述要尽量通俗易懂。

由于不同的研究方法可能得出不同的结论，因此不必局限于单一的研究方法，条件允许时可综合采用多种方法开展网络环境下的汉语学习策略研究。正因为网络不受时空限制，易于对更多的学习者实施在线问卷调查，所以我们不妨以受试范围广泛的大样本问卷调查为主，辅以个体和小组交谈、引导性交谈、有声思维、内省、课内外学习活动观察等，以弥补各种研究方法的不足。

---

① 参见 Dörnyei, Z. *Questionnaires in Second Language Research: Construction, Administration and Processing.* Mahuah, N. J.：Lawrence Erlbaum Associates, 2003.

② 参见 Faerch, C. & Kasper, G. Plans and strategies in foreign language communication. In Faerch, C. & Kasper, G.(eds.) *Strategies in Interlanguage Communication.* Harlow, England: Longman, 1983.

四 网络环境下汉语学习策略研究和策略运用的技术支持

进入21世纪，计算机技术和信息通信技术飞速发展，互联网、超媒体、数据库、移动通信、人工智能、自然语言处理等技术为开展网络环境下汉语学习策略研究以及远程汉语学习者的策略运用研究提供了较好的技术支撑。

在学习策略研究的技术支持方面，我们可以利用互联网为平台，通过数据库技术传递与储存信息，用ASP、VB、JavaScript等编程语言设计在线调查程序，方便高效地、不受时空限制地实施大范围的网络环境下汉语学习策略的问卷调查。受试者只要登录指定的网站，即可在线进行答卷，提交问卷反馈信息后，后台数据库自动储存答案，并自动统计答卷结果，以分数、百分比和条形图等方式显示统计结果。问卷中的题型可为单选、多选、自定义文本以及多种题型交叉等，可在线添加、审核、管理和预览问卷，可在线添加和修改问题，可设置问卷的起止日期，可设置受试者提交问卷的IP范围，可设置是否允许同一IP重复提交问卷，可设置受试者是否凭密码访问，可设置问卷是否公开。[①]

在学习策略运用的技术支持方面，我们同样可以应用相关技术来支持汉语学习策略的运用和训练。比如，以计算机为媒介的通信技术（Computer-mediated Communication）可支持交际策略，超文本标记语言和在线汉语类义词典等技术可帮助学习者培养联想学习策略，数据库和信息检索技术可支持检索策略，语料库技术可通过语料资源和数据驱动支持资源策略和发现学习策略，超

---

① 该程序的样例演示可访问"网络环境下汉语猜词策略问卷调查"，网址：http://www.luweixmu.com/survey/SurveyShow.asp?Survey_id=68。

媒体技术、语音合成与识别技术可通过音、像、图、文多渠道感官刺激来支持记忆策略。

在自主学习策略、资源策略和猜词策略的运用和训练方面，我们可以先利用语言技术对阅读文本进行分词处理，再用数据库技术储存分词文本及每个词语的汉语（和外语）注释，并提供网络词典的检索链接。学生在线阅读时，可根据自己的阅读目的、阅读时间、策略偏爱、词汇量、阅读能力等情况，自主选择是直接浏览查看词语注释或借助网络词典查找义项和选择词义，还是根据所提示的词语的多个义项来猜测和选择词义，还是不借助资源策略而独立地猜测词义，①这种基于策略的教学模式（Strategies-based Instruction）（Cohen & Weaver，2006）符合网络自主认知学习的特点。通过相关技术来支持和培训汉语学习策略，可望在一定程度上弥补不同策略的缺陷，帮助学习者提高使用学习策略的意识，有效地选择和运用各种汉语学习策略，增强汉语学习的效果。

第二节 网络汉语写作教学研究②

在语言技能中，"写"可以算是最难掌握的技能。对于中文

---

① 该演示可访问"汉语在线听读：结业式2"，网址：http://www.luweixmu.com/annotext/default.asp。

② 本节摘自张霓《与数码时代同步——利用网络技术训练写作技能》，许德宝主编《美国科技与中文教学》（2012），中国社会科学出版社2012年版。

作为外语教学而言（以下简称"中文教学"或"汉语教学"），由于汉字读写的难度，"写"的技能（对没有汉字背景的学生来说）一向是学习者难以突破的瓶颈，也是令教师却步的教学领域。然而，"写"的技能在外语学习中至关重要，特别是在高级阶段更是衡量语言技能的一个重要标尺。作为一种综合技能，"写"融合"说""读"技能的运用，也能培养描述、叙述、比较、评论等语段乃至语篇的表达能力。书写活动不仅能练习口头表达方式，也可练习书面语的用法和格式。有深度的写作更是一个创意思维、独立思考、互动合作的过程，有助于培养分析、组织、概括能力，并深化对目标语及学习者自己母语文化的认识理解。从外语习得角度看，书写作为一种输出式的练习活动能促进语言能力的获得。Swain（1985、1995、1998）[1]提出，输出式的语言训练可有效地促进学习者对语言结构的掌握，有助于表达的流利度和自动化的获得。输出活动为学习者提供了练习表达的机会；在输出过程中，学习者更容易注意到词句结构的用法，进而提高表达的准确性；通过输出，学习者会发现自己在表达上存在的差距和缺口，因此会在后续的语言学习中注意填补这些缺口。以此观之，书写任务

---

[1] 参见 Swain, M. Communicative competence: Some roles of comprehensible input and comprehensible output in its development. In Gass, S. & Madden, C.(eds.) *Input in Second Language Acquisition*. Rowley, MA: Newbury House, 1985. Swain, M. Three functions of output in second language learning. In Cook, G. & Seidlhofer, B.(eds.) *Principles and Practice in Applied Linguistics*. Oxford: Oxford University Press, 1995. Swain, M. Focus on form through conscious reflection. In Doughty, C. & Williams, J.(eds.) *Focus on Form in Classroom Second Language Acquisition*. Cambridge: Cambridge University Press, 1998.

不仅是目的，亦可作为一种促进语言习得的教学方式和手段。

新时代对书写技能的需求将写作训练提到一个显要的位置并注入了新的内涵。高速发展的网络技术及新型交际工具改变了人们的传统交际方式，导致以数码输入为主的书写量激增。显而易见，越来越多的日常事务、人际沟通、公务来往、商业服务乃至社会交往正在从口头交际变成同步（Synchronous，也译为实时）或异步（Asynchronous，也译为非实时）的网络书写交际，如电邮（E-mail）、网记/博客（Blog）、微博（Microblog）、维基合作撰写（Wiki）以及网上实时交际的聊天或个人网页交流（Skype、WeChat、QQ、Facebook）等等。专家们在20世纪90年代中期就预测，由于大量的交际活动通过网络异步（非实时）进行，因此很大程度上，口头交际方式会逐渐让位于电子书写方式。[1] 网络评论权威人士指出，未来网络的广泛运用将需要大量的网络写作人才；熟练运用网络方式进行交际沟通的技能不仅是今后职场竞争的基本要求，而且也是个人充实自我、实现自我的重要机制。[2] 由此可见，新时代日益增长的书写需求给教育人士提出了新的挑战：传统的写作训练方式必须与新技术相结合。

事实上，从20世纪90年代末开始至今，美国的外语教学界（特

---

[1] 参见 Robb, T. The web as a tool for language learning. *Journal of the Language Laboratory Association*, Kansai Chapter, 6, 1996. Available from: http://www.cc.kyoto-su.ac.jp/-trobb/lla.html.

[2] 参见 Murray, L. & Hourigan, T. Using micropublishing to facilitate writing in the foreign language. In Ducate, L. & Arnold, N.(eds.) *Calling on CALL: From Theory and Research to New Directions in Foreign Language Teaching. CALICO Monograph Series*, 5, San Mascos, TX: CALICO, 2006.

别是英语、法语、西班牙语等几大语种）将电邮、博客、维基等工具纳入教学计划的实例已屡见不鲜，相关的研究和报道也很多。很多研究表明，有效的电脑网络工具运用有助于提高学生表达时的准确性与流利度及书写量。[1] 然而，在美国汉语教学领域里，有关书写或写作技能训练的研究却向来稀缺，对电脑网络工具辅助写作技能训练的研究报道寥寥无几。[2] 因此，我们有必要加强对这一领域的关注与研究，并探索新型的写作技能训练模式。

  本节针对博客及 Quia 工具的作用，探讨网络工具用于语言技能训练的必要性、合理性及可行性。讨论重点为：在美国大学的中高级阶段要达到 ACTFL 写作技能要求，训练中急需突破哪些难关？博客及 Quia 作为训练工具适用于哪类书写任务？这些工具作为非交际性写作是否有效？笔者以自己的教学实践为例，尝试提出一套写作训练的设计方案及教学建议，比较两种网络工具对于写作技能训练的辅助作用。文中所用的"书写"或"写作"均指汉语学习中的一般性写作，而非文学创作或学术性文章写作。

---

  [1] 参见 Nutta, J. Is computer-based grammar instruction as effective as teacher-directed grammar instruction for teaching L2 structures? *CALICO Journal*, 16(1), 1998. Nagata, N. Input vs. output in practice in educational software for second language acquisition. *Language Learning & Technology*, 1(2), 1998.

  [2] 参见 Zhang, Z. CALL for Chinese: Issues and practice. *Journal of the Chinese Language Teachers Association*, 33(1),1998. Xie, T. Blog, wiki, podcasting and learning Chinese language. *Journal of the Chinese Language Teachers Association*, 42(1), 2007a. Zhang, D. Essay writing in a Mandarin Chinese WebCT discussion board. *Foreign Language Annals*, 42(4), 2009.

一 汉语教学结合网络工具的必要性与合理性

（一）打写将成为主流

对汉语教学而言，写作训练首先要解决的就是汉字教学问题。由于汉字的复杂和书写的难度，读写技能向来是汉语教学中的瓶颈。虽然手写汉字对初级学生仍然必要，但对中级以上的教学而言，手写不仅耗时费力，而且一笔一画的蜗牛行步方式极大地限制了学习者的词汇扩展及表达流利度的提高，也不能适应新时代快节奏交际的要求。要与时代同步，只能用新技术训练新时代的技能。这意味着打写（键盘书写）将成为汉语教学的一个主要技能目标。自 20 世纪 90 年代末开始，美国汉语教学界就有人开始提倡并试行打写的教学方式，提出打写的诸多优势，如打写是通过语音输入，有助于巩固发音和拼音；输入时选词，有助于辨别同音字，强化认读能力；打写方式省力流畅，因此思维连续，有助于表达的连贯，集中于文章的写作而不必为笔画分神。[①] 谢天蔚对其打写教学成效做过详细报道，发现打写方式可有效地提高教学效率，促进技能发展；学生在完成作业的效率、拼音的准确

---

① 参见 Xie, T. Using computers in Chinese language teaching. In Chu, Madeline (ed.) *Mapping the Course of the Chinese Language Field, Chinese Language Teachers Association Monograph Series, 3*, Kalamazoo, Michigan, 1999. Kubler, F. Computational methods for the study of dynamic economies. *The Economic Journal*, 112(483), 2002. Xu, P. & Jen, T. "Penless" Chinese language learning: A computer-assisted approach. *Journal of the Chinese Language Teachers Association*, 40(2), 2005. He, W. Planning for the next generation Chinese language course: Construction and practice. *Journal of the Chinese Language Teaching and Research*, 40(3), 2005.

率以及汉字的认读能力上均有明显提高；学生在写作能力上的明显进步表现为内容较以前丰富、深刻；而存在的主要问题是同音字偏误较为频繁。① 由于中文打字的逐渐普及，打写现已被很多教师视为比手写更重要的技能。不言而喻，打写将逐渐取代手写而成为主流中文书面交际方式。

（二）网络工具促进中文技能发展

从实际技能运用的角度看，写作训练不仅是打写取代手写的问题，也是一个实际语言技能运用的问题。近年来美国中文教师的一些教学尝试均显示出结合网络工具进行交际训练的益处。谢天蔚提出电脑不应仅仅作为辅助工具，而应是师生之间、学习者之间实现真实社会交流的重要工具；学生应在实际电脑使用中学习语言。因此学生在学习过程中使用各种常见的交际工具，如电邮、博客、维基等，学习兴趣增强。② 许德宝、靳洪刚针对各种网络参与式学习工具进行了研究评估，并特别针对讨论版（Discussion Board）、博客（Blog）及网络通话（Skype）三种交流方式的特点设计了参与式教学法并对其做了细致的教学实验，让学生在网络上直接进行互评交流，参与者也包括身在中国的素不相识的母语者。考察结果显示，博客交流方式的互动性最高，兼容及灵活性也最强，网络通话次之。这样的参与式机会大

---

① 参见 Xie, T. Digitizing for Chinese education: Using word processing software and the impact on pedagogy. 2nd International Conference on Chinese Education and Technology, Taibei, 2001.

② 参见 Xie, T. Strategies and models of applying computer technology in Chinese language teaching. *Proceedings of the 8th International Symposium of Chinese Language Teaching*. Beijing: Higher Education Press, 2007b.

大增加了学生之间以真实参与、沟通、交流为目的的互动及目标语的使用。[①]Zhang（2009）用教学应用软件 WebCT 讨论版来强化写作训练，发现其对学生在写作过程中形成互动合作的团体起到积极的作用，可提高学生的写作兴趣、动力及成效。除以上研究外，其他报道包括利用网络交流工具进行真实交流和讨论，用博客练习写作或用维基合作撰写旅行观感（Xie，2007a），用视频网播进行汉字读写训练，[②]或让学生通过维基合作完成期末论文。[③]以上有限的报道以及不同程度的教学实践均表明，网络工具起到了丰富教学活动、强化读写能力、增强学生自主性、合作性的作用。

（三）新课题：探索写作训练方式

从汉语教学总体上看，写作仍然是薄弱环节。尤其是在结合网络工具方面，尚需摸索出一套行之有效的训练方式。虽然大多数教师已经承认打写方式的优势，但毕竟还处于摸索过渡阶段，

[①] 参见 Xu, D. & Jin, H. G. 网络参与式学习工具的评测. 2009 International Conference on Internet Chinese Education, Taibei, June 19, 2009. Jin, H. Participatory learning in internet web technology: A study of three web tools in the context of CFL learning. *Journal of the Chinese Language Teachers Association*, 44(1), 2009.

[②] 参见 Zhang, P. Video podcasting: Perspectives and prospects for mobile Chinese learning. *Journal of the Chinese Language Teachers Association*, 44(1), 2009.

[③] 参见 Wang, D. 网络技术在高级汉语中的运用：Voice Thread, Voiceboard 和 Wiki. In Xu, D., Da, J. & Zhang, P.(eds.) *Proceedings of the 6th International Conference on Technology and Chinese Language Teaching*. National East Asian Languages Resource Center, The Ohio State University, Columbus, 2010.

教学中仍然存在诸多急需解决的问题。例如，在考试及课后作业完成时打写还是手写、各占多少比例等问题上，教师们尚无定论，因此各行其是，这给系统规划技能训练造成困难。对大多数中文教师而言，由于对网络工具的功能及使用方式了解甚少，因此利用率很低；结合网络工具的规律性写作任务（包括电子邮件式的交流）尚未纳入教学规划。很多教师将打写方式仅仅视为完成作业的形式而已，而并未从教学法、技能训练及语言习得的角度来对其加以考虑和利用。显然，从纸本教学过渡到"纸本＋网络"的混合式教学，从传统的输入为主的方式转到结合输出式的教学方式，尚需要相当一段时间的心理建设和教学规划。这表明，结合网络工具的写作活动，不管是基于实际运用技能的训练还是以促进语言习得为目的的写作，都已成为我们新时期的重要课题，需要我们从多种角度来进行研究探索。

二 *网络工具的利用：可行性*

目前可用于写作训练的网络工具很多，工具的选择取决于教学目的。笔者认为博客网记工具及 Quia 模板系统便于进行例行写作训练，因此本节针对这两种网络工具的可行性和有效性进行讨论。

（一）网记工具用于教育的优势与益处

就写作能力发展而言，最为大众化、简便灵活的网络应用程序当属网记工具（Weblog 或 Blog），中文常称为博客、部落格、网络日志、网志等（以下通称"网记"或"博客"）。网记从 20 世纪 90 年代末开始逐渐在全球普及，进入 21 世纪后便一跃成为最热门的网络交际与微型发表方式。随后网记的使用及成效不断受到教学人士的关注。根据美国教育部门对青少年的调查，使用网记对青少年的写作有明显促进作用：网记使用者比其他同龄人更加投入，内容丰富，输出量也较多。[1] 英国对中小学学生读写能力的调查结果与美国的基本一致，发现网记形式有助于增强写的能力及对写作的自信心。[2] 网记简单易用，为学生提供了一个课外的虚拟写作空间，让他们能够用目标语思考、评论、提问、审读与交流，从而培养他们的学习责任感和独立性，为终身学习打下良好基础。[3] 因此，目前很多欧美语种已将网记方式作为培养写作技能的常用手段之一。

网记工具的特点使它成为一个理想的交际和教学工具。推特微博创始人之一 Stone（2004）[4] 将网记的结构特点总结为三大要素：时序（Chronology）、频率（Frequency）、焦点／议题（Focus）。

---

[1] 参见 Pew Internet. Writing, technology and teens. Pew Internet & American Life Project, 2008. Available from: http://www.pewinternet.org/Reports/2008/Writing-Technology-and-Teens.aspx.

[2] 参见 Clark, C. & Dugdale, G. Young people's writing: Attitudes, behaviour and the role of technology. *National Literacy Trust,* 2009. Available from: http://www.literacytrust.org.uk/research/. BBC News. Children who use technology are 'better writers'. 2009. Available from: http://news.bbc.co.uk/2/hi/technology/8392653.stm. Edublogs. Blogging improves young people's confidence in their writing and reading. 2009. Available from: http://edu.blogs.com/edublogs/2009/12/.

[3] 参见 Pinkman, K. Using blogs in the foreign language classroom: Encouraging learner independence. *The JALT CALL Journal,* 1(1), 2005.

[4] 参见 Stone, B. *Who Let the Blogs Out? : A Hyperconnected Peek at the World of Weblogs.* New York: St. Martin's Press, 2004.

其实，网记还有另外一项最具特色的功能，即增强作者和读者互动的读者评论（Comments）。除此之外，网记的优势还在于网页的兼容性，图片、视频等都可上传，使写作的表现形式丰富多彩、图文并茂。网记之所以成为理想的教学工具，除方便好用之外，还在于以下多重功能和特点[①]：

互动性：读者可发表评论，与作者进行对话式交流。

合作性：网记的作者可以是个人或集体，个人或集体之间均可进行互动联通，互相配合完成某一写作或报告项目。

交流性：持续的网记写作可帮助学生形成课外交流圈或团体，互观互读有利于良性竞争、促进写作质量的提高。

自主性：作者可以选择是否将所写的东西与他人交流，不公开、有限公开或者完全公开。

灵活性：可随时修改，也可随时删除；可允许别人评论，也可不允许评论。

个别性：作者可利用网记写作的空间表现自己的个性特点，发挥自己的创意。

---

① 参见 Godwin-Jones, R. Blogs and wikis: Environments for on-line collaboration. *Language Learning & Technology*, 7(2), 2003. Available from: http://iit.msu.edu/vo17num2/emerging/default.html. Pinkman, K. Using blogs in the foreign language classroom: Encouraging learner independence. *The JALT CALL Journal*, 1(1), 2005. Tan,Y.,Teo, E. H., Wai, L. A. & Lim, W. Y. Portfolio building in Chinese language learning using blogs. *Singapore Ministry of Education*, 2005. Arena, C. Blogging in the language classroom: It doesn't "simply happen". *Teaching English as a Second or Foreign Language*, 11(4), 2008. Available from: http://www.tesl-ej.org/wordpress/post-issues/volumell/ej44/-ej44a3/.

记录性：网记写作日期、主题一目了然，按反时序排列，日积月累便成为一个井井有条的作文集（Writing Portfolio），是展示语言技能及知识深广度的窗口。

出版性：个人写作在网上发表，对个人的语言交际沟通能力具有积极推动作用，同时读者及其评语也会激发作者的写作兴趣和动力。

博客网记与维基合作撰写不同。维基是仅次于博客网记的大众化网络写作工具，近年来迅速发展普及，使用者日益增多。维基的互动性及合作性对学生的写作能力发展以及写作动力起到极大的推动作用。关于两种工具的区别，维基软件发明人Ward Cunningham 有一句甚为精辟的概括："The blogosphere is a community that might produce a work, whereas a wiki is a work that might produce a community.（博客圈是一个可以产生作品的社团，而维基则是一个可以产生社团的作品。）"[1] 由此可见，二者各有其用，可互补而不可互代。

从便捷灵活角度看，网记不失为培养写作习惯和能力的首选工具。一般来说，网记可用于各种写作练习，定期或非定期，命题或不命题，交际或非交际，可根据教学需要而定。

（二）Quia 系统用于写作训练的优势

与网记工具不同，Quia 是一个为教师设计的应用系统，提供多种教学活动及测试的模板，以便教师可自编网上练习和测试、收取学生作业或进行各种问卷调查；只需教师开户，学生使用者

---

[1] 参见 Wikiquote. Crucible of Creativity 2005. Available from: http://en.wikiquote.org/wiki/Ward_Cunningham.

无限制。测试模板中含有各种题型模板，包括多项选择、判断正误、开放式回答、作文等。与网记工具一样，Quia 页面可插入图片、链接、音频等作为测试题目或辅助提示。同时，Quia 也是一套教学管理系统，学生的作业和考试记录都有条不紊地收录在教师账户中，可供老师随时查阅打印，很多题型可以自动阅卷给分，免去了老师繁杂的人工劳动。学生也可从学生账户中查看自己的分数或教师的评语。从写作训练上看，Quia 的几个功能有显著优势：

收取作业：教师可用测试模板中的"作文"题型出题，然后将网页链接发给学生，以便全班学生进入同一网页写作或交卷（相当于设置一个收件箱），从而省去了用电邮发送的麻烦。

定时写作：教师在布置写作任务时即可自行设置定时写作的时间限制，学生开始写作后定时器就开始倒计时，时间到即自动关闭写作框。定时写作有助于训练学生的写作效率，也可用于课上测试。

作业记录：不管是课堂测试还是课后作业，系统都自动详细记录，包括学生所用的时间、开始和结束的时间、尝试次数等。可打印个别学生的记录，或全体学生的记录，按时间排列或按姓氏顺序排列。

问卷调查：问卷调查模板可用于了解学生背景、学习需要和对教学的反馈意见。调查结果自动统计，一目了然，亦可转为文档保存。

自动评卷：可用于打字练习，预先设定正确答案，即可在学生输入语块或句子后提供错误反馈，以训练学生打字的效率及准确度。

资料保管：所有学生的资料和作文均在老师账户中，便于学生资料的储存、查阅和整理。

由此可见，网记工具的好处更多的是针对网记作者而言的，网页也可供自己或别人访阅，而 Quia 则主要是针对老师的需要而设计的，从这里收取的作业或测试只有老师和学生本人能看到。两种工具各有好处，配合使用能互补不足，满足一般教学需要。

三 写作训练设计

本节以中高级为例，探讨写作训练的设计以及网络工具的作用。中高级阶段的学生已基本熟悉中文的一般句式结构，汉字认读及打字有一定基础，对语句和段落组织的要求也容易理解，是加强写作训练的良机。因此，笔者以中高级说写课作为写作训练试点，尝试网记及 Quia 工具的可行性和有效性。主要考察的是在非真实交流的写作活动中，网络工具如何起到促进语言技能的作用。

（一）教学条件及学生背景

课时：此教学尝试在中高级班进行。中高级课每周 2 次，各 75 分钟，一学期包括考试在内共 14 周（课时按 50 分钟算，共 42 课时）。

学生背景：学生共 20 人，大多数为非华裔背景的美国人，也有个别韩国学生。多数学生已学过约 350—400 课时的大学中文课程，也有暑期中国留学或旅游的经历。

设备条件：每个学生都自备笔记本电脑并可无线上网，教室与宿舍也大多具备上网条件。

汉语水平：从课程开始前的问卷调查和入学摸底考试（包括词汇测试及写作）看，大多数学生课程开始时表达能力大约在美国外语教学学会（ACTFL）要求的中级—中（Intermediate Mid）程度，个别学生达到中级—高（Intermediate High）。学生汉字认读水平高低不一，打字经验普遍不足（有的学生逐字认打），因此速度慢且偏误多。写作能力基本都低于口头表达能力。从问卷调查结果以及学生一般表现来看，词汇贫乏是造成表达不畅、偏误较多的主要原因。

（二）教学设计理念：技能系统训练模式

书写活动作为一种教学手段可根据教学需要灵活安排，而作为提高写作技能的训练，则需要一个系统的规划。各种技能训练（球技、琴技等）都有三个显著特点：技能目标明确、先分后总、任务式检测验收。我们可暂且将这种训练方式称为"技能系统训练模式"，以便与其他教学模式（如汉语教学界中最常见的"精读模式"）相区别。本节中所探讨的教学设计[1]在很大程度上是基于这种训练模式的理念。技能训练的核心为技能目标先行，这与近年来提倡的"逆向设计"（Backward Design）的教学理念相吻合。逆向设计的三个基本步骤为：（1）确立所需要的结果（Identify Desired Results）。（2）确定能力表现（Determine Acceptable Evidence）以作为评估依据。（3）规划相应的教学活动（Plan Learning Experiences and Instruction）。[2] 换句话说，所

---

[1] 参见 Zhang, P. *Developing Chinese Fluency*. Boston, Beijing and Singapore: Cengage Learning, 2009.

[2] 参见 Wiggins, G. & McTighe, J. *Understanding by Design*: *The Association for Supervision and Curriculum Development*, 2005.

有的教学活动都服务于预期目标。所以只有在确立了目标（目的地）以后，才能规划最快最有效地到达目的地的具体行程和步骤。

技能目标：按照以上设计理念，本教程确立的预期目标很大程度上基于 ACTFL 对中高级说写技能的评测标准[①]：学习者基本能够以段落形式做描述、叙述、概括，并具有处理日常交际所需要的能力。教程参考 ACTFL 的具体评测要求拟出能力表现作为评估依据。明确了预期结果和评估标准，每一步教学活动则有的放矢，并可随时根据预期目标而跟进检测、调整。

先分后总：技能训练模式的另一特点是先分后总（点—线—面—体）的策略，即以循序渐进的方式先各个击破，然后由小渐大、组装整合。依照此训练路径，本说写教程采取主题—组件式的训练方式：将各主题分为小话题练习，然后再将各个"面"组合为"体"。也就是一个先分后总、自下而上（Bottom Up）的训练程序。

检测验收：教程的每个阶段——即每课、每单元——都有具体技能目标。检测验收则在每单元结束时进行，根据预先确定的能力表现设计任务，如模拟真实生活情景中的书写交际任务，或针对主题完成描述写作任务。

（三）教学程序与内容

以 ACTFL 技能标准以及美国中高级阶段学生的能力来分析，要达到技能目标，学生首先需要突破的是词汇关。其次，汉字认读与打字准确率也与写作质量与效率直接相关。因此，教学内容须包括与技能目标相关的词汇，以及提高汉字认读及打字效率的

---

① 参见 ACTFL. Preliminary Proficiency Guidelines-Speaking (Revised), 1999. ACTFL. Preliminary Proficiency Guidelines-Writing (Revised), 2001.

练习活动。

如上所述，本教程的设计采用先分后总、点—线—面—体的策略。从图3-1的示例中可以看出总训练框架（预期结果）为描述、比较、观点陈述类的介绍/报告技能，训练划分为数个主题（此处仅以物品、人物、地方主题为例），其中每个主题相对独立。主题之下分有不同的课别，为分话题各个击破的训练策略；而最后整合输出的是综合性的介绍，即达到预期目标的具体能力表现。这样的组件式的方式使每个单元自成一体，单元内的各小课环环相扣，容易操作，也便于步步检测调整。

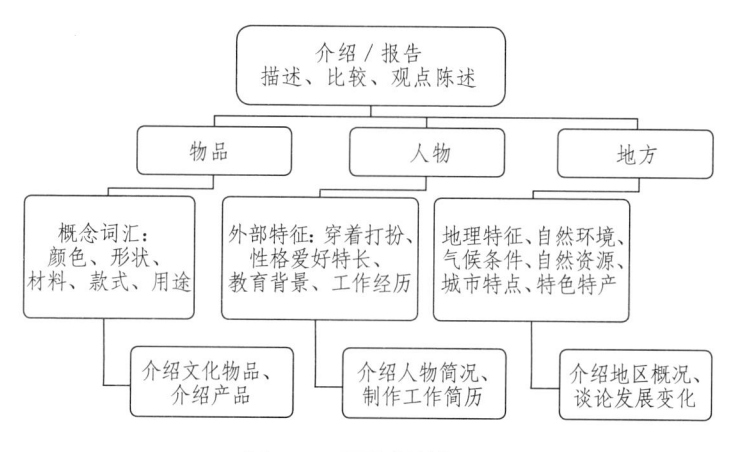

```
                介绍/报告
            描述、比较、观点陈述
        ┌───────────┼───────────┐
      物品          人物         地方
        │            │           │
   概念词汇：    外部特征：穿着打扮、   地理特征、自然环境、
   颜色、形状、  性格爱好特长、      气候条件、自然资源、
   材料、款式、用途 教育背景、工作经历  城市特点、特色特产
        │            │           │
   介绍文化物品、  介绍人物简况、   介绍地区概况、
   介绍产品      制作工作简历     谈论发展变化
```

图3-1 写作训练框架

（四）单元设计示例

下面以物品单元为例，具体说明此训练模式的单元目标（预期结果）、能力表现及写作任务（见表3-1）。

表 3-1　单元设计示例

单元主题	物品
单元总目标	能够用段落方式及较为具体的词语描述物品外部特征、比较物品性能特点、介绍产品及相关信息，打字准确率达到至少95%。
小课目标	每课结束时，学生应能够达到当课的预期结果（以下为各课目标）： 能够描述物品外部特征； 能够用段落方式以及空间顺序描述静态空间、物品及布置； 能够用段落方式比较物品性能、功能； 能够用多个段落描述、比较、评论产品特点及服务，推荐产品； 能够用邮件方式进行交际沟通，解决问题。
能力表现	学生能以打写的方式完成以下任务： 描述普通物品的颜色、形状、形体特征，如国旗的图案； 用空间顺序主题句、条理清楚地描述房间格局和布置、物品的放置或简单地说明画面内容； 与人协商如何改变房间布置或更换物品； 描述礼物，包括颜色、形状、材料、体积、包装； 与人协商退换订购的物品，说明物品的差异； 介绍比较手机、电脑等产品：外观、款式、性能、功能、售后服务。
写作活动	根据教学内容和进度安排，学生在物品主题的单元内有以下不同写作练习和任务： 写作练习：模拟与房东交涉改变房间装饰、布置、添置家具用品等； 写作练习：模拟客户给客服中心写信，抱怨服务失误，比较订购物品与收到物品的不同，要求以免费快递方式退换； 小作文（两段，叙述体）：讲述出国前后自己房间的变化，做比较； 小作文（两段，叙述体）：描述一件文化物品或产品； 阶段作文/报告：介绍产品或文化物品； 定时命题写作测试（两段，20分钟）：模拟写信向朋友推荐产品，并与同类产品做比较。

（五）如何利用网络工具

前面介绍过博客网记及 Quia 两种工具作为语言训练的辅助工具的不同优势。本教程即利用这两种工具配合表达技能训练，以达到最理想的训练效果。在教学尝试中，所有书写任务均以打写完成。选用的工具如下：

1. Word 文档：Word 文档不需要上网，而且便于文字处理和修改，所以适用于单元作文任务。

2. 网记工具：在此教学尝试中，网记工具用得较为频繁（约每周一次任务），主要目的是用于非真实交际的写作练习。较短的写作任务可直接在网上写作，10—15 分钟，但网记也用于登载写好的作文和报告，以作为作品集保存。教程中结合网记工具旨在将网记作为教学手段，利用其时序、频率及焦点/议题三大特点，让学生熟悉网络写作的环境，适应写作的频率，养成高效率的写作习惯。在起步阶段，写作任务有相对较多的控制，而非自由式写作。

3. Quia：主要用于定时写作测试，偶尔作为收取作业的收件箱。

4. 配套网络课件：在教程中特别设计了语块练习，要求学生以看—念—打方式练习，在提高流利与准确度的同时，加强认读能力。打写可用一般电脑文档练习，也可用本教程配套的在线流利强化课件练习。在线课件可提供及时错误反馈和准确率，使学生能当即就注意到错误，并进行及时更正。

值得注意的是，新时代的快节奏导致交际方式愈来愈向"短、频、快"方向发展，推特微博（Twitter）的普及即为最好的例证。因此本教程的书写任务设计以短小、频繁、限时为原则。表 3-2 中列出写作任务类别，注明各类写作任务的要求、工具及目的。

表 3-2 写作任务类别及目的

类别	写作内容及目的	字数	工具／形式
网记	建议 10—15 分钟完成；1—2 小段；每周例行书写练习；以当课的话题为主，练习当课的话题词汇	150—250	用博客网页打写，在 15—25 分钟内完成
小作文	建议 40—60 分钟完成；2—3 段；单元小作文，整合本单元的词汇及分话题；简单层次的描述、比较	400—500	用一般电脑文档打写、修改；上传博客网页
小组报告	3—4 段；多层次描述、比较、介绍；阶段性组装整合，创意写作及综合应用能力；互动合作	650—800	用电脑文档打写；协调合作
定时命题模拟任务	简单看图描述：1 段（5 分钟） 模拟任务 1：1—2 段（15—20 分钟） 模拟任务 2：2 段（20—25 分钟） 阶段性写作技能测试，检查词语句式的活用以及即兴发挥的语段表达能力；老师命题并设计模拟情景；学生不得借助任何词表、词典或其他工具	100—120 200—250 350—400	用电脑文档或电子邮件直接打写后上传 Quia 或电邮发给老师；或直接在 Quia 页面自动计时打写

四 教学收效

第一个学期的初步尝试结果表明，网络工具的运用起到辅助写作练习的作用，下面以三个学生的表现为例，比较在描述方面的表达能力进步情况。这三个学生均为背景相似的美国人（非亚裔），程度可代表本班大多数人水平。

（一）测试评估

前测：学期开始时做了一次主题词汇及描述能力测试，其中包括看图描述人和物的外部特征，要求是用手写的方式写出相关的词汇，可用拼音。

中测：在期中时（物品单元学习 12 课时之后），做题为《介绍产品》的阶段测试报告，要求打写完成，650—800 字。

后测：在期末时（物品单元结束约 9 周后、人物印象单元结束 5 周后、人物背景单元结束 1 周后）进行了课上限时命题写作测试，包括看图描述人物外部特征（与前测图片相同）、介绍产品特点、推荐人选三个命题，限时 50 分钟内以打写方式完成，不能借助任何类型的字典或其他工具资源。

表 3-3 显示三位学生在前测与后测中能力进步对比，其中前测是手写，后测为打写，所标的字数均含标点符号。表 3-4 为学生丙在后测中完成定时即兴写作的表现。表 3-5 则显示三位学生在后测中三个任务的总输出量和打写准确率。

表 3-3　看图描述人物外部特征

试题	[人物图]	描述人物外部特征 How would you describe this person（hair, dress, shoes, carrying items, your impression/comment）? 你怎么描述这个人（头发、穿着、鞋、携带物品及你的印象感觉）？
学生	前测 （学期开始时；手写）	后测 （期末；该单元结束 5 周后；打写）
学生甲	[36 字] heisi de, duan de toufa, shoushang you shoubiao, tazai chuan chuanzi, gao de xiezi ta hen piaoliang, yi fu ye hen piaoliang	[102 字；打字错误 =2] 那个年轻女性看长得相貌出众，身高比较矮，身材瘦瘦的，长着一头短发。她穿得很讲究、时髦，耳朵戴着一双耳环，身上穿着一条粉红色的纯[裙]子，脚上穿着一双高鞋子。她肩上戴着一个黑色的肩包。她给我的感觉是他[她]很讲究衣服。

(续表)

学生	前测 （前期开始时；手写）	后测 （期末；该单元结束5周后；打写）
学生乙	[19字] 她的 toufa 不 chang，她 chuan yige 白色和 hei 色的 qunzi	[133字；打字错误=1] 这位姑娘是一个年轻人. 20 在 [岁] 上下，瘦高个，是一个亚洲人。她留短黑色的头发，皮肤很白。她戴着一对比较小的耳环。她长着苹果脸。她身上穿着一条很丰富的裙子，画着粉红色和黑色的图案。她背上拎着一个很大黑色的包。她脚上穿着比较高粉红色的高跟鞋。她看上去非常自信的人，长得很时髦。
学生丙	[22字] 这个女人很 piaoliang。她的 tou 发很 duan，她 na 一个红 bao。	[137字；打字错误=0] 这个姑娘长得眉目清秀。20多岁的年轻人，长得瘦瘦高高的，身高1米60左右，身材比较苗条。她留着短发，长着一张鹅蛋脸和一双黑黑的眼睛，看上去像东方人。她穿着打扮美观大方，身上穿着短裙，脚上穿着一双高跟鞋，右手拎着一个小包。这个姑娘给人的感觉是她比较自信，但是别看她看上去有点严肃。

表3-4 （期末后测）定时即兴写作任务

试题：
　　你有一个中国朋友在一个中国公司工作，他／她请你帮忙找一个会说中文的美国人做公司的公关人员。你有两个朋友都很合适，所以准备推荐给你的中国朋友。你给这个中国朋友写一封邮件，介绍你的这两个朋友，并比较他们的不同特点。
提示：
　　生理特征、穿着打扮、言谈举止、性格特点、兴趣爱好、特长、教育背景、工作经验
　　学生丙 [字数=768；打字错误=5（0.7%）]

（续表）

安娜好！
　　谢谢发给我邮件。我有两个朋友对你公司的职务很合适，请我介绍他们一下。
　　第一个人叫安娜。安娜是一个可爱的年轻姑娘，24 岁，长得很眉清目秀，爱爱［矮矮］小小的，身高1米55左右，身材很苗条。她穿着打扮正式，身上穿着一条西装群［裙］，脚上穿着一双高跟鞋，背上背着一个书包。虽然她看上去比较严肃，但是说起话来很有礼貌，给人的印象是她特别有能力，教养，才干。很多人说安娜是一个比较外向的人，她很幽默，合群，等等，她给人的感觉是她是一个比较成熟的女性。其实她对外语特别感兴趣，她会说三个语言，汉语，德语，和西班牙语，但是最重要的是她对汉语很有能力。她2008年毕业于 Harvard 大学，获得过东亚学的学士学位，大学期间获得过中文的奖学金。她现在在乔治·华盛顿大学读二年级的汉语文学研究生，今年也获得过奖学金。安娜也有一些工作经验，看上去是一个很有能力，很有知识的女性。她2008年夏天时在一个美国高中学校当过汉语教师，教一年级和二年级的汉语水平。她2009年夏天时在一个大中国公司做过秘书，协助组织处理文件资料，因为她每天一定用汉语说话，所以她的汉语水品［平］提高了。其实安娜从事教育方面的工作，但是她今后可能想当公司的公关人员。
　　第二个人叫李白。李白是一个年轻小伙子，他26岁，中等个，长得相貌平平，身高1米70左右。他穿着比较俗气，头上戴着一顶黑帽子，身上穿着意见［一件］T恤衫，下身穿着一条牛仔裤，脚上穿着一双运动鞋，背上背着一个书包。虽然李白给人的印象是他没有什么能力，但他说起话来他很有见解。他是一个比较内向的男性，很文静，腼腆，等等。他对体育比较感兴趣，比如，爬山，打球，等等，其实他对汉语也有特长，虽然他在美国长大，但是他父母是中国人，所以他从小跟父母说汉语。李白2006年毕业于北京大学，他在北大是留学生，大学期间获得过奖学金，也获汉语学士学位。他没有很多工作经验。现在在微软工作，他担任组织助理。

表 3-5　期末后测三项写作任务的总输出量与打字准确率

学生	三项任务总输出量（字）	别字（字）	打字准确率（%）
学生甲	717	3	99.6
学生乙	885	2	99.8
学生丙	1163	6	99.5

（二）能力进步评估

从上面的表中可看出学生在课程开始前的描述表达技能较低，用词简单笼统，输出量极少。而在总授课时间不到 35 课时的学练之后，学生对物品和人物的描述能力已经显著提高。从后测示例中可以看出，学生均能在规定的时间内不借助任何字典或资源，即兴发挥完成看图描述和模拟交际任务，而且在输出的质与量上均有实质上的飞跃。

主题词汇：在前测中最突出的是学生的主题词汇极为贫乏，因此描述的字数仅有 19—36 字（含标点符号）。而在中测的阶段报告时，输出字数已达到 650 字以上。在后测的即兴发挥测试中，学生不借助任何字典工具仍能用较为具体的词汇描述物品及人物特征特点（见表 3-3、表 3-4）。

交际功能：从交际有效性上看，三个学生在描述与介绍的技能上都达到预期目标。

段落表达：高级水平的标志之一是段落表达能力。甲与丙两位学生在表达的连贯、语句的衔接上均达到预期结果，乙则不够自如稳定。

输出量：甲乙均在预期范围内（50 分钟内输出约 700—800 字，含标点符号），而丙却大大超出预期目标（1163 字）。

打字效率：输入的方式与准确率和效率直接相关。学期开始时，经验少的学生常用单字输入，效率低而错误多。而在期末的后测时，三个学生的认读能力及打字效率都已提高，准确率近乎100%，超过预期的95%。所犯的别字错误多为粗心所致（"一件"打成"意见"，"矮"打成"爱"）。

（三）电脑与网络工具的作用

在此教学尝试中，电脑与网络工具起到关键作用。总结如下：

1. 规律性写作：网记工具的时序、频率、焦点/议题三大要素使其具有很强的条理性、规律性和目的性，有助于建立一种循序渐进、环环相扣的训练机制，使学生能够很快进入状态，适应规律写作任务。

2. 加速词汇积累：如前所述，词汇贫乏是中高级阶段表达能力的最大障碍，因此需要补充大量描述类的词汇。本教程词汇量较大，若沿用手写方式将无法在短期内达到以上教学效果。

3. 提高写作效率：传统的写作方式（作文、报告）通常需要时间思考准备，一般每学期2—3篇，频率低，收效有限。而本教程利用网记方式做"短频快"的例行限时写作练习（如10—15分钟写一个针对某话题的网记），有效地提高了学生的写作速度和交际技巧。限时命题的网记写作使学生逐渐适应了快速打字、集中思考的方式，因此在期末后测时能在限定的时间内顺利完成书面交际任务。

4. 强化认读能力：频繁的网记、作文等打写任务增加了学生认读汉字的机会，将语音、字形、词义联系在一起，在巩固新学词汇的同时也复习老词汇，有效地强化了汉字认读的能力。因此，在期末测试时打字准确率极高。

5. 作品资料集：按传统的做法，学生在完成写作后很容易丢失自己的作文。而网记工具将完成的各项写作都按时间顺序排列收集在一起，便于储存管理，检索查找，也有助于复习。学期结束时，已积累了 10 多篇作品，给学生带来一种成就感。

6. 诊断与评估：网记自动生成的学生作文集还便于老师针对学生的写作问题进行诊断或对其语言进步进行评估。为教学方便，教师可用博客网页布置写作任务、建立典型错误数据库以便学生查阅，同时链接学生的博客网页。

7. Quia 系统的测验工具使得网上定时写作、作业布置和收取、储存管理以及统一阅卷打印较网记和电邮更为便捷。从这一点上看，Quia 还可以更多地加以利用。

（四）学生反馈

期末问卷调查显示学生对用博客做规律性的写作反应良好，同时认为语块练习对表达流利度以及打字准确性也起到极大的促进作用。从以下学生评语中可看出对频繁写作任务的积极态度。

I was constantly writing. So my typing and pinyin improved dramatically.

（由于不断地写，我的打字和拼音得到意想不到的提高。）

I especially liked the writing because writings, in my perspective, are a complex task that requires various linguistic techniques/learnings.

（我特别喜欢教程的写作部分，因为在我看来，写作向来是一个需要语言技巧和知识的复杂任务。）

I really think my composition has improved greatly.

（我确实认为我的写作水平大有提高。）

I feel like I will be able to communicate more effectively now, because if I don't know what something is called, I can describe it.

（我觉得我能够更有效地与人沟通了，因为如果我不知道某物的名称时，那我也可以描述出来了。）

This course was more like learning the real life situations.

（这门课更像在学习实际生活情景。）

I like the blog entries. I just wish there was an easier way to have the teacher mark them up for the problems.

（我喜欢网记方式，只是希望有更容易的办法让老师能够将错处清楚标出。）

[I like] JOURNALS They forced me to really understand the grammar and how words were used. Really helpful!

（我喜欢网记写作任务——因为可以迫使我真正认识语法结构以及词语的用法。确实很有帮助！）

五　结语：教学总结提示

以上教学结果显示，打写为主、结合网络工具的技能训练模式可在较短的时间内有效地扩展学习者的主题词汇，使学习者的输出在质和量上迅速提升，在短期内达到甚至超过预期的结果。这说明用网络工具辅助技能训练模式的可行性和有效性，即使是非真实交流的网记写作仍然对学习者的技能起到积极推动作用。同时，学习者在输出上的突飞猛进也再次证明打写方式的成效大大优于传统手写方式。^①有待进一步探讨的是,不同写作工具对输出质量和写作能力发展是否有不同影响。总之,中文书写技能的训练应与时代技术同步,这样不但能大大提高教学效率,也使训练更具针对性和实用性。

第三节 网络汉语同步视频教学研究[②]

一 计划构想

本项目是以数字内容及跨校合作为核心,与海外大学进行教

---

① 参见 Zhang, Z. CALL for Chinese: Issues and practice. *Journal of the Chinese Language Teachers Association*, 33(1), 1998. Xie, T. Using computers in Chinese language teaching. In Chu, Madeline(ed.) *Mapping the Course of the Chinese Language Field, Chinese Language Teachers Association*, 1999. Kubler, F. Computational methods for the study of dynamic economies. *The Economic Journal*, 112(483), 2002. Xu, P. & Jen, T. "Penless" Chinese language learning: A computer-assisted approach. *Journal of the Chinese Language Teachers Association*, 40, 2005. He, W. Planning for the next generation Chinese language course: Construction and practice. *Journal of Chinese Language Teaching and Research*, 3, 2005. Xie, T. Digitizing for Chinese education: Using word processing software and the impact on pedagogy. 2nd International Conference on Chinese Education and Technology, Taibei, 2001.

② 本节摘自信世昌《结合视讯会议及多媒体网站之汉语文化沟通教学》,《第十届国际汉语教学研讨会论文选》,北方联合出版传媒(集团)股份有限公司、万卷出版公司 2012 年版。

学合作及测试,并进行文化素材及主题设计、在线华语教师培训、同步教学之教学法与活动设计及外国学生学习成果测试。

在一般课堂上面对面的华语教学,不同语言背景之外国学生往往其学习的特性各不相同。例如:东亚的学生多半自尊心强、害怕犯语法或发音的错误,故上课较沉默,需要华语老师更多的鼓励或指定发言;而北美的学生较不怕犯错,敢于表达,反而获得更多口语练习的机会。基于此,研究团队认为在数字教学方面也应有此类现象,即对于不同语言文化背景之外国人士应有不同的数字教学沟通模式,其内容、教学法、在线活动及评量亦应有不同的形式,故预期用两年时间,以美欧及东亚地区的数所大学的汉语学习者为对象,进行对比研究,发展出具有地区针对性之数字华语教学模式。

本计划拟建构一套以社交互动为取向(Social Interaction Approach)之跨文化沟通式的华语文化教学法,以网络视讯会议(Video Conferencing)为教学管道,进行跨国远距的华语文化教学。此教学法施用之对象为学习华语之外国学生,是属于以中文为第二语言文化之教学(Teaching Chinese as a Second/Foreign Language/Culture)。

本研究之基本概念是基于在跨文化之视讯会议中,学生们并非为了学语言而用语言,而是为了表达自己的思想及观点之需要,非得运用语言表达不可,从而实际提升其语言能力。换言之,一般的语言教学是以语言技能的训练来带动思想之表达,而本计划则反向为之,所欲探讨的是以思想表达来带动语言技能。因此,讨论之内容必须是有意义的文化会谈主题,如华人社会的文化习俗,并具有国际共通性质或可做跨文化比较的主题,包括一般的衣食住行或社会的文化习俗介绍与讨论,例如婚礼的文化、喝酒的文化、两性的关系等习俗。在介绍华人的习俗之后亦可做双方的比较,再辅以网上书面的相关数据及文化多媒体数据(影片或图片),这样不但容易引发外国学生的高度兴趣,让其了解华人的文化习俗,也能促使他们以华语来表达自己的对应习俗,达成语言学习的目的。

因此具体目标为:

1. 研究针对中级华语程度之外籍人士的跨文化教学题材与讨论内容。

2. 培养能够利用同步视讯之华语教学方法及带动跨文化讨论之华语教师。

3. 发展在同步视讯模式下可用的华语教学法及教学活动。

4. 制作教学网站与文化数据库之课程。

二 相关研究

视讯会议就参与端点多寡而言,可分为直接点对点(Direct Point-to-Point)的两端视讯,以及利用桥接方式(Bridges Calls)链接的多点视讯(Multiple Conferencing)。[①] 透过视讯会议形式进行教学活动的优点是:能进行实时的同步互动,可节省为学习而改变时空所形成的花费,提供合作学习的机会,促进不同地区学习者的文化交流与认识,便于学习者直接向专家面对面请教问题,为资源不足的地区或学校提供远距课程,为学习者提供虚拟

---

① 参见 Acar, A. Teaching languages from a distance through multipoint videoconferencing. *Foreign Language Annals*, 40(2), 2007.

之校外教学，上课时间更为弹性，学生更为自主等。①

视讯会议与传统的教室教学有极大的差异，最显著的差异是对学习成效的影响。Fu & Liao（2007）② 的研究指出，参加远距教学的学生，学习动机低于在传统教室中直接听课的学生；而由于距离的关系，教师不易掌握位于远距端之学生的学习与进步状况；同时，讯息传送时间的延迟，也对教师组织课程以及满足学生需求有更高的要求。另外，许多研究也指出，利用视讯会议形式进行教学必须掌握此种远距教学形式的特点，以教学目标和学习成效为教学设计的重点，而非以科技引导教学。③ 因此，为达到最大的学习效果，视讯会议形式的教学应提供大量的互动机会，包括同一端点学生之间的互动、学生与老师之间的互动、不同端点学生之间的互动以及课堂外的延伸活动。另外，设计、开发适

---

① 参见 Hasselbacher, S. Take a field trip without leaving the classroom: Museums, zoos, and interactive videoconferencing. *MultiMedia & Internet @ Schools*, 14(4), 2007. Lockee, B. B., Hu, D. & Burton, J. Getting connected: IP-based videoconferencing in K-12 schools. *Distance Learning*, 2(6), 2005. Fryer, Wesley A. Room with a view. *Technology & Learning*, 25(8), 2005. Brown, G. As the use of videoconferencing technology booms, so does the need for creative technical support. *Distance Learning*, 1(3), 2004.

② 参见 Fu, I-Ping & Liao, Yen-Chu. Comparison of a distance learning intermediate Chinese class with traditional Chinese class in Virginia Polytechnic Institute and State University (Virginia Tech) and Radford University. 5th International Conference on Internet Chinese Education, Taibei, 2007.

③ 参见 Holden, Jolly T. & Westfall，Philip J-L. Instructional media selection for distance learning: A learning environment approach. *Distance Learning*, 3(2), 2006. Acar, A. Teaching languages from a distance through multipoint videoconferencing. *Foreign Language Annals*, 40(2), 2007.

于此种教学形式的教材也是刻不容缓的。除了软硬件设备的搭配，人员配置也是影响课程能否顺利进行与成功的重要因素：课程规划师、教师、助教、技术人员等，在视讯会议形式的教学活动中都扮演着重要的角色。[1]

在华语文教学方面，早在 20 世纪 70 年代即已展开计算机中文教学之先驱研究，[2] 但在网络应用方面开始才不过 10 年。许多海外大学之中文系在 2000 年前后已将网络的活动结合于中文语言课程中，[3] 甚至发展完全以网站为基础的中文课程。[4]

在"同步联机"的华语教学方面，早先有学者曾透过网络电

---

[1] 参见 Acar, A. Teaching languages from a distance through multipoint videoconferencing. *Foreign Language Annals*, 40(2), 2007. Fu, I-Ping & Liao, Yen-Chu. Comparison of a distance learning intermediate Chinese class with traditional Chinese class in Virginia Polytechnic Institute and State University (Virginia Tech) and Radford University. 5th International Conference on Internet Chinese Education, Taibei, 2007.

[2] 参见 Cheng, Chin-chuan. Proactive guidance in computer-assisted language learning. International Conference on New Technologies in Teaching and Learning Chinese, San Francisco, 1995.

[3] 参见林秀惠 The Frontiers for Multimedia Chinese、黎宜浩《网上中文听力阅读程度测试之实验与改良》，《第二届全球华文网络教育研讨会论文集》，"（台北）华侨委员会"2001 年版。吕中瑛《中文网络课程之设计与应用》、傅鸿础《国际网络，多媒体与中文教学刍议》，《第一届全球华文网络教育研讨会论文集》，"（台北）华侨委员会"1999 年版。

[4] 参见陈雅芬《多媒体与网络在中文远距教学上之应用》，《第二届全球华文网络教育研讨会论文集》，"（台北）华侨委员会"2001 年版。吕中瑛《中文网络课程之设计与应用》，《第一届全球华文网络教育研讨会论文集》，"（台北）华侨委员会"1999 年版。

话（Internet Phone），以 Audio Conferencing 的方式在美国尝试远距华语教学，[①] 自 1997 年起台湾师范大学的华语文教学研究所与美国夏威夷大学马诺阿分校（University of Hawai'i at Mānoa）进行一项远距教学实验，透过计算机网络以简易式的视讯传播软件——Enhanced CU-SeeMe，搭配以摄影机及麦克风，以视讯会议（Online Audio-Visual Conferencing）的方式进行华语文远距教学，辅助夏大中文教学的课程，[②] 2001 年起日本早稻田大学也进行在线中文教学计划，也是透过 CU-SeeMe 的影音功能让双方相互交谈。[③] 至 2009 年，开始有美国与日本的多位学者利用 Skype 与 Netmeeting 等公用视讯软件进行华语口语教学之试验，[④] 但多止于试验性质，未有完整的教师培训及教材设计之配套措施。此外，基于视讯华语的语言现象之研究尚属有限，谢昀叡和重松淳（2007）[⑤] 针对视讯会议形式的远距谈话中反馈词使用的语用现象进行研究，发现无论是母语者之间的交谈，或者是母语者与

[①] 参见 Xie, T. Teaching and learning spoken Chinese online. 1996 ACTFL Annual Convention, Philadelphia, 1996.

[②] 参见 Hsin, Shih-Chang. Chinese distance teaching: An NTNU-UH project. ACTFL Annual Convention. Nashville, Tennessee, USA, 1997.

[③] 参见砂冈和子、村上公一、小川利明、于洋《早稻田大学中国语远距教学演习——Online Chinese》，《第二届全球华文网络教育研讨会论文集》，"（台北）华侨委员会"2001 年版。

[④] 参见信世昌主编《第六届全球华文网络教育研讨会论文集》，"（台北）华侨委员会"2009 年版。

[⑤] 参见谢昀叡、重松淳《日籍华语学习者之反馈词的使用——以一对一面对面和远距对话为中心》，《第五届全球华文网络教育研讨会论文集》，"（台北）华侨委员会"2007 年版。

语言学习者之间的交谈,远距谈话中的反馈词使用率均低于面对面的谈话形式。而中国台湾母语者与日籍华语学习者进行远距形式的交谈时,中国台湾母语者的反馈词使用率增加,而日籍华语学习者的反馈词使用率却明显减少。作者的研究结果指出,远距形式的语言学习可能对学习者使用目的语的自然度和流利度有所影响。

依据前述之研究得知,透过远距视讯方式的汉语教学已有10余年的实施经验,以网络作为平台让师生得以透过实时的影音进行互动教学已逐步发展成熟,但亟待整合性的研究,可以从教师、教材与教学等多方面一并考虑。

三 项目实施方式

本项目是以整合的方式进行全方位的汉语跨文化视讯教学,子项目包括了跨文化教材编写、远距教师培训、在线教学活动设计、多媒体文化数据网站平台建置与学习成效评估,并与海内外数所大学进行实际的教学应用。目前已合作之海外大学为美国威斯康星大学密尔沃基分校、加州州立大学长堤分校、日本庆应大学等,将继续与更多的单位进行测试。每所合作单位均成立实验课程,学生人数因各大学之制度而有不同,每班每学期大约由10—20位学生组成,参与之外籍学生已达100名以上。设定的学生程度必须在华语听力及会话方面达到中级以上之华语程度,在事先准备的情形下能够口述完整的看法。

(一) 华语跨文化教材编写

本套《跨文化数字华语教学教材》所设定的学习者为母语非

华语的人士，必须在华语听力及会话方面达到中级以上之华语程度，且需学过一年中文，具有汉字量 600 字以上、词汇量 1000 个以上，在口语方面能够以华语表达一般之意思，在事先准备的情形下能够口述完整的看法。文化教材包含课文、专业人员配音、图像及多媒体教材。学生不仅能从中理解内容，更透过多媒体的图像与影音之辅助，对华语及其文化产生兴趣与共鸣，加强学习动机、增进学习效果。借由文化的讨论与对比，让学生同时学习中华文化与华语。

每课均有一致的架构，包括课程目标、课文内容、生词解说、重点图示、文化注释、问题讨论等六个部分。其架构并不特殊，但都基于下列的教材编写原则而撰写：

1. 主题的选择是采取每个文化中都有的习俗，但内容和形式不一样。例如"新年"，每种文化中都有新年，但内涵不同，因此可进行跨文化对比及讨论。若只有中华文化才有的特殊文化则不采用，例如：中秋节为华人的特殊节庆，对于其本国并无此节日的外国学生而言，就只能单向学习而无法进行对比，无形中成为单向文化灌输而无法进行双向文化对比。

2. 课文是用来解释某些中华文化主题的，借以引起学生文化对比的兴趣。预先进行主题分析，拟出课文中的次文化点，以喝酒为例，可包括各国的喜好酒种、喝酒场合、敬酒方式、倒酒方式等次文化点，再进行课文撰写。

3. 课文之词汇语法要略低于学生的程度，或至少与学生现有的程度平行，避免语言成为文化理解的障碍。学生固然可在课文中学到新的文化相关生词，但大部分的课文内容都以浅白为主，容易读懂。

4. 每个文化点要能搭配相关的网络多媒体数据,利用图片或视讯来呈现文化的表象,使文化点更为具体化。

目前已编写的课文主题如下:禁忌、送礼、颜色、见面打招呼、隐私、吃素、相亲、家庭称谓、饮酒文化、生肖文化、姓氏与取名、大男人主义、饮食文化(上篇)、饮食文化(下篇)、宗教与信仰、储蓄与理财、两性关系、数字、算命、新年。共20课。

(二)远距教师之培训

远距教学中的教师角色具有主导的作用,教师是执行跨文化交际讨论的主导者,因此,教师培训是远距教学中不可或缺的一环。

本项目招募华语教学的研究生作为在线教学的老师。由于以汉语作为第二语言教学的知能本来即为研究生训练的一环,本项目只需针对远距教学及跨文化交际的部分来加以培训。为了让从事华语文教学的硕士与博士生具备更扎实的在线教学之知识,故设计出远距教学师资培训方案,包括为期5周计20小时教学技巧培训和试教,并透过有经验之远距师资的经验分享,以及与海外大学的实际合作教学,增强教学经验与知能。在实际教学完毕后并辅以问卷调查和深度访谈,探求这批教师的适用性,提出未来修正方向。经调查,教师们认为,一对一远距教学之模式的确有助于提升讨论的意愿,达成跨文化教学的成效,但教师需要提问技巧的指导,可纳入日后培训课程。教师们亦肯定教材中设计的文化议题能激发学习兴趣,但宜增加生词解释、增进实用性、充实多媒体资源。[①]

---

① 参见谢佳玲《华语跨文化远距同步视讯教学之师资培训研究》,第四届美国国际教育交流协会华语教学研讨会,(台北)政治大学,2010年。

本项目已培训了 15 位硕博士生，其中 11 位已在海外合作大学有三个月以上的实际教学经验。[①]

（三）教学过程

本计划设定了固定的教学步骤，主要是参照西方学者 Robert Gagné 所提出之学理"Nine Events of Learning"（教学事项九步骤）[②]，加以修改而成。教学过程分为会前、会中、会后等三个阶段，共有 10 个步骤。

1. 文化预习

学生预习跨文化教材及相关的网上多媒体数据，找出疑点并酝酿想法。

2. 准备发言

学生预先准备在线讨论时可能要说的汉语（文句词语或概念想法）。

3. 在线前测

联机后立即借访谈或试题来侦测学生对于此中华文化主题的理解度。

4. 在线导读

师生共同在线阅览该课教材的文化内容，带领学生找出重要的文化点。

[①] 参见 Hsieh, Chia-Ling. A study of interaction in Chinese-language cross-cultural classes via long distance synchronous videoconferencing. Asia-Pacific Conference on Technology Enhanced Learning, Osaka, Japan: Kansai University, 2010.

[②] 参见 Gagné, R. *The Conditions of Learning (4th ed.)* . New York: Holt, Rinehart & Winston, 1985.

5. 提出疑问

学生对于无法理解的中华文化部分提出问题或质疑，由老师加以说明解释。

6. 自我介绍

请学生以汉语来介绍自己母国文化中的对应习俗。相对应的文化是学生本身已经很熟悉的，但学生必须用汉语来介绍他已熟悉的东西，也借此增加汉语的表达能力。

7. 在线活动

针对文化的内容而进行的远距学习活动，让学生之间或师生之间透过教学活动来体会文化内容或练习汉语表达。

8. 对比讨论

与学生以对比方式来讨论两种（或多种）文化的表层与深层差异。

9. 效果确认

结束前进行文化试题与口头访谈，以确认学生的跨文化理解情况。

10. 延伸

以事后作业的形式，让学生写出对于该课之跨文化主题之相关想法，或是以电邮和老师进行后续的讨论。

（四）计划网站平台建置

本计划发展了针对国际人士学习华语文化适用之远距教学内容与平台，期能促进外籍学生对于华语文化之理解，并借此增进其口语沟通能力。[1] 计划网站平台包括远距教学文化教材，并融合教学设计、多媒体影音等辅助教材（文化教材共 20 课，辅助影像数据计有 338 笔，与总共约半小时的动态影片），以多元的方式展现"生活文化"教材内容；将学习数据串流化，并借由文化内容情境知识库的功能运作，加强教学指引暨学习之理解、沟通与回馈，从而丰富学习者对于差异文化的认知以及深化会谈内容的能力，将学习内容、管理机制与同步视音讯功能整合在一个平台中，以使用者为中心，将学习主控权交回学习者手中，提供丰富的互联网协同合作学习环境以及容易学习、使用与记忆的多媒体互动操作界面，提高学习者主动学习的意愿，并且让学习者可以透过一个统一集中的系统平台使用在线实时互动与远程协助机制以及资源共享等相关网络服务。使用者只需借由视讯及音讯设备，上网即可马上开始进行协同合作学习，大幅提升学习的效能。[2] 计划平台网站网址：http://vclrn.ntit.edu.tw/eocc1。

四　结语

本计划之跨国文化教学是以师生网上视讯教学为主体，并搭

---

[1] 参见 Wang, Chao-Hua. The development of online E-learning system with multimedia and videoconference for cross-cultural communication in learning Chinese as a second language. 2009 ACTFL Annual Convention, San Diego, CA, USA, 2009.

[2] 参见 Wang, Chao-Hua & Chu, Wo-Hsin. The online intuitive situation learning system based on the integration of RIA and MUVEs. 6th International Conference and Workshops on Technology and Chinese Language Teaching (TCLT6), Columbus: Ohio State University and Hamiltion College, 2010.

配网站平台辅以在线中文写作与批改、在线讨论、多媒体文化数据库，形成立体的听说读写教学，最大的特征是以真人师生互动的方式进行跨文化的教学与讨论，并采用"有意义内涵的文化内容"作为语文学习的内容，而非一般纯为语言学习而编写的课文。此种教学模式对于外国人士的华语学习具有直接的好处，形成华语文数字教材或数字教学发展的模式。本项目期待能搜集更多的外国学生的学习资料。跨文化教学的模式，一方面将语言教学与文化教学相结合，另一方面以跨文化讨论的方式介绍华人的习俗文化，再一方面也借由跨文化交际活动，让参与的在线老师获得更开阔的心胸而能尊重外国学生的不同文化背景。

第四章

网络汉语学习环境构建研究

第一节 汉语网络教学中的反馈方式研究[①]

随着网络的普及，网上的汉语教学活动也越来越多。网上有不少学习中文的练习题，可是大多数的反馈仅限于指出答案的对错，而没有进一步的帮助。上网学习者有许多是自学者。在没有老师指导的情况下，网上提供的反馈越详细对学生的帮助越大。网上的练习又以选择题为多，学习者猜对的机会颇高。因此反馈应该超越仅仅指出答案的对错，最好能告诉学生对在何处，或错在何处。这样，因为运气好而猜对答案的学生也可有所收获，知道正确的答案如何得来。本节将举例说明如何增强及扩充反馈。

一 网上练习的优点与不足之处

电脑辅助教学有许多优点，最大的好处之一就是电脑能够立即给予学习者反馈。[②]在电脑上做习题，马上就能知道答案的对错。

[①] 本节摘自姚道中《利用反馈改进网上汉语教学》，李晓琪主编《汉语教学学刊》（第 2 辑），北京大学出版社 2006 年版。

[②] 参见 Schulze, M. Grammatical errors and feedback: Some theoretical insights. *CALICO Journal*, 20(3), 2003.

网络教学属于电脑辅助教学，当然也有这种优点。虽然大家都同意立即反馈是电脑辅助教学的优点，也有人指出目前电脑辅助教学软件，包括网络教学课程，最大的不足之处就是反馈工作没能做好。[①] 由于反馈的不足，电脑习题对于提高学习者的水平没有太大的帮助。这是一件很可惜的事情。如何增强反馈的内容来帮助学生学习是每一个设计网上练习的老师都应该注意的。

二 反馈的种类

在我们日常生活中，在工作上、学习上以及跟人打交道时，经常会得到反馈。有人把人际交流时的反馈分为四类[②]：

1. 支持性反馈：这类反馈表示你赞同对方的行为或者言语，并希望对方继续做同样的事情。

2. 改正性反馈：若是你不赞同对方的行为或言语，希望他能够改变他的做法或说法，则应采用改正性的反馈。

3. 无作用反馈：要是你的反馈含糊不清，对方不能理解用意何在，则对他的行为或者言语的改变起不了什么作用。

4. 责怪性反馈：这一类的反馈包括的范围很广，恶言恶语、不敬的动作、讽刺讥笑都属于这种反馈。如果你的反馈表示不赞同对方的行为或者言语，可是又不指引对方如何改进，也属于这一类的反馈。

[①] 参见 Tschichold, C. Lexically driven error detection and correction. *CALICO Journal*, 20(3), 2003.

[②] 参见 Williams, Richard L. *Tell Me How I'm Doing*. New York: American Management Association, 2005.

本节所谈反馈是第二类改正性反馈。在语言教学的领域，常见的反馈是支持性反馈及改正性反馈。支持性反馈又叫正面反馈，改正性反馈也称为负面性反馈。在研究语言学习的文章中，改正性反馈叫作负面证据。在认知心理学这个领域，改正性反馈称作负面性反馈。本节所介绍的一些反馈方式，都是改正性反馈。为了方便，下文提到改正性反馈时只用"反馈"而不用"改正性反馈"。

三 语言教学常用的反馈

在美国的语言教学上常见的反馈有以下六种：

（一）直接改正错误

这是最常见的纠错方法。老师直接把正确的说法告诉学生。

例一：

学生：他喜欢烂色。（学生发音不标准）

老师：你是想说"蓝色"，对不对？

（二）重述正确答案

老师重述学生说的话。改正错误，可是并不明显地指出错误。

例二：

学生：他喜欢烂色。

老师：他喜欢蓝色。

（三）要求澄清意思

老师听出学生的句子有错误，要求学生澄清错误部分的意思，希望第二次能够说对。

例三：

学生：他喜欢烂色。

老师:"烂色"是什么意思?

(四) 后设语言反馈

这是一种间接纠错法。老师不直接说出正确的答案,而只是指出错误的类型,希望学生能够自己找出错误并加以更正。

例四:

学生:他喜欢烂色。

老师:你的四声不准确。

(五) 引出正确语言

老师发现错误时,重复句子的开头部分,让学生接着往下说,希望第二次能够说对。

例五:

学生:他喜欢烂色。

老师:他喜欢……

(六) 重复学生的话

老师重复学生说的话,强调错误部分。让学生知道哪里有错误,并自己设法改正。

例六:

学生:他喜欢烂色。

老师:他喜欢烂色。

上述六种反馈,虽然在课堂上经常使用,可是有学者认为只有第一种和第四种适用于电脑辅助教学,第二、第三、第五和第六种反馈完全不适合作为电脑辅助教学的反馈方式。[1]

---

[1] 参见 Delmonte, R. Linguistic knowledge and reasoning for error diagnosis and feedback generation. *CALICO Journal*, 20(3), 2003.

四 直接反馈与间接反馈

反馈又可以分为直接反馈和间接反馈。顾名思义，直接反馈就是直截了当地把正确的答案说出来。间接反馈则不说出正确的答案，而只是指出哪儿有错，或者错误的类型，让学习者自己去改正错误。许多语言学家都强调了间接纠错的重要性。根据他们的研究，比较有效的反馈是老师只提供后设语言信息，提示学生犯了什么样的错误，而不是直接说出正确的答案。Wen（1999）[①]在《美国中文教师学会学报》上发表文章鼓励老师们多用间接反馈。El-Tatawy（2002）[②] 呼吁老师们在做练习的时候不要直接告诉学生正确的答案，而应该设法鼓励学生尽量利用他们所掌握的语言知识来想出正确的说法。

五 网上中文教学的反馈

笔者在过去的几年间浏览了许多网上的中文教学网站。网上的中文习题差不多都有反馈。反馈的类型大致可以分成下列三项：

最低反馈：只告诉使用者对错。

提供解释的反馈：解释答案错在何处。

[①] 参见 Wen, Xiaohong. Error and corrective feedback. *Journal of the Chinese Language Teachers Association*, 34(3), 1999.

[②] 参见 El-Tatawy, Mounira. Corrective feedback in second language acquisition. *Working Papers in Applied Linguistics & TESOL*, 2(2), 2002. Available from: http://www.tc.columbia.edu/academic/tesol/webjournal/El-Tatawy.pdf.

间接反馈：不直接告诉答案，但是指引学生如何进一步学习。

在笔者所见过的网上练习之中，绝大多数只告诉学习者输入答案的对错，仅提供最低反馈。网上的习题多半为选择题，猜对的机会很高。如果电脑仅指出答案的对错，学习者往往不知道自己的答案为什么是错的。有时候虽选择了正确的答案，却是碰运气猜对的，而不是真正地会做那道题目。在网上做练习的人，很多是自学者，遇到不清楚的地方，没有老师可以请教。所以仅提供最低反馈的练习对自学者的帮助不大。比较有用的是提供解释的反馈以及间接反馈。可惜笔者在网上见到的提供这两种反馈的练习非常少。

六　如何帮助自学者

网上的练习可以分为两大类。一类是附属于远距教学课程的作业，这类的作业，可以包括听说读写各种语言技能。有些作业由电脑传送给老师批改。另一类是完全由电脑来检查答案的习题，没有师生之间的交流。这类的练习主要是培养学生听和读的能力，而且多半是选择题或是非题。除了少数简短的答案外，目前电脑还无法精确地处理学生输入的口语及书写的答案。本节所谈的只限于听和读的练习。

凡是没有老师指点的学习者都是自学者。为了有效地帮助自学者提高他们的汉语水平，设计习题的老师得把反馈工作做好，仅仅指出答案对错的练习对于自学者的帮助不大。网上的练习最好都能提供解释性的和指引性的反馈。下面将举例说明。

七 解释性的直接反馈

我们设计选择题时不但要给错误的答案反馈，正确的答案也需要有反馈。原因是学习者很可能只是猜对了答案，而并不真正知道选择那个答案的理由。

例七：回话练习

说明：听了问题后，选出最恰当的回答。

她今年多大？

a. 23 岁　b. 她家很大　c. 今年是 2005 年

如果选择"a. 23 岁"，电脑屏幕就会显示：Very good! You know "多大" means "How old" in this question. "她今年多大?" means "How old is she this year?". The correct response is "a. 23" 岁 (23 years of age).（很好！你知道"她今年多大？"里的"多大"指的是年龄。正确的答案是"a. 23 岁"。）

由于初学者可能看不懂完全用中文写的回馈，所以回馈应该用英文写。不过为了节省篇幅，下面所举的例子中的英文反馈将直接翻译成中文。

如果选择"b. 她家很大"，电脑屏幕就会显示：不对。你是不是把"今年"听成"家"了，所以你选了"她家很大"？"她今年多大？"问的是她的年龄，正确的答案是"a. 23 岁"。

如果选择"c. 今年是 2005 年"，电脑屏幕就会显示：不对。"她今年多大？"问的是她的年龄，而不是问今年是哪一年。正确的答案是"a. 23 岁"。

八 提示性的间接反馈

根据学者们的研究，间接反馈比直接反馈有用。学习者选了错误的答案时，间接反馈不直接告诉学习者正确的答案，而是根据答案的错误加以解释及指引。若是学习者选对了答案，则解释那个答案为什么是对的。万一答案是猜对的话，也可以通过解释让学生学到一些东西。

例八：疑问词

说明：请选择最恰当的词语填空。

从你家开车到学校要＿＿＿＿时间？

a. 怎么　b. 多少　c. 几个　d. 什么

如果选择"a. 怎么"，电脑屏幕就会显示：不对。请注意"时间"这个词可以跟哪些疑问词配合使用。你所选择的"怎么"可以用在下面的句子里："从你家开车到学校要怎么走？"可是不能说"怎么时间"。请你再想想看。

如果选择"b. 多少"，电脑屏幕就会显示：对了！"多少"可以跟"时间"配合使用。就是要用多长时间的意思。

如果选择"c. 几个"，电脑屏幕就会显示：不对。请注意"时间"这个词可以跟哪些疑问词配合使用。你所选择的"几个"可以用在下面的句子里："你家有几个人？"可是不能说"几个时间"。请你再想想看。

如果选择"d. 什么"，电脑屏幕就会显示：不对。请注意"时间"这个词可以跟哪些疑问词配合使用。你所选择的"什么"可以用在下面的句子里："这是什么东西？""什么"也可以跟"时候"配合使用："你什么时候回家？"这个问题问的是从一个地方到另外一个地方要多久。请你再想想看。

例九：回话练习

说明：听了问题后，选出最恰当的回答。

请问图书馆在哪儿？

a. 图书馆九点开门。

b. 图书馆里书很多。

c. 图书馆就在前面。

如果选择"a. 图书馆九点开门"，电脑屏幕就会显示：不对。请注意这个问题问的是"哪儿"。你选的答案"图书馆九点开门"回答的问题是"图书馆几点开门？"，原来的问题问的是地点而不是时间。请你再想想看。

如果选择"b. 图书馆里书很多"，电脑屏幕就会显示：不对。请注意这个问题问的是"哪儿"。你选的答案"图书馆里书很多"回答的问题是"图书馆里的书多吗？"，原来的问题问的是地点而不是书的多少。请你再想想看。

如果选择"c. 图书馆就在前面"，电脑屏幕就会显示：很好。你知道"哪儿"就是"什么地方"的意思。你选的答案"图书馆就在前面"指出了图书馆的所在地，是正确的答案。

九　预测错误的反馈

我们在编写选择题时可以把学生常犯的错误编入选项。按照不同的错误提供不同的反馈。通过反馈学习者可以了解错误何在，而避免以后再犯同样的错误。

例十：语法练习

说明：请选择下面句子的最佳翻译。

We did not go to the movies last night.

a. 我们不去电影昨天晚上。

b. 我们没去看电影昨天晚上。

c. 我们昨天晚上没去看电影。

d. 我们昨天晚上不去看电影了。

如果选择"a. 我们不去电影昨天晚上"，电脑屏幕就会显示：不对。你选择的答案好像是从英文逐字硬翻过来的。请你想一想下面三个问题。然后再回答一次。1. 中文怎么说"go to the movies"？2. "昨天晚上"应该放在句子的何处？3. 中文如何表达某件事情没有发生？

如果选择"b. 我们没去看电影昨天晚上"，电脑屏幕就会显示：不对。你掌握了所需要的所有词汇，可是词序有错误。中文的时间词应该放在何处？请再做一次。

如果选择"c. 我们昨天晚上没去看电影"，电脑屏幕就会显示：很好。你的选择表示你明白了以下几个概念：1. 中文里用"没"来表示某件事情没有发生。2. "go to the movies"应该译成"看电影"或者"去看电影"，而不是"去电影"。3. "昨天晚上"应该放在动词的前面，而不是在句尾。

如果选择"d. 我们昨天晚上不去看电影了"，电脑屏幕就会显示："不……了"表示以前是这样，可是现在不一样了。这个英文句子并没有说他们不看电影了（no longer go to the movies）。请再想想看中文如何表达某件事情没有发生。

例十一：对话练习

说明：一男一女在谈话。听了男士的话以后，请你替女士选一句最恰当的回话。

女士：我想请你帮我练习说中文。

男士：没问题，可是你得请我吃饭。

女士：

a. 好啊。这个晚上你有空吗？

b. 好啊。你有空今天晚上吗？

c. 好啊。今天晚上你有空吗？

如果选择"a. 好啊。这个晚上你有空吗？"，电脑屏幕就会显示：不对。不要直接把"this"翻成"这个"。想想看"明天晚上"和"昨天晚上"的中间应该是什么晚上。

如果选择"b. 好啊。你有空今天晚上吗？"，电脑屏幕就会显示：不对。词序有问题。时间词应该放在动词的前面。

如果选择"c. 好啊。今天晚上你有空吗？"，电脑屏幕就会显示：很好！你知道中文说"今天晚上"，不说"这个晚上"。你也知道"今天晚上"应该放在动词的前面，而不是放在句尾。

十 双层或者多层次反馈

为了帮助学习者掌握词汇及句型的用法，在反馈中最好不要直接说出正确的答案，应该指引学习者自己去找出正确的答案。通过思考而想出来的答案将会加深学习者的印象，下次遇到类似的问题时就比较容易答对。这种鼓励学生思考的反馈能够帮助他们提高汉语水平。

例十二：阅读练习

说明：根据下面这段话回答问题。

> 昨天是小李的生日，小李请了小高、小张和王朋三个同学去她家吃饭。他们七点钟吃晚饭。小李的家很大，也很漂亮。小高、小张和王朋十一点才回家。

小高昨天晚上在哪里吃晚饭？
a. 小李家　b. 小张家　c. 王朋家　d. 小高家

第一回合：

如果选择"a. 小李家"，电脑屏幕就会显示：好极了！你知道"她家"指的是小李的家。因为昨天是小李的生日，所以小李请她的同学小高、小张和王朋到小李的家去吃晚饭。

如果选择 b、c 或者 d，电脑屏幕就会显示：不对。请再仔细阅读第一个句子。然后用鼠标点击"第二回合"。

第二回合：屏幕回到原来的问题。

如果选择"a. 小李家"，电脑屏幕就会显示和第一回合同样的反馈。

如果选择 b、c 或者 d，电脑屏幕就会显示：还是没答对。请看第一句话："昨天是小李的生日，小李请了小高、小张和王朋三个同学去她家吃饭。"它的基本意思是："小李请同学去她家吃饭。"这个句子里的"她"应该是谁呢？请再做一次。

第三回合：屏幕回到原来的问题。重复同样的反馈。

上面所举的是一个非常简单的例子，不过可以看出反馈的顺序。第一次反馈指引学习者去看文章的某一部分。第二次反馈把范围缩小，指出关键词的所在。如果文章很长的话，还可以有第三层更详细的反馈。

十一 各种反馈的比较

同样的练习可以有不同的反馈。下面再次利用上面例十二的阅读练习，列举四种不同的反馈做个比较。

（一）最低反馈：仅仅指出答案的对错，没有任何解释

如果选择"a. 小李家"，电脑屏幕就会显示：对了。

如果选择 b、c 或者 d，电脑屏幕就会显示：不对。

（二）解释性的直接反馈

如果选择"a. 小李家"，电脑屏幕就会显示：很好。你知道第一句话里的"她"指的是小李。昨天是小李的生日，她请她的同学到她家去吃晚饭。

如果选择 b、c 或者 d，电脑屏幕就会显示：不对。第一句话里的"她"指的是小李。昨天是小李的生日，她请她的三个同学到她家去吃晚饭。小高、小张和王朋是小李的同学。他们都到小李家去吃晚饭了。

（三）指引性的间接反馈

如果选择"a. 小李家"，电脑屏幕就会显示：很好。你知道第一句话里的"她"指的是小李。昨天是小李的生日，她请她的同学到她家去吃晚饭。

如果选择 b、c 或者 d，电脑屏幕就会显示：不对。请你再仔细看看第一句话。句子里的"她家"就是吃饭的地方。"她"指的是谁呢？

（四）多层次的反馈（与上面例十二的反馈相同）

从上面的例子中我们可以看出，同样的一个练习可以有各种不同的反馈方式。最容易做的反馈是第一类的最低反馈。编写练习的人省事，可是对学生的帮助不大。这类题目适合于考试的时候用，而不适合教学用。如果拿上面第二类和第三类反馈相比，我们可以看出，第二类反馈不需要学生思考，直接提供了答案和解释。第三类反馈给予学生提示，可是并不直接告诉答案，要求学生思考以后再回答。多层次的反馈适用于较长的文章，通过不同层次的反馈，逐渐指引学生，让他们一步一步地了解句子的意思及文章的结构。

十二　结语

现在总结一下本节所提的几个要点。目前网上的练习绝大部分仅指出答案的对错。这种反馈对自学者帮助不大。希望将来编写网上练习的老师能够尽量做解释性的反馈。设计反馈时，如果能做间接性的反馈更好。因为间接性的反馈要求学生思考，可以帮助他们真正掌握语言的意思。如果练习要求学生阅读较长的文章时，可以考虑做多层次的反馈，不同层次的反馈，对不同水平的学习者可以给予比较恰当的帮助。最后要强调一点，中文老师并不一定能够自己设计电脑程序或者了解网上练习的技术性问题，应该跟电脑专业人士合作。

第二节　汉语网络个性化学习环境构建研究[①]

近年来，随着我国综合实力的提高，国际汉语教育得到长足发展，教育规模不断扩大，质量不断提高。截至 2011 年 11 月底，我们在全球 105 个国家建立了 350 多所孔子学院，以及一些孔子学堂。[②] 在新形势下，e-Learning 成为满足汉语学习需求的重要途径之一。然而，由于海外汉语教学对象与教学环境存在巨大的差异，汉语教学多元需求日益凸显。汉语 e-Learning 不仅体现在教育规模扩大方面，更重要的是应用信息技术来改善汉语学习，实现汉语的有效学习，是提高汉语学习质量的关键。而满足汉语学习者个性化需求是有效汉语学习、汉语教育质量提高的具体体现。随着信息技术在汉语教学中的深入应用，一方面为实现汉语个性化学习提供了支撑；另一方面，海量汉语学习资源的出现，使学习者"汉语学习资源过载"的问题出现。因此，汉语 e-Learning 走向"个性化"，寻求个性化汉语 e-Learning 学习环境的构建方案，不只是技术支撑的推动，更是在新形势下汉语作为外语教学的需求牵引的必然。

[①]　本节摘自熊玉珍《基于测评的汉语个性化学习环境的构建》，《电化教育研究》2012 年第 3 期。

[②]　参见李蔚《孔子学院将扩大服务领域，拓展汉语教学广度和深度》，国际在线，2011 年 12 月 13 日。

一 汉语个性化学习的需求

（一）新形势下汉语作为外语学习的个性化需求

1. 学习目标个性化

汉语教育多元需求体现在学习目标的个性化，汉语教学目标要满足多元化汉语学习要求。学习者的学习目的有些是为了工作，有些是为了接受更多教育，有些是为了了解中国文化，等等。而且不同的学习者，其学习能力也有所不同。因此，汉语学习需要为不同层次的学习者提供动态分层的学习目标，以期寻找并为学生设定接近学生"最近发展区"且具一定挑战性的学习目标。

2. 学习内容个性化

汉语知识不仅包括汉语语音、汉字、词汇、语法、语义、文化等方面的知识和听、说、读、写技能，更重要的是，随着汉语测试从重视语言形式转向重视语言运用，强调汉语语境化和语言学习过程的交际性，汉语学习应为学习者提供满足其个性兴趣和需求的学习内容。

3. 学习资源个性化

汉语学习过程中，学生在知识建构和技能提升方面所采用的方法、路径、媒体、参与方式不同。因此，应该为学生提供不同知识层次、不同技能水平和不同形式的学习资源，方便学习者根据自己的个性化需求和兴趣，积极自主地选择资源，进行较为高效的自主学习，真正地实现学习者知识体系的主动构建和完善。

4. 学习路径个性化

为了使学习者在学习过程中得到及时有效的帮助，汉语学习个性化应注重学生学习过程的评价，对学习者的学习进行动态跟踪，及时解决汉语学习过程中的问题和障碍，并为学习者提供更科学、更有效、更适合的学习路径和学习策略，以适应特定的学习者的个性化学习需求。

5.学习方式个性化

不同的学习者在学习过程中所采用的学习方法和学习方式必然会有所不同，而在新形势下，我们的个性化教育理念，要求能够打破时空的限制，为学习者根据自己的个性兴趣和需求进行个性化学习提供条件。特别是云计算和智能终端在教育中的应用，为汉语学习提供了大规模多元化移动学习方式，可以自主选择个别化学习、小组学习、协作学习或是群体学习的学习方式，实现汉语学习者学习方式的多样性和个性化。

（二）汉语学习者的个性特征

汉语学习者的语言认知水平、学习知识程度、学习目标、学习动机、学习偏好和认知风格等是影响汉语学习的关键因素，这些因素对学习者的影响在时间和空间上都有所不同。其中，语言认知水平、学习知识程度呈动态性，学习目标、学习动机具有阶段性个性特征，学习偏好和认知风格相对比较稳定。众所周知，学习是一个过程，因此我们需要对学习者的个性特征进行动态跟踪，以便能够为学习者的汉语学习提供有针对性的个性化推荐服务。可见，对学习者的个性特征进行了解、获取和跟踪，有助于学习者的个别化汉语学习。

综上所述，要满足个性化汉语学习的需求，必须构建个性化的汉语学习环境。这种环境以汉语学习者个性状态为前提，以有效汇聚和推荐分布在世界各地的海量汉语资源为途径，以优化教师教学策略和学生学习策略为目标，最终实现满足世界大规模汉语学习者个性化学习需求的目的。

二 测评是构建个性化汉语学习环境的关键

（一）汉语测评的作用

测评对于知识、技能习得的重要性被各学科学习的研究和实践所证明和认可。我们对测评的认识过程也是人类思维发展的过程。早期的行为主义心理学主要从行为产生的角度研究测评在学习领域中的重要意义，认知心理学则论证了测评在信息加工过程中的必要性，到后来语言学习理论中强调测评在知识向技能转变中的途径作用，人们越来越深刻地认识到了测评在巩固和保持信息、知识获得、知识应用、能力迁移、发现问题、语言教与学的诊断和反馈、补救教学等方面的重要作用和地位。近年来，汉语作为外语学习的测评研究越来越受到重视，有学者认为，为了满足汉语学习多元化需要，汉语测评功能要多元化和个性化，测评要注重评测的过程。[①]

（二）汉语测评技术的发展

测评技术的应用涉及认知科学、计算机科学、语言学、数学、心理学和教育学等诸多学科的交叉研究成果。汉语测评在内容上涉及词汇、句法、语义、语音等。测评技能包含听、说、读、写。针对语言测评的需求，不仅测评资源具有多媒体的特性，还要应用自然语言处理领域成果，包括语音识别与语音合成、机器翻译与机器辅助翻译、信息检索与信息提取、专业术语提取与术语定义自动生成、文本分类与聚类、自动文摘与文献述评、词典计算

---

① 参见杨翼《对外汉语教学测试与评估的历史演变与发展趋势》，《中国考试》2009年第1期。

机辅助编纂等。① 对学生以文字、语音、图像等形式表达的结果进行自动分析与处理。

随着 e-Learning 的发展，计算机辅助测评发展为与学习环境融合，尤其强调通过提供及时有效的反馈促进学生学习，以测评为中心的个性化学习环境构建问题受到广泛重视。为了解决测评群体规模大、资源分布域广、个性化需求突出、多群体协同工作等问题，网格计算技术引入远程学习评价研究，通过构建基于网格计算环境的资源共享与协同工作平台，解决广域跨组织大规模远程学习测评的问题。② 计算机测评技术和自然语言信息处理的发展成果对语言测评产生重大影响。美国大学理事会 2007 年 5 月推出 AP Chinese（AP 中文测试）包括了听、说、读、写四项技能，整个测试都通过网络进行。测试由人际沟通、理解诠释和表达演示三个沟通模式构成。美国中文测试经验说明了技术成为新形势下汉语测评的可能。

因此，测评不仅能准确、动态获取学生学习状态，而且随着测评技术的发展和应用，通过测评数据的分析，测评更是在促进学生认知水平发展、教师教学策略决策、教育资源推荐方面起到越来越重要的作用，测评还将成为发现学生学习状态最为重要的途径和方法。

---

① 参见柏晓静、俞士汶、朱学锋《自然语言处理中的技术评测及关于英语专业考试的思考》，《外语电化教学》2010 年第 1 期。

② 参见王冬青、李玉顺、王桂玲、许骏、李克东、史美林《LAGrid：远程学习评价网格——基于网格计算环境的 CAA 系统》，《中国电化教育》2005 年第 12 期。

三 基于测评的个性化汉语学习环境的构建

现代信息技术的研究成果在语言测评中的应用进一步推动了语言教学的发展，汉语个性化的发展需求对科学技术提出了新的要求。可以看到，汉语 e-Learning 走向"个性化"不仅是技术支持的推动，更是新形势下汉语作为外语教学的需求牵引的必然。

无线通信技术、3G 网络、Wi-Fi 网络、移动设备在教学可用性上的显著增强以及学生面对海量网络教学资源的现实情况，为学习者提供个性化服务是应用技术改善和促进汉语学习的核心。通过测评可以反馈与诊断学习者的知识和技能水平，为汉语教育多元化需求、个性化服务提供依据。因此，要实现应用技术改善和促进汉语学习，通过测评构建汉语个性化学习环境是研究的重点和难点。通过测评，可以为普适的、泛在的、个性化的、持久连接的汉语学习提供支持和按需的学习方案。因此，面向汉语个性化学习的需求，我们可以从以下四个方面的关键工作构建个性化汉语学习环境，如图 4-1 所示。

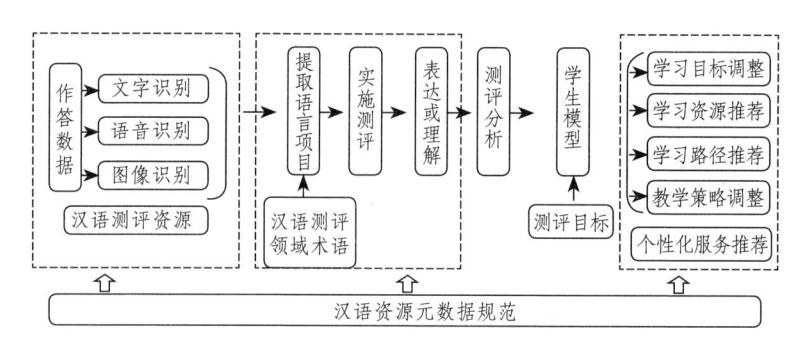

图 4-1 基于测评的个性化汉语学习环境

（一）测评数据动态性和针对性的分析

测评不是学习的终结。测评的目的在于个性化学习得到充分的满足。学生学习活动是个动态的过程，反映学生学习状态的测评数据也应具有动态性。通过测评，可以动态跟踪学生学习状态，如词汇量的变化、话语的流利程度，口头交际、语言交际、书面交际技能等有关学生的思考与行为过程的有效信息。面向个体和集体的测评结果分析，可以为学生提供详细的个人学习状况报告，为教师调整教学策略提供参考。测评数据往往具体反映学生学习的个性化状态，因此对测评数据的深度挖掘也是个性化学习环境构建的关键工作。通过分析，可以推荐与知识点/节/章或错题相关的个性化学习资源，由教师或系统为班级或个人提供个性化学习建议，也可以为学习者推荐最佳学习路径，帮助学习者建立个性化学习路径，甚至能针对错误重点出题，并进行难度自适应调整等。

（二）基于测评的学生模型的构建

通过测评数据的分析，系统能自动评价学习者学习情况，并给出基本的学习指导。通过汉语测评数据的分析，获取学生的基本知识状态信息、语言认知水平、学习知识的程度等影响汉语学习的关键要素的信息。通过测评结果，构建学习者模型，记录学习者的学习过程信息，对学习者知识水平和进展情况进行多层次的自动反馈，并提供与知识点相关的学习资源、针对性训练与个性化的学习支持服务。

（三）面向个性化服务的汉语学习资源

丰富的汉语学习资源是构建汉语个性化学习环境的基础，针对汉语作为外语学习的特点，需要开发面向个性化服务的汉语学习资源。

1. 汉语知识结构特征

尽管世界上的语言有很多共性，但汉语是一个独立的交际系统，汉语语音、词汇、句子在汉语的结构、系统框架内才有意义。可见，汉语知识结构不仅具有系统特征，而且具有个性化特征。汉语知识体现在语法点的选弃、前后次序的编排、知识的详略、功能项目的确定、话题的选择等方面。在实际的运用中，尤其在海外汉语教学中，根据学生的学习状态，往往为了适合当地学生的学习环境、学习条件、目的语水平和学习时限等多方面的多元需求，调整学生学习的知识内容。

2. 汉语学习资源的描述

在汉语个性化测评环境构建过程中，汉语测评资源的描述是前提条件。我们按汉语等级、汉语要素、语言技能、语言内容和资源形式，对汉语测评资源进行描述，并建立汉语测评资源元数据库。第一，划分标准，这是在综合考虑了推送的可行性和与用户需求的匹配度上建立的。汉语等级标准依据中国汉语水平考试（新 HSK）对汉语资源进行划分，分为入门级、初级、中级和高级四个汉语资源库集。根据汉语学习系统内的相关内容，首先判断学习者的汉语水平等级，从而在不同汉语等级的题库中提取相应学习资源进行个性化推送。第二，按知识类型，汉语资源可分为语音、汉字、词汇、语法和修辞五种类型。此标准是依据学习者对知识的需求而建立的。如针对一些欧美国家的短期学习者，要求快速掌握基本的日常交际用语，不需要掌握汉字的相关知识，个性化推送的系统便可以从汉语知识库中排除汉字知识的资源，从而增强个性化推送的准确性。第三，语言技能通常分为听、说、读、写。一般的汉语学习者都需要对此四项基本技能进行掌握，但针对不同的学习者，语言技能的学习将有所偏重。对有志于在中国继续接受高等教育的外国学习者来说，读和写的技能要求明显高于一般的汉语学习者。建立语言技能资源库，可以实现便捷地根据用户对技能需求的情况进行有针对性的推送。第四，语言内容是以具体的教学内容为划分依据。依据学习者对汉语学习的需要，分为商务汉语、旅游汉语、生活汉语、少儿汉语和HSK训练。语言知识库能依据用户学习汉语的目标推送相关的内容，供其所需，提升学习者的汉语水平。第五，资源形式是按照资源的呈现形式将汉语资源存放归类。资源的多媒体呈现方式有文字、声音、图表、图像、动画和视频等六种形式。我们按此六种形式对学习资源进行存放，并按照学习者所偏好的形式组织学习内容。如用户属于视觉型学习者，偏好于视觉材料，能对视觉材料的刺激做出有效的反应，系统推送的个性化内容则多含视频、动画、图表等学习内容，以满足学习者的需要。

（四）基于学生动态信息的教师个性化教学策略的构建

在 e-Learning 测评环境中，教师并不能因技术的应用而淡化其在教学中的功能，而应该利用技术发挥教师的能动性。在个性化测评环境中，要及时发现学习个体的已有认知结构，并据此采用适当的策略，建立合理的教学情境，进行知识重构，有效地帮助每一个学习个体完成自身知识的主动建构。教师认知个性化体现在对知识内容的个性认知，对教学对象的个性化认知，对学生认知水平的认知；教学策略的个性化，即自身的个性化教学设计。教师个性化策略的形成源于学生学习动态跟踪和学科资源的特征。

四 结语

构建汉语个性化学习环境是新形势下满足世界汉语教育需求牵引的必然。随着云计算和智能移动终端的快速发展和教育应用的深入,通过测评,在学习过程中科学把握学生的学习状态,提供个性化服务也正是技术支持有效汉语学习的最终目标。

第三节 汉语网络教学中的文化环境研究[①]

一 问题的提出

近年来,以高科技为手段的网络汉语教育迅猛发展,无论是在国内还是在国外,各种各样的多媒体软件如雨后春笋,应运而生。电子教材的多样化和网络的普及化对世界汉语教学起了推波助澜的促进作用,同时也提出了前所未有的研究新课题。在国内,系统讨论电脑和网络教学的专著和论文相继问世;[②] 在国外,采

---

① 本节摘自薛馨华、陈申《网络教学的文化环境》,《世界汉语教学》2008年第3期。

② 参见郑艳群主编《对外汉语计算机辅助教学的理论研究》,商务印书馆2006年版。郑艳群主编《对外汉语计算机辅助教学的实践研究》,商务印书馆2006年版。

用网络进行第二语言教学的讨论也方兴未艾。[①] 讨论与研究的重点集中在英语和其他欧洲语言方面，汉语网络教学尚属于一个新的领域，随着中国国际政治和经济地位的日益提高，正受到越来越多的关注。

迄今为止，在设计汉语课程和采用网络实施教学的时候，人们的注意点往往集中在两个方面：语言内容和教学过程。前者指如何根据网络教学的特点，即充分利用电子技术的多项功能来设置和编写汉语课程，包括每个单元、每个阶段和每一堂课的具体教学内容，配以作业、练习和测试，采用课文、图像、音响效果等多媒体手段表现汉语的教学内容；后者指如何依照网络传递远距离教学的特点，安排各种各样的教学活动，组织教与学的互动过程，以便达到课程中设立的目标和预期的学习效果。

然而，人们往往忽视了汉语网络教学中的文化，即教学环境对语言内容和教学过程的直接影响。这个影响包括两个方面：一是汉语作为载体所传递的文化内容，二是由于网络教学发出的"始端"和接受教学的"终端"因所处文化环境不同而造成的非预想学习结果。本节试图用后结构主义的语言文化观和教学法的理论来探讨这个尚未得到应有重视的问题，从理论的角度就此问题做初步的阐述和探索，并对教学实践提出一些相应的建议。

---

① 参见 Ayoun, D. Web-based elicitation tasks in SLA research. *Language Learning & Technology,* 20(3), 2000. Hawisher, G. E. & Selfe, C. L. (eds.) *Global Literacies and the World-Wide Web.* London: Routledge, 2000. Warschauer, M. & Richard, K. *Network-based Language Teaching: Concepts and Practice.* Cambridge: Cambridge University Press, 2000. Chapelle, C. *Computer Applications in Second Language Acquisition.* Cambridge: Cambridge University Press, 2001.

二 界限的混淆

迄今为止，国内的汉语教学界一直采用"对外汉语教学"来区分本国汉语作为第一语言的教学和对外国汉语学习者将汉语作为第二语言的教学之差别。由于第二语言（L2，Second Language）在西方语言学中是一个含义较广的术语，按其定义，国内汉语为非母语的少数民族学习者在中国境内学习汉语和外国学习者在中国境外将汉语作为外语来学，都属于第二语言学习。为了区分前者和后者的不同，国内汉语教学便有了所谓"对外"和"对内"之说，国外的学习者到中国本土来学习汉语，属于"对外汉语教学"的范畴。可是由于当今电脑网络教学的广泛应用，这个"内外之别"的界限，却变得模糊不清了。

"对外"的提法假定了教学的发起者和教学对象，即中国的教师对外国的学习者提供汉语教学。"对外汉语教学"的提法，是出自文化学和教育学的角度，而不是从语言学的视角出发的。换而言之，确立这个术语的依据是以中国本土的文化和施教者为出发点的。事实上，我们在讨论"对外汉语教学"的时候，常常不知不觉地同时将国外的中小学和大学对本国的学生实施的汉语教学，包括对侨居和定居的华裔学生的非全日制业余汉语教学，也统统纳入"对外汉语教学"的范畴之中。其实国外的汉语教学，就其本国而言，却是地地道道的"对内汉语教学"，不管组织教学的教师是中国派遣的"对外汉语专家"，还是当地培养的汉语教师。当然，一旦网络技术被应用到这些国家的汉语教学中，"对内"和"对外"的界限就完全失去了意义，因为互联网将国外的"对内"汉语教学和国内的"对外"汉语教学连成一体，自然地纳入同一个网络系统。

当然，从文化的角度来看，"内外之别"并没有因为网络的互联而改变。用汉语作为载体，加以文化内容传授教学，在国内和国外是有着实质性区别的。中国的"对外"汉语教学中的文化内容以向国外传播中国文化为主，国外的"对内"汉语教学中的文化内容则以表达本民族文化和介绍中国文化为主，不能相提并论。国内外汉语教学中都存在"双向文化"问题，[①]即如何处理本国文化和外国文化的内容比重。美国语言教育学家 Kramsch（1993）[②] 曾经采用实验的方法揭示出本国人对本国文化的描写和解释与外国人看待该国文化不尽相同，甚至大相径庭。由此可见，国内外的汉语教学必须同时兼顾本国文化和外国文化的论点并不因为网络教学而减弱，相反，由于网络使"地球村"突然变小，国内外汉语教学中的文化内容问题变得更加复杂。

下面让我们来讨论一下汉语网络教学的复杂性：

假设中国国内的汉语教学专家要建立提供给国外学习者学习汉语的网站。"对外"汉语教学的网络和上网下载的多媒体软件的设计者面对文化背景不同的网上语言学习者是很难顾及他们处于不同文化环境中学习的特殊需要的，只能假设大家有一个共同的文化出发点，将分散在全球各地的个别学习者视为同一个学习整体。同时还假设教与学处于同一个文化框架之中，换言之，无论是教汉语的教师还是学汉语的学生都会自然地接受或持有同一种文化价

---

① 参见陈申《语言文化教学策略研究》，北京语言文化大学出版社 2001 年版。

② 参见 Kramsch, C. *Context and Culture in Language Teaching*. Oxford: Oxford University Press, 1993.

值,教和学之间是协调与和谐的互动,不存在文化冲突。加上由经济规律操作的软件开发市场因素进一步强化了"网上学习共同体"存在的设想,于是,我们看到的是一幅理想化的网络教学图画,如始端为汉语教学网站,终端为汉语学习者的一对一关系。

事实上,现实中的网络两端要比理想化的图画复杂得多,其互动过程也不如想象中的那样顺利,就汉语教学的网络始端而言,最起码有三种可能性:其一,中国境内以简化字和汉语拼音为主要基础,以中国文化为语言内容的汉语网络教学服务中心;其二,中国港澳台地区以繁体字或注音字母为基础,以该地区文化为语言内容的汉语网络教学服务中心;其三,海外各国用简繁两体,汉语拼音或注音字母,以本国文化为语言内容的汉语网络教学网站。

网络的终端情况更为复杂,汉语学习者遍布世界各地,尽管我们可以假设学习者都将汉语作为第二语言来学习,但是他们的母语不尽相同,由自身文化价值系统派生出的学习策略和所在国提倡的教学方法大相径庭。所以,当我们用"学习者1"至"学习者N"表示多元文化背景的学习者时,可以说是一个巨大的、难以概括的"未知数"。因此,现实的汉语网络教学机制和理想化的网络教学之间存在着巨大的差距。

三 教学与环境

如果我们用后结构主义的语言教学理论来看汉语网络教学的互动过程,就会发现问题还不是那么简单。

强调语言社会功能的著名英国语言学家韩礼德早在20世纪70年代就指出,语言作为一种社会符号,是用以传递和塑造某种文化基本模型的源泉，这种文化是通过由该文化成员的说话和写作而产生的具有文化价值的 text（本节）来实现，此外，还存在着使 text 得到展现的环境 context（上下文）。[①] 美国语言教育家 Kramsch 继承和发展了这种观点，她指出任何一种语言都具备双重性：语言既表达说话者个人的思维和动机，同时又反映了说话者所属语言社团的意志和期望。换句话说，语言表达的意义不仅仅限制在"文内"，同时还受约于"文外"的条件，必须表达"文外"的社会声音。一个人说话或者写文章，先产生 text，表达个人内心想表达的意义。可是这种表达，必须被所属语言社团认同，所以个人在使用语言时，绝对不是随心所欲、畅所欲言的。在"本节"之外，还有一个看不见、听不到的 context。根据 Kramsch（1993）的论述，text 和 context 互不分离，互相依赖，互相约制。她一反过去语言教学中仅仅注意有声有色、白底黑字的 text 的做法，将人们的注意力同时引向"此时无声胜有声"、弦外有音、话外有话的 context。她言简意赅地说："教授一种语言就是教怎样塑造一堂课的上下文：这堂课既是单独的个体学习事件，又是一个社会的缩影。"如果我们接受这种观点，那么汉语网络教学设计者在考虑教学内容的"文内因素"（Text）时，还应考虑"文外因素"（Context），以便塑造一个适合网上汉语学习者学习的社会场景。于是，展现在我们面前的将是一个更为复杂的汉语网络教学机制图：包含"文内"和"文外"的双重因素。由于"施教者"和"受教者"不在同一课堂上，虽然始端的 text 和终端的 text 并无两样，

[①] 参见 Halliday, M. A. K. *Language as Social Semiotics: The Social Interpretation of Language and Meaning.* London: Edward Arnold, 1978.

但是由远距离教育导致的"文外"差距不容忽视，两端的 context 不一定重合，预想塑造的 context 和实际产生的 context 很可能大相径庭。

如果我们再从教与学的角度分别去看因教学网站的设计者与汉语学习者所处的教学文化环境的不同而造成的差异，那么就会发现，网络教学的文化沟堑是巨大的。例如，强调教师为教学中心的网站设计者将基于自己的教学理念和教学策略设计出以教师为课堂中心的软件，但是这未必适合在另一个国度里长大、习惯于学生为中心的学生。反过来也一样，强调学生自主学习，主张人机互动，学习者互通联系的网站设计者，不可能顾及那些希望得到直接指导与传授的学生的需要，教学的结果也是适得其反。由此可见，"文外"因素，不仅指决定"文内"意义的上下文和情境，而且指始端和终端的教学文化环境。

四 教学之冲突

让我们采用实例来验证上述的论述是否有效。我们分别用两个网络终端所输出的教学内容，看一看与学习者的终端是否存在跨文化的冲突，教学目的和教学效果是否一致。

第一个例子是由英国牛津大学设计推出的汉语教学光盘（*Chinese Multimedia*, Centre for Teaching Chinese as a Foreign Language, 2001）。该光盘储存了一套系列汉语教学课程，供英国许多大学参考使用。平心而论，该课程设计充分地利用和发挥了多媒体技术功能，文字图像声情并茂，视听效果极佳，以口语对话作为课文，词汇、语法样样齐全，练习也较多样化。为了便于英文背景的学生学习，课文用汉字、拼音和英文分别列出，完全可以通过网络做远距离汉语教学。可是我们只要选看其中一课，推敲其 text 所表现的意义，就会发现，英文背景学习者在他们所在国的 context 作用下会产生文化理解的困惑，请看第 22 课的课文：

A：老王，饭好了！老王，吃饭啦，你看什么呢？
被一本杂志给吸引住啦？有什么好看的？

B：这儿有一篇报道，讲的是一个中学生的钱包被偷了。

A：钱包被偷了有什么新鲜的呀？

B：有意思的是，他的钱包被偷了以后就发誓要抓那些小偷。

A：那他抓到了吗？

B：他没抓到偷他钱的那个小偷，可是他一年就抓到了三个小偷。

A：啊，那他成了警察了，那些小偷怎么就都被他给碰上了呢？

B：就是啊，很巧是不是？而且他才十七岁。所以啊，他在学校被他同学叫作"校园警察"。

A：菜都凉了，先吃饭吧，一边吃一边讲，好不好？

课文的原始文化环境（Context）是中国的中学校园，这段描述单独事件的对话则可能引起学校环境平和的英国学生的文化误解：（1）中国的中学校园中小偷横行。（2）学校当局对校内的偷窃行为无能为力。（3）深受其害的学生多管闲事。可见在没有教师的直接辅导下，网络输出的文化信息有可能导致"模式化"和文化偏见的形成，高科技手段自身克服不了由此而产生的跨文化误解问题。

第二个例子是由中国台湾新资讯科技事业股份有限公司设计推出的《华语汉字》光盘（*Chinese & Characters*, New

Information Tech Enterprise Co., Ltd., 1996），该光盘在一些大学的汉语教学顾问的指导下设计而成，是可以在网上下载使用的汉字学习软件。因为设计者的精心策划和对多媒体技术的巧妙应用，那些母语为英文的学生改变了以往认为汉字难学的恐惧心理，本来枯燥无味的汉字教学突然变得生动活泼、妙趣横生。软件中有一课介绍汉字演变和构造的动画点图《田园篇》，只需轻轻一点，画面上立刻雷电交加、大雨倾盆，自然风光栩栩如生。田园美景，农舍粮仓均为看图识字铺平了道路，不料设计者的幽默感太强，掀开粮仓的仓顶，突然冒出一对偷情少年男女。走近农舍，里面突然传出儿童挨揍的尖叫声，实为画蛇添足。因为这里传递的文化信息已远远超过了设计者原以为幽默的范围，适得其反，课文表达的单一事件和孤立现象有可能导致不必要的跨文化误解，其中"家庭暴力"和"虐待儿童"是西方国家法律所不能容忍的。可见，如果没有文化环境（Context）做衬托，课文（Text）所表达的意义将会被曲解。虽然课文可以采用网络来传递，其文化环境却不可以传递。

从以上两例我们可得到一点启示，即原先紧密相关的课文和文化环境会因为网络技术的使用而脱离，课文会在网络另一端的文化环境中得到新的解释。通过网络实施的汉语教学，由于师生之间没有面对面的教学互动，教师无法得到、学生无法发出及时的学习反馈，软件预设的课文不易更动，因此由文化环境差异所产生的跨文化问题不可避免。若设计和组织网络教学的人认为网上的教学内容是"文化中性"，教学方法也是"放之四海而皆准"，那么必然会产生教与学的冲突，教学目的和教学效果会出现极大的偏差。

五 建议和结论

从以上分析中可以看出，汉语网络教学从地理学的角度缩短了教师和学生的距离，却无法缩短教与学的文化距离。因此，汉语网络教学课程的设计者和执行教学计划的教师们就必须根据网络教学的特点重新调整或者创建新的教学内容和教学方法。为了克服课文和文化环境脱节或错位造成的文化误解，我们至少可以从三个方面来改进网络教学。

首先，既然网络的全球化使中国国内"对外汉语教学"和国外的"对内汉语教学"变成一体，"对外"和"对内"的界限不再泾渭分明，汉语网络教学就不再仅仅是国内对外汉语教学专家关心的事，而是全球汉语教师共同关注的课题，所以加强国际合作必不可少。国际合作包括中外教育系统和外语教学政策的信息交流和共同建立互通网站。只有在全面了解世界各国开设的汉语课程和被广泛接受的流行的教学方法的基础上，国内建立的对外汉语教学网站才可能做到有的放矢，设计和安排针对国外汉语学习者需要和学习特点的汉语教学课程。同样，国外针对本国学生学习汉语的网络教学也可以充分利用中国网站的资源，甚至共同开发，无论经济效益和技术方面都能互利双赢。

其次，汉语网络教学所传递的"课文"（Text），即设计的教学内容不能仅仅限制在中国国内的文化范围内，相反，教学的内容应当是多元化的，包含国外汉语学习者日常直接接触的现实生活。多元化的教学内容有利于防止学习者因局限的事件或现象产生"模式化"的文化偏见。鉴于网络教学的课文和组织教学的文化环境有脱离或错位的情况，课文的"加注"就变得尤其重要，特别是有可能产生文化歧义和误解的地方。在评估学生学习成效的练习和作业中，也应当有的放矢地检查文化理解情况。网络教学中应该尽可能地增加师生的互动机会，而不是将网络的教学内容变成一个电子课本让学生自学。

最后，网络教学的最大缺陷是没有师生间的面对面互动和交际，为了克服这个由科技造成的缺点，我们必须根据汉语网络教学内容和学生的学习特点制订相应的配套措施，在教学方法上找弥补的途径。其中"请进来"和"走出去"不失为行之有效的远距离教育补救手段：参加汉语网络学习的外国学生定期到中国来参加短训班和加强班，国内的汉语教师去国外做定期和定点的面对面辅导。随着孔子学院在世界各国大学的建立，汉语网络教学的辅导点的设立已经具备了先决条件。中国和外国汉语教师的携手合作将进一步开辟汉语网络教学的新天地。

综上所述，本节在语言教学的理论层次和汉语网络教学的实践层次上揭示了网络教学中一个尚未引起重视的盲区和由此产生的误会：汉语网络教学中存在着不容忽视的文化环境问题，有关"共同的教学框架"的假设是值得推敲的。由于教学的内容只可能采用"共有的核心课程"，无法顾及网络教学终端的特殊需求，组织教学的教师和网上学习的学生，必须更加重视互动过程，包括学习活动和提供反馈的交际来往。其中体现教学内容的课文和学习者所处的文化环境的联系将是网络教学设计者组织教学的关键。

就教学内容而言，"文化中性"的倾向应当为"文化多元化"代替。换而言之，教学内容允许本土文化和目的文化的同时并存，以适应多元文化背景的学习者的需要。就教学方法而言，由于学习的文化环境因人而异,教与学之间发生文化冲突不可避免,解决的方法似乎只有提倡"教学活动多样化",让学习者采用他们喜闻乐见的方式来学习,通过协调"冲突"来鼓励有益的文化互动。

不同文化背景的人在跨文化交际时产生交际障碍和误解是自然的现象,对话和协商是达到沟通的关键,我们不能期望高科技能缩短教师和学生的文化距离。不管在什么情况下,以高科技为手段的远距离语言教学不能代替面对面的师生直接教学互动,更不能把二者相提并论,设立教师辅导点可以作为弥补网络教学不足的措施。

第五章

汉语教学前沿技术应用与探讨

第一节 机器翻译用于汉语阅读教学研究[①]

这10年来的机器翻译发展惊人。在日本利用率最高的门户网站"YAHOO! Japan"也从2005年1月底开始免费提供网上机器翻译功能。目前不少日本人利用这些网上机器翻译功能直接阅览中文网站。不仅在电脑上，PDA、手机上也出现了许多附带机器翻译系统的服务。可以说机器翻译已成为辅助多种语言间交流的重要工具。我们正处于机器翻译时代的入口。

在这样的时代环境下，外语教学不能与机器翻译无关而存在。本节主要报告有关中日机器翻译对中文阅读影响的试验调查结果，同时也就中日机器翻译在中文阅读教学中的应用方法提出具体的建议。

一 机器翻译与中文阅读

为了收集机器翻译在汉语教学中应用的基础数据，2004年7

---

① 本节摘自村上公一《中日机器翻译与中文阅读教学》，《第八届国际汉语教学讨论会论文选》，高等教育出版社2007年版。

月我们以 131 名日本学生为对象进行了初步调查。首先利用机器翻译把 TECC（日本的一个汉语交流能力测试）的第 11 届测试的中文阅读试题翻译成日文，然后把它附在原文右方，让学生解答。我们利用的机器翻译软件是日本高电社开发的"J·北京 V4"。"J·北京"是在日本被广泛利用的中日翻译软件，该软件的网络版"J-SERVER"不仅向一般的电脑提供网上机器翻译功能，也向 PDA、手机提供机器翻译服务。

TECC 第 11 届中文阅读试题总共有 6 大题 20 小题。我们用"J·北京 V4"把这些试题全部翻译成日文，然后做三种形式的试卷让学生解答。（1）全部试题附有日译文。（2）第一、三、五大题附有日译文，其他都只有原文。（3）第二、四、六大题附有日译文，其他都只有原文。我们同时进行了问卷调查。被试验者都是早稻田大学的学生。75 名解答试卷（1），30 名解答试卷（2），26 名解答试卷（3），总共有 131 名学生参加这个试验。解答试卷（1）的 75 名学生的中文水平不一样，里面有水平比较高的学生（比如 HSK7 级），也有只听过几个小时汉语知识讲义但没学过汉语的学生。解答试卷（2）以及解答试卷（3）的 56 名学生的水平差不多一样，都已学过 1 年。

131 名被试验者中，80 名学生（61.1%）回答"完全参考"或者"大部分参考"，18 名学生（13.7%）回答"不大参考"或者"完全没有参考"，33 名学生（25.2%）回答"原文一半译文一半"（见表 5-1）。可以说 86.3% 的学生比较积极地参考译文解答。关于机器翻译译文的有用性，114 名学生（87.0%）回答"非常有用"或者"相当有用"。看得出比较积极地参考译文的学生都认为机器翻译的译文很有用。但日常生活中常用机器翻译的学生还不太多。

表 5–1　问卷调查结果

译文的参考程度		译文的有用程度		机器翻译利用程度	
完全参考	15（11.5%）	非常有用	40（30.5%）	经常用	17（13.0%）
大部分参考	65（49.6%）	相当有用	74（56.5%）	有时用	35（26.7%）
原文一半译文一半	33（25.2%）	不大有用	10（7.6%）	一般不用	46（35.1%）
不大参考	10（7.6%）	没有用	3（2.3%）	没用过	32（24.4%）
完全没有参考	8（6.1%）	（没填）	4（3.1%）	（没填）	1（0.8%）

试卷（2）（3）是只有原文的试题与附有日译文的试题间隔排列的。我们从试卷（2）（3）的解答结果算出只有原文的试题与附有日译文的试题之间的正答率差异。没有日译文的试题的正答率只有38.8%，附有日译文的试题的正答率就高达69.5%。这表示对只学过1年汉语的学生这些试题过难，但参考译文就差不多能理解试题内容。

试卷（1）都是附有日译文的试题。平均正答率达66.1%。按问卷调查的"译文的参考程度"分成3组比较正答率，最高的是"原文一半译文一半"的68.6%，其次"完全参考／大部分参考"67.1%，最低的就是"不大参考／完全没有参考"的65.0%，但各组正答率的差别不大，都在65%—70%之内（见表5-2）。解答试卷（1）的学生中有没学过汉语而只听过几个小时的汉语知识讲义的，他们的成绩也在65%—70%之内，与其他学生差不多一样。

10名没学过汉语的学生中9名学生在"译文的参考程度"项目中回答"完全参考"或者"大部分参考"。解答试卷（1）的学生中有11名学生参加过HSK、TECC等测验，9名回答"完全没有参考"或者"不大参考"，2名回答"原文一半译文一半"。他们学汉语的动机强，水平也相当高。我们可以推测汉语水平相

第一节 机器翻译用于汉语阅读教学研究

当高的学生一般不参考译文，水平低的学生积极参考译文，补充自身汉语能力的不足。

表 5-2 试题正答率（单位：%）

	试卷（1）					试卷（2）（3）	
	不大参考/完全没有参考（18名）	原文一半译文一半（19名）	完全参考/大部分参考（38名）	总体（75名）	没学过汉语（10名）	只有原文（30名/26名）	附有日译文（30名/26名）
平均正答率	65.0	68.6	67.1	66.1	65.5	38.8	69.5

下面以第五大题为例说明具体试题回答情况（见表 5-3）。第五大题是一段文章，下面有4道小题。括弧里是机器翻译的译文。

表 5-3 第五大题原文和日译文试题

今年来，随着经济收入和生活水平的提高，许多农民的消费观念悄然发生了变化，花明天的钱享受今天的生活观念已被越来越多的人所接受。银行适时推出贷款消费业务，这样不仅为自身和商家带来便利，也顺应了农民的消费需求。去年9月份以来，农行津南支行推出了住房贷款、助学贷款等一系列贷款项目，截至目前共办理70余笔，金额达800多万元。该行与当地月坛商厦签订大额耐用品消费贷款后，购买电脑、音响、手机等人四成以上是贷款消费，许多寻常百姓因此圆了电脑梦、手机梦。一位刚刚办理完汽车消费贷款的男子说："敢花明天的钱，证明我们对今后农村发展充满了信心。"（今年来、経済の収入と生活水準の向上に従って、多くの農民の消費の観念はひっそりと変化が発生して、明日のお金を使って今日の生活の観念を享受してすでにだんだん多くなる人に受け入れた。銀行はちょうどよい時期に貸付けの消費の業務を出して、このように自身と商店のために便宜を持ってくるだけではなくて、農民の消費の需要に順応した。去年9月来、農業銀行の津南支店は住宅の貸付け、勉学援助貸付などの一連の貸付けプロジェクトを出して、至って現在全部で70余りペンを取り扱って、金額は800数万元に達する。その銀行と現地の月壇デパートが大きな額

（续表）

面を締結して用品の消費者ローンに耐えた後に、コンピュータ、音響、携帯電話を買う人の4割以上は金を貸し付けて消費するので、そのためたくさんの普通の庶民はコンピュータの夢、携帯電話の夢に実現する。1人はちょうど自動車の消費者ローンの男子を取り扱い終わって言っている："大胆に明日のお金を使って、証明は私達は今後の農村の発展に対して自信を満たす。"）

[小题1] "消费观念悄然发生了变化"是指什么？（"消費の観念がひっそりと変化が発生した"は何を指すのですか？）
A：为"明天"的生活而存款的农民越来越多了。（"明日"の生活のために預金する農民はだんだん多くなる。）
B：农民越来越不敢花钱了。（農民はますます金を使う勇気がなかった。）
C：有多少钱花多少钱。（いくらを使ういくらがある。）
D：通过银行贷款满足自己的物质需求。（銀行ローンを通して自分の物質の需要を満たす。）

[小题2] 月坛商厦售出的电脑、手机有多少是贷款消费？（月壇デパートの売り出すコンピュータ、携帯電話は多少金を貸し付けて消費するのですか？）
A：大多数是通过贷款买的。（大多数は貸付けを通して買ったのだ。）
B：一半是通过贷款。（半分は貸付けを通すのだ。）
C：全是通过贷款买的。（すべて貸付けを通して買ったのだ。）
D：将近一半是通过贷款买的。（約半分は貸付けを通して買ったのだ。）

[小题3] 以下商品中，文中没有提到的是：（以下の商品の中で、文の中で言及していなかったのは：）
A：电脑。（コンピュータ。）
B：手机。（携帯電話。）
C：音响。（音響。）
D：摩托车。（オートバイ。）

（续表）

> [小题4]与本文内容不相符的是:（本文の内容と一致しなかったのは:）
> A:银行积极推行购物贷款。（銀行は積極的に推進してショッピングして金を貸し付ける。）
> B:银行贷款业务扩大了。（銀行ローンの業務は拡大した。）
> C:农民收入没有变化。（農民の収入は変化していない。）
> D:经济的发展使农民的消费观念有了改变。（経済の発展が農民の消費の観念を使用して変化がある。）

TECC 已公开各道小题的 GP 分析（Good-Poor Analysis）结果。他们把全部考生按得分分成 5 个小组，图 5-2、5-4、5-6、5-8 为各小组的选择倾向。我们将从试卷（2）（3）算出来的"只有原文"与"附有日译文"的选择倾向，与 TECC 公开的 GP 分析图比较一下。左边的图是分成 5 组的分析图，右边就是"只有原文""附有日译文" 2 组的分析图。虚线表示"只有原文"，实线表示"附有日译文"。

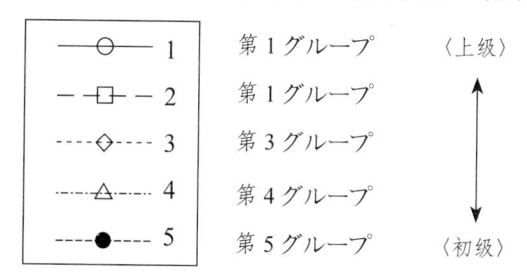

―○― 1	第 1 グループ	〈上级〉
- -□- - 2	第 1 グループ	
----◇---- 3	第 3 グループ	
----△---- 4	第 4 グループ	
----●---- 5	第 5 グループ	〈初级〉

图 5-1　GP 分析图（TECC）图例

小题 1 的"只有原文"的选择倾向与 TECC 第 4 小组相近，而"附有日译文"的选择倾向与 TECC 第 1 小组相近。因为解答试卷（2）（3）的学生还没学过"存款""贷款"这些词，分不出这两个词的差异，所以答 A 的学生比较多。这就是汉语能力较低的考生的一般情况。但一参考译文就明白这两个词的差异，所以"附有日译文"答错的人很少。

图 5-2　小题 1 GP 分析图（TECC）

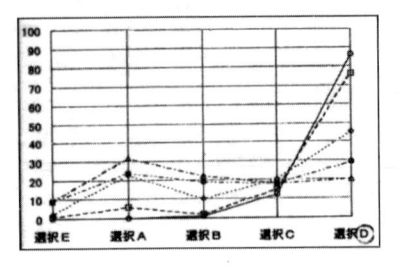

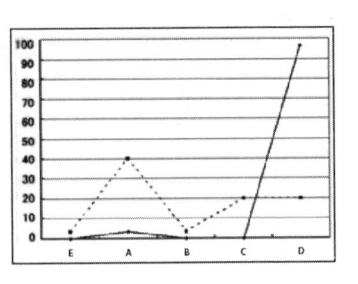

图 5-3　小题 1 GP 分析图
　　　　［试卷（2）（3）］

小题 2 的"只有原文"的选择倾向在 TECC 第 3、第 4 小组之间，而"附有日译文"的选择倾向在 TECC 第 1、第 2 小组之间。日本的初级课本上一般不出现"四成以上"这类词句。初级学生看后面的"许多寻常百姓"答 A。译文正确译出原文的意思，所以"附有日译文"很少人答 A。

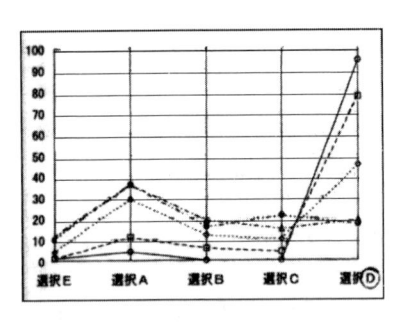

图 5-4　小题 2 GP 分析图（TECC）

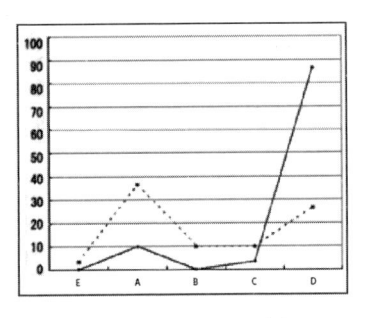

图 5-5　小题 2 GP 分析图
　　　　［试卷（2）（3）］

小题 3 本来不容易答错。"只有原文"的选择倾向在 TECC 第 3、第 4 小组之间，而"附有日译文"的选择倾向与 TECC 第 2 小组相近。

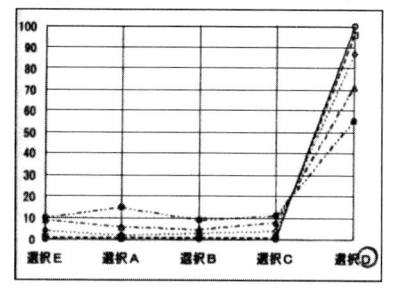

图 5-6　小题 3 GP 分析图（TECC） 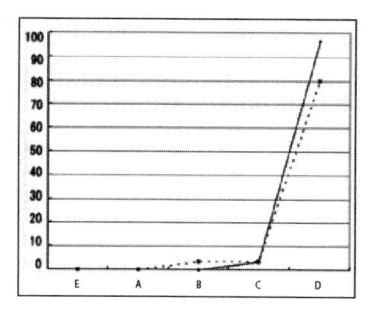　　图 5-7　小题 3 GP 分析图
　　　　　　　　　　　　　　　　　　　　　　［试卷（2）（3）］

　　小题 4 的"只有原文"的选择倾向与 TECC 第 4 小组相近，而"附有日译文"的选择倾向在 TECC 第 2、第 3 小组之间。"附有日译文"答 D 比率与"只有原文"的一样高，没有减少，其原因在于译文的错误，把原文的"使"译成"使用"。

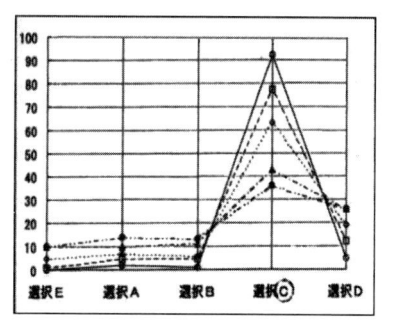

图 5-8　小题 4 GP 分析图（TECC） 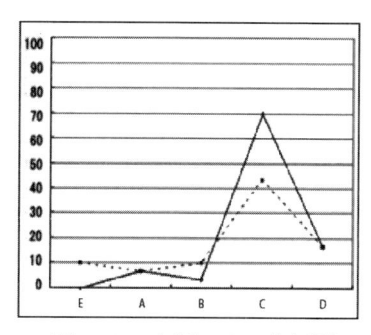　　图 5-9　小题 4 GP 分析图
　　　　　　　　　　　　　　　　　　　　　　［试卷（2）（3）］

　　总之"只有原文"相当于 TECC 第 3 或第 4 小组，"附有日译文"相当于 TECC 第 1 或第 2 小组。从这儿我们可以明显地看到机器翻译可以有效弥补学生本身汉语能力的不足。

二 机器翻译在中文阅读教学中的应用

机器翻译在中文阅读教学中有两种应用方向。

（一）利用机器翻译提高自己本身的中文能力

机器翻译的水平还不高，常常译错，其原因主要在词汇歧义、语法歧义、语境歧义等目前机器翻译还没完全克服的歧义问题。我们先让学生们发现译错的地方，然后让他们分析译错的具体原因。这样可以整理自己的语言知识。比如第四大题文章的最后一句有两个译错的地方。这里的"一位"是修饰"男子"的定语，机器翻译却把"一位"看作主语，把"男子"看作宾语，再把"汽车消费贷款"看作修饰"男子"的定语。另外双引号内的"证明"是动词，机器翻译却把它认作名词。通过这样的分析，可以让学生理清语言知识。

写作教学也可以利用机器翻译。让学生把自己所写的汉语文章用机器翻译转成母语，确认与自己想写的内容的差异，再修改汉语。通过人与机器翻译之间的交互作用，掌握好汉语写作知识。

（二）利用机器翻译弥补中文阅读能力的不足，提高自己的多语交际能力

目前的机器翻译还远达不到只靠机器翻译交流的水平，但上面的分析结果表示，机器翻译的利用可以弥补学生本身的汉语能力的不足，让他们获得相当高的汉语阅读能力。当然这不是真正的汉语能力，但也是一种多种语言间的交际能力。这几年来在日本出现了两个有关利用机器翻译的多语言间交流的重要试验报告。

一个就是从1998年到2000年东京大学社会科学研究所的西垣通和Jonathan Robert Lewis进行的"Language/Power Project"。

他们利用机器翻译建立共用日语、英语、汉语、韩语以及印度尼西亚语等五种语言的多语言空间，讨论有关语言问题，获得了不少成果。但他们建立的多语言空间不是完全依靠机器翻译，也有部分用人工翻译。

另一个是 2002 年京都大学社会情报学专业、科学技术振兴事业团以及 NTT Communication 科学基础研究所合作进行的"Intercultural Collaboration Experiment 2002"。他们先建立好用机器翻译的多语言交际空间，然后让中国、韩国、马来西亚以及日本的大学生在 BBS 上进行讨论并共同开发一个软件。据报告，开始的时候互相沟通还是比较难，BBS 上确认对方所说内容的文章也比较多，但过一段时间后交流得比较顺利，他们认为其变化的关键在于人与机器翻译之间的交互作用。

这些试验使我们了解机器翻译已成为促进多种语言之间交流的有效工具。我们这次的试验缺乏完全没有接触到汉语的被试验者。没学过汉语的 10 名学生也听过几个小时的汉语知识课，略有汉语知识，例如简体字的特点、词的结构和功能、句的结构和功能等。这些语言知识在解答时发挥了一定的作用。利用机器翻译的是"人"，解释翻译结果的也是"人"，所以"人"有什么知识，尤其是什么语言知识，最后会影响解释的结果。我们需要探讨什么样的语言知识最能发挥机器翻译的补助功能。

三 结语

外语教学和机器翻译都是帮助使用不同语言的人进行交流的手段。作为 21 世纪的外语教学工作者，我们不能忽视机器翻译的存在，如何有效地利用和结合两种交流手段是我们需要探讨的课题。

第二节　计算机辅助汉语能力测试研究 [①]

一　问题的提出

语言测试对选拔人才、分班教学、检查学习效果，对评估教材、教学、教法以及开展语言本体及学习策略的研究等都具有重要的提供决策依据的作用。尽管语言测试的功能多种多样，但是真实地测出被试语言能力的差异是测试的基本目标，也是实现其各项功能的前提。为了达到这一基本目标，对试卷质量就要有所控制。

控制质量主要在两个方面，一方面是对效度的控制，另一方面是对信度的控制。对试卷内容效度的控制，可从测试内容是否与测量目标相关、试题是否具有代表性、试卷内容是否适合对象三个方面来把握。而控制试卷信度的重要方法就是对难度和区分度的控制。影响难度、区分度的因素有很多，既有试题内容本身难度等级的因素也有试题形式即题型的因素。过去人们一般重视试题的词汇、语法、功能等项目在大纲中的等级以及不同背景的

[①] 本节摘自宋春阳《基于统计的汉语能力电脑辅助测试题型构成研究》，费毓芳主编《桃李学刊（第一辑）——上海交通大学国际教育学院十周年院庆论文集》，上海交通大学出版社 2010 年版。

文化因素差异对试卷难度的影响，而对题型本身对难度、区分度的影响因素则重视不够。区分度、难度是否和题目的题型差异有关呢？难度、区分度与答题者的认知特点、认知心理相关性如何呢？本节就是试图探讨这个问题。

二　研究方法

（一）数据来源：一次试卷的项目分析报告

为了开发用于开学分班考试的高等水平的测试试卷，我们对上海交通大学国际教育学院高一级别三个班的 41 名留学生的期末听力、精读、阅读试卷进行了项目分析，目的是遴选出优秀的试题组成一份机测的电脑试卷。由于考虑到计算机测试的局限性，一些主观性题型如写作、口语试卷因电脑测试系统还不具备这方面的阅卷功能，所以此类试卷的项目分析就没有进行（也无法进行）。即便是听力、阅读、精读三种试卷也主要是统计了判断题、选择题、排序题三种题型项目。

（二）项目分析的方法

主要统计难度和区分度。难度即答对率，每道题的答对人数占总被试的比率，用字母 P 表示。项目的难度系数的范围是从 0 到 1。系数越大，项目就越容易。如果所有的项目都很容易或者都很难，就不能很好地区分好的学习者和差的学习者。项目总难度系数，一般控制在 0.5。分项难度系数一般在 0.3—0.9 之间，低于 0.3 项目就过难，高于 0.9 就过于容易，都应丢弃不用。区分度计算方法是根据总成绩的高低，在分数较高或分数较低的测试试卷中各选出 25%—27% 作为高分组和低分组，区分度计算方法是区分度＝（高分组的答对人数－低分组的答对人数）/ 高分组或低分组的人数，用字母 D 表示。区分度范围是从 –1 到 1。区分度系数一般在 0.40，对于那些 0.20 到 –1.00 之间的项目我们不予采用。

（三）统计结果

表 5-4　高一阅读试卷项目分析表

	项目1	项目2	项目3	项目4	项目5	项目6	项目7	项目8	项目9	项目10
P	0.366	0.463	0.341	0.293	0.537	0.9	0.829	0.927	0.9	0.39
D	0.643	0.214	0.35	0.14	0.35	0	0.14	0.214	0.214	0.5
	项目11	项目12	项目13	项目14	项目15	项目16	项目17	项目18	项目19	项目20
P	1	0.415	0.488	0.95	0.39	0.8	1	0.414	0.707	0.83
D	0	0.214	0.429	0	0.14	0.14	0	0.74	0.5	0.35
	项目21	项目22	项目23	项目24	项目25	项目26	项目27	项目28	项目29	项目30
P	0.756	0.927	0.83	0.854	0.976	0.854	0.683	0.95	0.707	0.878
D	0.35	0	0.14	0.214	0.14	0.21	0.35	0.21	0.07	0.14
	项目31	项目32	项目33	项目34	项目35	项目36	项目37	项目38	项目39	项目40
P	0.5	0.976	0.78	0.95	0.122	0.902	0.975	0.927	0.878	0.854
D	0.57	–0.07	0.285	0.14	0.07	0.21	0.07	0.14	–0.07	0.21
	项目41	项目42	项目43	项目44	项目45	项目46	项目47	项目48	项目49	项目50
P	0.56	1	0.707	0.927	0.9	0.78	0.8	0.756	0.756	0.8
D	0.35	0.07	0.428	0.07	0.07	0.285	0.285	0.21	0.35	0.35

表 5-4 为阅读试卷项目分析表。其中项目 1—5 为排序题；项目 6—25 为阅读短文后选择唯一正确答案的单项选择题；项目 26—50 为判断正误题。全卷平均的难度为 0.7441，这个难度系数显然有点儿低了。正常的难度系数应该控制在 0.5 比较合适。判断

题：平均难度 0.796 88，区分度 0.20；选择题：平均难度 0.764 15，区分度 0.22；排序题：平均难度 0.4，区分度 0.3394。

表 5-5　高一听力试卷项目分析表

	项目 1	项目 2	项目 3	项目 4	项目 5	项目 6	项目 7	项目 8	项目 9	项目 10
P	0.74	0	0.51	0.79	0.897	0.33	0.51	0.46	0.77	0.31
D	0.38	0	0.62	0.46	0.38	0.31	0.62	0.54	0.46	0.46
	项目 11	项目 12	项目 13	项目 14	项目 15	项目 16	项目 17	项目 18	项目 19	项目 20
P	0.69	0.77	0.85	0.82	0.85	0.39	0.67	0.897	0.23	0.67
D	0.31	0.54	0.23	0.31	0.15	0.46	0.54	0.23	0.31	0.38
	项目 21	项目 22	项目 23	项目 24	项目 25	项目 26	项目 27	项目 28	项目 29	项目 30
P	0.33	0.76	0.35	0.17	0.128	0.307	0.97	0.82	0.74	0.76
D	0.15	0.31	0	-1	0.15	0.23	0.15	0.38	0.08	0.54

表 5-5 为听力试卷项目分析表。其中项目 1—20 为四选一的选择题；21—30 为判断题。选择题平均难度 0.6077，平均区分度 0.3845，判断题平均难度 0.5335，平均区分度 0.099。特别是项目 21—25 区分度很低，从内容上看这段材料是讲开车时不可用香蕉充饥的常识。这 5 个项目，难度很高而且区分度差，只有项目 22 符合要求。

表 5-6　高一精读试卷项目分析表

	项目 1	项目 2	项目 3	项目 4	项目 5	项目 6	项目 7	项目 8	项目 9	项目 10
P	0.464	0.821	0.393	0.643	0.5	0.286	0.714	0.571	0.714	0.607
D	0.214	0.071	0.5	0.143	0	0.143	0.286	0.286	0.571	0.214
	项目 11	项目 12	项目 13	项目 14	项目 15	项目 16	项目 17	项目 18	项目 19	项目 20
P	0.25	0.536	0.536	0.821	0.679	0.821	0.786	0.821	0.536	0.5
D	0.071	0.214	0.357	0.357	0.357	0.357	0.286	0.214	0.071	0.429

(续表)

	项目 21	项目 22	项目 23	项目 24	项目 25	项目 26	项目 27	项目 28	—	—
P	0.464	0.25	0.179	0.75	0.565	0.9	0.3	0.74	—	—
D	0.357	0.5	0.21	0.21	0.16	0.16	0.33	0	—	—

表 5-6 为精读试卷项目分析表。其中项目 1—20 为多项选择题,平均难度为 0.599 95,平均区分度为 0.257 05。21—28 为排序题,平均难度为 0.5185,平均区分度为 0.24。全卷难度为 0.556 68,全卷区分度为 0.2463。

表 5-7 统计总表

	听力 P	阅读 P	精读 P	均值 P	听力 D	阅读 D	精读 D	均值 D
排序题	—	0.4	0.519	0.4595	—	0.339	0.24	0.2895
判断题	0.534	0.797	—	0.6655	0.099	0.20	—	0.1495
选择题	0.608	0.764	0.6	0.657	0.385	0.22	0.257	0.287

表 5-7 为统计总表。可以看出,排序题难度最大,区分度最高,其次是选择题。难度最小、区分度最低的题型是判断题。合理的试卷难度应在 0.3—0.9 之间,区分度在 0.2—1.0 之间。总表中判断题区分度为 0.1495,不在合理范围之内,说明判断题不是一个有效测试题型。

三 讨论

(一)认知心理及命题策略

从三种试卷的难度和区分度的统计情况可以看出,我们暂且排除了试题的内容对难度的影响,只是分析题型因素对试卷难度的影响。

对于三组题型分项平均难度,各组题型之间的差异性系数比较大,反映出每一组内的各项目所要求的知识水平和学生的认知结构是比较一致的,但是不同类型的题目所要求的知识水平和学生的认知结构是不一致的。

语言的理解过程本身具有猜测的成分,是从语句的静态意义到动态意义的过程,从抽象意义到语境意义的过程,语义的理解过程始终伴随着确定指称,排除歧义的猜测推理过程,猜测能力应该是语言理解能力构成的一部分。通过提供合适的语境,使得被试排除各种干扰,把握话语的真实含义,是语言测试命题的一个重要原则。

(二)概率统计角度的分析

客观性试题具有如下的优点:第一,题量大,内容覆盖面广,考点多,可以较全面了解被试的语言知识和语言技能,特别是接受性技能,如听力理解和阅读理解技能。客观性测验的长度在很大程度上保证了测验的内部一致性信度。第二,由于规定了答题标准范围和标准答案,评分非常简单、客观。可用阅卷机阅卷,评分误差小,省时省力。第三,由于客观性试题多采用 0 / 1 计分方法,分数是连续变量,再加上被试样本一般比较大,因此可满足统计学上的一些要求。

客观性试题的缺点:首先,客观性试题不太适合考察产出性语言技能(如表达能力)和被试综合运用语言表达的能力(客观性试题考察写作能力和口语能力,虽然信度很高,但是效度一直受到质疑)。其次,客观性试题题目,特别是单项选择题,都可以靠猜测来答题。四选一形式的单项选择题猜对的可能性是 25%，三选一猜中的概率为 33%，是非判断题的猜对概率是 50%。这样一套试卷，学生单纯依靠猜测的平均得分区间为 25—50 分。如果在这个档次，试卷的成绩就不能反映学生的实际水平，其测试的效度也就大大降低。

排序题如果给定四个项目，那么排列组合即 1×2×3×4=24，就是说有 24 种可能，只有一种排列是正确的，24 选 1，比较而言概率是最低的，因而难度最大，区分度最高。

因此，虽然判断题作为教材或课堂教学的练习形式简单易行，但作为正式的语言能力测试题是不合适的，为了能真实地测出学生的水平，我们建议试卷中应尽量不出这类题型。

（三）英语四、六级考试试题改革对我们的启示

英语四、六级考试改革的方向是在保持考试的科学性、客观性和公正性的同时，使考试最大限度地对大学英语教学产生正面的导向作用，即通过改革，进一步引导师生正确处理教学与考试的关系，更合理地使用四、六级考试，使考试更好地为教学服务。[①]

科学的选择题可以保证测试采样面的宽度，而且信度很高。但选择题的效度很难达到十分理想的状态，教学的后效也因此受到影响。而作文、口试、回答问题、翻译等主观题效度很高，教学后效特别好，但需要付出很大代价才能取得基本满意的评分客观一致性。但是，信度和效度之间平衡问题的根本解决受到大规模标准化考试可操作性的制约：对于像英语四、六级这种每

[①] 参见金艳《大学英语四、六级考试改革思路与未来展望——解读〈全国大学英语四、六级考试改革方案（试行）〉》，《中国大学教学》2005 年第 5 期。

年上千万人的超大规模标准化考试，适合机器阅卷的选择性试题仍然是主要的题型，四、六级考试的改革目前只能在信度和效度之间找到一个平衡点，兼顾两者。在题型上，调整考试内容和题型设计，增加直接测量英语应用能力的构成性作答题型，减少选择题的数量和权重，非选择性试题的比例将增加到35%至45%。非选择性试题指的是听力部分的复合式听写、快速阅读部分的句子填空、综合测试部分的改错、简短问答或句子翻译以及写作。

因此，对外汉语教学试卷是否也要适当减少选择题的权重，增加测量应用能力的构成性作答题呢？

（四）成绩测试也应该反映出被试语言能力提高的程度差异

一般理论认为成绩测试特点就是教什么考什么，但语言教学的根本目的在于提高语言能力。语言能力不只是一个知识的问题，更是一个言语技能问题。如在语境中辨词知义，正确表达的能力。语言能力的形成因人而异，因而测试应该给予记录和确认。语言测试不能只是知识的机械重复和检验，而应是测试语言能力提高的程度。因而我们的成绩测试应该测出学生的能力提高的程度差异。

测试题型要为测试的内容服务，内容和形式既有联系又互相作用，形式与内容、信度与效度要兼顾。如果测试试题的内容有问题，对测试难度和区分度，当然会产生影响，甚至相当大的影响。同样，题型对测试内容能否有效也产生影响。

（五）测试题型应该使得计算机辅助测试具有可操作性

结合不同语言课程的语言技能检查的目标，测试的题型也就应该有所选择。一段材料，如果采取问答、完形填空、排序、选择等形式比判断题要难得多。既考虑到测试的效度，又兼顾计算机阅卷的可操作性，就要使主观题型尽量客观化。填空题介于主观与客观测验之间，可称为半客观试题，可尽量使可填答案可穷尽，使其变成客观题。

题型构成要为语言技能考察的有效性服务，使得听说读写技能能够有效地得以确认，而不是混在一起，降低效度。如听力考试尽量避免写作和阅读的能力的干扰，除图画、图表之外，应尽量不涉及文字的东西。又如在高级阶段使用排序题，通过对汉语语句编码，将主观题变成客观题，则能有效考察学生输出的能力、对语句逻辑关系把握的能力以及关联词语使用的能力。

为了适应计算机测试可操作的要求，测试要尽可能地使主观题客观化。由此我们设计的电脑测试分班试卷题型如下：

听力部分：听后选择题
　　　　　听后排序题
　　　　　听后填空题（标出代码）
阅读部分：读后选择题（每道题4选1）
　　　　　读后填空题（全题7选5）
精读部分：配伍题（每项标出代码）
　　　　　排序题（每项标出代码）
　　　　　选择题（每道题4选1）
　　　　　填空题（全题7选5）

第三节　汉语网络学习工具的评测与选择标准[①]

一　研究动机

电脑技术以及数码媒体的迅速发展使网络成为一种重要的国际交际平台，在这个交际平台上，世界各地人士都可以通过各种网络媒体工具进行交流合作。这种借助网络媒体工具所进行的交际方式以及参与互动活动逐渐形成一种全球性的特殊文化——"网络参与文化"（Participatory Culture）或者"网络参与学习"（Participatory Learning）。[②]

第二语言习得从交流的角度讲，就是发展学习者的交际能力，因此参与性网络学习具有显著的优势——既能为学习者提供远程学习和与母语者面对面的真实互动交流，达到语义协商的目的，又能将语言学习变为有目的、有意义的参与交际过程，所以选择具有显著优势的参与性网络学习工具用于第二语言教学是语言教师所面临的一个问题。但是迄今为止，很少有人有系统地调查研究过不同的网络工具所能提供的参与度和互动性。要充分利用网络工具进行外语教学，选择最有利于语言教学的网络工具，有必要对不同网络工具所能提供的参与度、互动性进行有系统的研究。

[①] 本节摘自许德宝《网络参与式学习工具的评测与虚拟课堂软件的选择标准》，许德宝主编《美国科技与中文教学》（2012），中国社会科学出版社 2012 年版。

[②] 参见 Xu, Debao & Jin, Honggang《网络参与式学习工具的评测》，第六届全球华文网络教育研讨会，台北，2009 年 6 月 19—21 日。

虚拟课堂（Virtual Classrooms）是指学生与老师身处异地、异时而利用高科技、应用软件、多媒体、电视电话会议技术等在电脑网络上打造的一种同步（Synchronous）教学环境，同时又有异步（Asynchronous）重播共用功能。[①] 虚拟课堂是远程教学、网络教学最重要的和最基本的工具，也是语言教学必不可少的辅助工具。在今后 5 到 10 年内，每一个语言教师、每一所学校大概都要面临一个选择适合于自己教学的虚拟课堂的问题。另外，由于科技的飞速发展，可以打造虚拟课堂的网络平台（Internet Platforms）不可计数，虚拟课堂软件也如雨后春笋，层出不穷。如何选择适合于语言教学的虚拟课堂软件是所有语言教师所面临的一个问题。但是到目前为止，对虚拟课堂和虚拟课堂软件有系统的研究并不多，尤其是对适合语言教学的虚拟课堂软件的研究。因此要充分利用虚拟课堂进行外语教学，有必要对这个问题进行研究，提出一套适合于语言教学的虚拟课堂软件的标准。

本节即讨论网络参与式学习工具的评测与虚拟课堂软件（VCS）的选择标准问题。

[①] 参见 Kurbel, Karl. Virtuality on the students' and on the teachers' sides: A multimedia and internet based international master program. ICEF Berlin GmbH (eds.) *Proceedings of the 7th International Conference on Technology Supported Learning and Training-Online Education.* Berlin Germany, 2001.

二 网络参与式学习工具的评测

（一）参与度与互动性的定义

根据 Fortin（1997）[①] 的研究，参与度是指在高科技环境下，人们为达到目标或完成任务所投入的程度。参与可分为主动型参与或被动型参与，一对多型参与或多对多型参与，接收型参与或输出型参与。

互动性是指交流程度。互动性的高低取决于交流是允许一个终端用户还是多个终端用户；交流是双向还是单向，即交流者是信息发出者还是接收者或二者都是；交流对象是一个还是多个。此外，互动性还取决于交流方式，即互动是同步即时的，还是异步存储转发式的（如电话会议记录和电子邮件）；信息传播是用户自控式还是预录转发式的（亦即用户是否可以控制交流内容、时间、顺序等，是统一制作，还是独家控制）。

（二）评测标准

Jin（2009）[②] 把 Fortin（1997）对参与度与互动性下的定义总结成六项标准，即：

1. 参与类型：主动参与还是被动参与。

2. 参与范围：一对多参与还是多对多参与，非母语者之间的

[①] 参见 Fortin, David R. The impact of interactivity on advertising effectiveness in the new media. Unpublished dissertation. College of Business Administration, The University of Rhode Island, 1997.

[②] 参见 Jin, Honggang. Participatory learning in internet web technology: A study of three web tools in the context of CFL Learning. *Journal of the Chinese Language Teachers Association*, 44(1), 2009.

交流还是非母语者与母语者之间的交流。

3. 交流模式：信息接收还是输出，或两者兼备；单一形式还是多重形式，即人际交流、理解诠释、表达演说，或全部涵盖。

4. 交流方向：单向还是双向。

5. 交流方式：文本即时交流、视频面对面交流还是存储转发式交流。

6. 信息传播方式：用户自控式还是预录转发式。

为了便于运用，Xu & Jin（2009）又把上述参与度与互动性六项标准数字化，即：

1. 参与类型共3分，其中主动参与得2分，被动参与得1分。

2. 参与范围共6分，其中一对多参与得1分，多对多参与得2分，使用目标语在非母语者间的交流得1分，使用目标语在非母语者与母语者之间的交流得2分。

3. 交流模式共6分，其中用户终端为信息接收者得1分，用户终端为信息输出者或接收、输出两者兼备得2分；采用单一交流模式得1分，采用三种完整交流模式，即人际交流、理解诠释、表达演说三种模式全部涵盖得2分。

4. 交流方向共3分，其中信息交流为单向得1分，信息交流为双向得2分。

5. 交流方式共5分，其中即时同步交流得2分，面对面交流得2分，存储转发式交流得1分。

6. 信息传播方式共3分，其中用户自控式得2分，预录转发或直播式得1分。

六项标准总共26分，各项得分超过半数达标，以"√"为记号。得分高、达标项目多的工具更符合参与度和互动性的标准，因此更适于网络语言教学；反之则较不符合参与度和互动性的标准，较不适于网络语言教学。如表5-8：

表5-8 评测网络参与式学习工具参与度和互动性的六项标准类别

类别 （各项总分）	网络工具特征描述（总26分）	总得分	达标与否
参与类型 （3）	a. 主动参与（2） b. 被动参与（1）		
参与范围 （6）	a. 一对多参与（1） b. 多对多参与（2） c. 使用目标语在非母语者间的交流（1） d. 使用目标语在非母语者和母语者之间的交流（2）		
交流模式 （6）	a. 用户终端为信息接收者（1） b. 用户终端为信息输出者或接收、输出两者兼备（2） c. 采用单一交流模式（1） d. 采用三种完整交流模式：人际交流、理解诠释、表达演说三种模式全部涵盖（2）		
交流方向 （3）	a. 信息交流为单向（1） b. 信息交流为双向（2）		
交流方式 （5）	a. 即时同步交流（2） b. 面对面交流（2） c. 存储转发式交流（1）		
信息传播 方式（3）	a. 用户自控式（时间、顺序、内容等）（2） b. 预录转发或直播式，独家控制（1）		

（三）网络参与式学习工具的评测

本节选择了六种常见网络参与式学习工具，根据 Xu & Jin（2009）网络参与式学习工具参与度和互动性的六项数字化标准进行了评测。评测结果如下。

1. 讨论板（Discussion Board）

讨论板是一种常见的网络参与式学习工具，可以上传、下载目标语文本信息，可进行跨时空、一对多、多对多文本讨论，但不能同步，也不能提供其他媒体，比如视频、音频等（见表5-9）。

表5-9 讨论板参与度和互动性的评测
（每项超过半数达标，以"√"为记号）

类别 （各项总分）	网络工具特征描述（总26分）	总得分 （13分）	达标与否 （三项）
参与类型 （3）	a. 主动参与（2） b. 被动参与（1）	2	√
参与范围 （6）	a. 一对多参与（1） b. 多对多参与（2） c. 使用目标语在非母语者间的交流（1） d. 使用目标语在非母语者和母语者之间的交流（2）	2 2	√
交流模式 （6）	a. 用户终端为信息接收者（1） b. 用户终端为信息输出者或接收、输出两者兼备（2） c. 采用单一交流模式（1） d. 采用三种完整交流模式：人际交流、理解诠释、表达演说三种模式全部涵盖(2)	2 1	
交流方向 （3）	a. 信息交流为单向（1） b. 信息交流为双向（2）	2	√
交流方式 （5）	a. 即时同步交流（2） b. 面对面交流（2） c. 存储转发式交流（1）	1	

(续表)

类别 (各项总分)	网络工具特征描述（总 26 分）	总得分 (13 分)	达标与否 (三项)
信息传播方式（3）	a. 用户自控式（时间、顺序、内容等）(2) b. 预录转发或直播式，独家控制 (1)	1	

讨论板在参与度和互动性的六项标准上有三项达标，即参与类型（主动参与）、参与范围（多对多参与和使用目标语在非母语者和母语者之间的交流）和交流方向（信息交流为双向），共得 13 分。

在语言教学方面，由于讨论板可提供目标语言在文本方面的输入与交流，可提供多对多、双向参与式互动，因此有益于语义协商；同时讨论板鼓励主动参与式学习，因此是一种有用的参与式网络学习工具。

讨论板的局限是不允许面对面交流，也不允许口头交流。在交流方式上，不能同步交流，因此反馈不及时。另外信息传播仅允许预录转发或直播式，也不能提供其他媒体，比如视频、音频方面的帮助以提供交际交流的真实性。

2. 博客（Blog）

博客也是一种常见的网络参与式学习工具，可以上传、下载目标语音频、视频、文本信息，可以进行跨时空、一对多、多对多即时文本交流讨论，但不允许面对面真实话语交流（见表 5-10）。

表 5-10 博客参与度和互动性的评测
（每项超过半数达标，以 "√" 为记号）

类别 （各项总分）	网络工具特征描述（总 26 分）	总得分 （17分）	达标与否 （六项）
参与类型 （3）	a. 主动参与（2） b. 被动参与（1）	2	√
参与范围 （6）	a. 一对多参与（1） b. 多对多参与（2） c. 使用目标语在非母语者间的交流（1） d. 使用目标语在非母语者和母语者之间的交流（2）	2 2	√
交流模式 （6）	a. 用户终端为信息接收者（1） b. 用户终端为信息输出者或接收、输出两者兼备（2） c. 采用单一交流模式（1） d. 采用三种完整交流模式：人际交流、理解诠释、表达演说三种模式全部涵盖（2）	2 2	√
交流方向 （3）	a. 信息交流为单向（1） b. 信息交流为双向（2）	2	√
交流方式 （5）	a. 即时同步交流（2） b. 面对面交流（2） c. 存储转发式交流（1）	2 1	√
信息传播 方式（3）	a. 用户自控式（时间、顺序、内容等）（2） b. 预录转发或直播式，独家控制（1）	2	√

博客在参与度和互动性的六项标准上全部达标，共得 17 分。总结起来，博客有如下几个特点：

就参与度而言，博客可以做到多对多的参与互动，可以允许多人上传目标语音频、视频、文本信息,并可同步阅读、听取、观看、讨论等。

就交流模式而言,博客可以提供多种交流模式来完成学习任务,比如阅读、听取、理解、诠释、采访(文本)和评论交流(文本),以及用目标语口头和书面表达(文本演说)等交流模式。

就互动性而言,使用者可阅读博客文章,听取其他人的录音,并能进行多对多的文本互动和双向交流。

就交流方式而言,博客可实行实时性采访(文本即时性采访),也可使用存储转发设备(网络博客)来交换信息,进行互动。博客能提供跨时空与母语者进行的密集交流互动。

就目标语的使用而言,博客可使学生有目的地、大量地使用目标语,比如分配阅读任务、网上采访、网上工作坊、出版社和辩论室等。

博客是一种具有高度参与性、互动性的网络学习工具。局限是不允许面对面视频真实交流,只允许即时同步文本交流和存储转发式交流。

3. Skype 型软件[①]

Skype 型软件是一种网络视频交际工具,允许与目标语国家的母语者进行跨时空视频、音频互动,并允许话筒通话、同步文本信息显示等(见表 5-11)。

---

① 包括 MSN Messenger 等类似软件。

表 5-11　Skype 型软件参与度和互动性的评测
（每项超过半数达标，以"√"为记号）

类别 （各项总分）	网络工具特征描述（总 26 分）	总得分 （17分）	达标与否 （五项）
参与类型 （3）	a. 主动参与（2） b. 被动参与（1）	2	√
参与范围 （6）	a. 一对多参与（1） b. 多对多参与（2） c. 使用目标语在非母语者间的交流（1） d. 使用目标语在非母语者和母语者之间的交流（2）	2 2	√
交流模式 （6）	a. 用户终端为信息接收者（1） b. 用户终端为信息输出者或接收、输出两者兼备（2） c. 采用单一交流模式（1） d. 采用三种完整交流模式：人际交流、理解诠释、表达演说三种模式全部涵盖（2）	2 2	√
交流方向 （3）	a. 信息交流为单向（1） b. 信息交流为双向（2）	2	√
交流方式 （5）	a. 即时同步交流（2） b. 面对面交流（2） c. 存储转发式交流（1）	2 2	√
信息传播 方式（3）	a. 用户自控式（时间、顺序、内容等）（2） b. 预录转发或直播式，独家控制（1）	1	

　　Skype 型软件在参与度和互动性的六项标准上有五项达标，信息传播方式未达标，共得 17 分。

　　Skype 型软件基本上具备博客的所有功能，但不能上传和储存目标语音频、视频、文本信息。与博客不同，Skype 型软件可提供真实的面对面交流和互动。这种可看到交流对方面部表情和手势等的参与互动最有利于语义协商。一对一的互动是语言教学最需要的一种双向交流，也是最真实的人际交流。Skype 型软件也可提供多方面对面的即时交流和互动。Skype 型软件还允许学习者使用多种交流工具（如话筒对话、文本对话）同步进行与母语者的互动和语义协商。由于 Skype 型软件允许与目标语国家的母语者进行跨时空视频、音频互动，具有高度参与性、互动性和真实性，并允许话筒通话、同步文本信息显示等以帮助语义协商，因此是一种比较理想的远程教学工具。

Skype 型软件的局限是往往适合有一定语言水平的学生，比如中高级水平。其有效使用与网络连接速度、设备质量以及使用者对时间差的容忍度有关（如中美时差）。因此，在交流方式方面，会受限于其他条件而影响即时交流，与存储转发的交流方式一样，不易由人完全掌控。

4. Moodle 型服务网[①]

Moodle 型服务网可以用来制作网上课程、打造网页等，具有讨论板、博客等多项功能，其中 Wiki 可以供多人共时合作同一网页或文本文件（例如 Google 也提供 Wiki 服务）（见表 5-12）。

---

① 参见 http://moodle.org。其他类似平台有 Blackboard: http://www.blackboard.com/ 等。

表 5-12 Moodle 型服务网参与度和互动性的评测
（每项超过半数达标，以"√"为记号）

类别 （各项总分）	网络工具特征描述（总 26 分）	总得分 （17分）	达标与否 （六项）
参与类型 （3）	a. 主动参与（2） b. 被动参与（1）	2	√
参与范围 （6）	a. 一对多参与（1） b. 多对多参与（2） c. 使用目标语在非母语者间的交流（1） d. 使用目标语在非母语者和母语者之间的交流（2）	2 2	√
交流模式 （6）	a. 用户终端为信息接收者（1） b. 用户终端为信息输出者或接收、输出两者兼备（2） c. 采用单一交流模式（1） d. 采用三种完整交流模式：人际交流、理解诠释、表达演说三种模式全部涵盖（2）	2 2	√
交流方向 （3）	a. 信息交流为单向（1） b. 信息交流为双向（2）	2	√
交流方式 （5）	a. 即时同步交流（2） b. 面对面交流（2） c. 存储转发式交流（1）	2 1	√
信息传播方式（3）	a. 用户自控式（时间、顺序、内容等）（2） b. 预录转发或直播式，独家控制（1）	2	√

Moodle 型服务网在参与度和互动性的六项标准上全部达标，共得 17 分。

Moodle 型服务网的主要功能是用来制作网上课程、合作网页，同时又具有讨论板、博客的功能。

Moodle 有安装好的课程模具（Modules），用户可根据自己的需要加以调整。课程模具可设置学生密码和使用时间；可运用文本、录音、录像等设置各种课堂活动，也可移植其他软件制作的课堂活动（例如 Hot Potatoes）。

Moodle 课程形式比较完整：包括作业（Assignment）、讨论（Chat）、意见回收（Poll and Questionnaire）、课堂内容储存（Database）、自由论坛（Forum）、词汇检索（Glossary）、课程内容（Lessons）、课程日记（Journal）、考试及成绩（Quizzes and Tests）、网上合作（WebQuests）以及 Wiki 文本合作和网页开发等。

就六项标准来讲，Moodle 可提供多方面文本即时交流和互动，并能提供与母语者之间的语义协商，是很好的免费远程教学工具。

Moodle 的局限是不能提供真实的面对面视频、音频交流和互动。作为语言教学工具还可以进一步改进。

5. LiveMocha[①]

LiveMocha 是 Web 2.0 的产物，由 Shirish Nadkani 于 2007 年建立，具有 Skype 型软件所有优点，同时又具有博客的功能（见表 5-13）。

表 5-13 LiveMocha 参与度和互动性的评测
（每项超过半数达标，以"√"为记号）

类别（各项总分）	网络工具特征描述（总 26 分）	总得分（18分）	达标与否（五项）
参与类型（3）	a. 主动参与（2） b. 被动参与（1）	2	√

---

① 参见 http://www.livemocha.com/，Shirish Nadkani，2007。

（续表）

类别 （各项总分）	网络工具特征描述（总 26 分）	总得分 （18分）	达标与否 （五项）
参与范围 （6）	a. 一对多参与（1） b. 多对多参与（2） c. 使用目标语在非母语者间的交流（1） d. 使用目标语在非母语者和母语者之间的交流（2）	2	
交流模式 （6）	a. 用户终端为信息接收者（1） b. 用户终端为信息输出者或接收、输出两者兼备（2） c. 采用单一交流模式（1） d. 采用三种完整交流模式：人际交流、理解诠释、表达演说三种模式全部涵盖（2）	2 2	√
交流方向 （3）	a. 信息交流为单向（1） b. 信息交流为双向（2）	2	√
交流方式 （5）	a. 即时同步交流（2） b. 面对面交流（2） c. 存储转发式交流（1）	2 2 1	√
信息传播方式（3）	a. 用户自控式（时间、顺序、内容等）（2） b. 预录转发或直播式，独家控制（1）	2 1	√

LiveMocha 在参与度和互动性的六项标准上有五项达标，参与范围未达标，共得 18 分。LiveMocha 与 Skype 型软件非常相似，加以比较，其特点更容易说明：

（1）与 Skype 相同，LiveMocha 可提供真实的面对面视频交流和一对一的互动，但不能提供一对多、多对多交流。

（2）同样与 Skype 相同，LiveMocha 的视频互动具有高度参与性，是第二语言习得最需要的练习方式。

（3）还是与 Skype 相同，LiveMocha 的网上视频互动允许学生同时使用其他交流工具，比如用话筒对话、文本对话等进行同步语义协商。

另外，LiveMocha 还为初学者提供了网上互动教学软件，因此既适合有一定语言水平的学生，也适合初学者，是理想的网上语言教学工具。

LiveMocha 的局限是要收费，只能提供一对一的互动，信息传播可能会受网络连接速度、设备质量的影响。

6. 第二人生（Second Life）[①]

Web 2.0 的产物，属虚拟世界，可打造三维虚拟课堂、虚拟校园等，具有上述软件所有的功能（见表 5-14）。

表 5-14　第二人生参与度和互动性的评测
（每项超过半数达标，以"√"为记号）

类别 （各项总分）	网络工具特征描述（总 26 分）	总得分 （20 分）	达标与否 （六项）
参与类型 （3）	a. 主动参与（2） b. 被动参与（1）	2	√
参与范围 （6）	a. 一对多参与（1） b. 多对多参与（2） c. 使用目标语在非母语者间的交流（1） d. 使用目标语在非母语者和母语者之间的交流（2）	2 2	√

---

① 参见 http://secondlife.com/，Linden Lab，1999。

（续表）

类别 （各项总分）	网络工具特征描述（总26分）	总得分 （20分）	达标与否 （六项）
交流模式 （6）	a. 用户终端为信息接收者（1） b. 用户终端为信息输出者或接收、输出两者兼备（2） c. 采用单一交流模式（1） d. 采用三种完整交流模式：人际交流、理解诠释、表达演说三种模式全部涵盖（2）	2 2	√
交流方向 （3）	a. 信息交流为单向（1） b. 信息交流为双向（2）	2	√
交流方式 （5）	a. 即时同步交流（2） b. 面对面交流（2） c. 存储转发式交流（1）	2 2 1	√
信息传播方式（3）	a. 用户自控式（时间、顺序、内容等）（2） b. 预录转发或直播式，独家控制（1）	2 1	√

  第二人生在参与度和互动性的六项标准上均达标，共得20分。

  第二人生可提供三维虚拟教学环境，可模拟老师、学生、教室等进行实地教学，也可进行多种仿真语境教学。从功能上来讲，第二人生具有讨论板、博客、Skype、LiveMocha 的所有相似功能，可提供即时音频、视频对话，上传文本信息、电子邮件，提供群组、个人对话，播放 PPT 和电视录像，举行电话会议，模拟黑板、电脑打字，提供网络搜索等一对一、一对多、多对多的仿真互动交流，因此是理想的网上语言教学工具。

  第二人生的局限与 LiveMocha 相同，即要收费。另外用户需要自己打造教师、学生的化身（Avatar）等，比较费时费力。再有信息传播也可能会受网络连接速度、设备质量的影响。

7. 六种网络参与式学习工具评测结果比较

如上所述，六种网络参与式学习工具在语言教学方面各有利弊长短，用户可根据不同需要选择使用或搭配使用。为方便起见，兹将上述六种网络参与式学习工具缺点和问题列表如下，以备查询。

表 5-15　六种网络参与式学习工具缺点和问题

讨论板 （13分）	博客 （17分）	Skype型软件 （17分）	Moodle型服务网 （17分）	LiveMocha （18分）	第二人生 （20分）
（1）不允许面对面交流 （2）不允许口头交流 （3）网上交流非同步，反馈不及时 （4）信息传播仅允许存储转发 （5）无其他媒体（视频、音频）帮助以提供真实性	不允许面对面视频真实交流	仅适合有一定语言水平的学生，如中高级水平	不能提供面对面即时视频、音频交流和互动	（1）只能提供一对一的互动 （2）要收费	（1）须打造虚拟情境、教师和学生的化身等，学习使用较费时费力 （2）要收费

三　虚拟课堂软件的选择标准

（一）选择虚拟课堂软件的第一个标准

1. 虚拟课堂与真实课堂的比较

虚拟课堂与真实课堂比较，有不同点，也有相同点。虚拟课堂与真实课堂的不同首先是打破了真实课堂的时空限制，可以提供异地、异时的课堂交流。其次是班级的大小伸缩性很大，可以一对一，也可以一对无限。最后是课程内容的讲解深化是靠文本上的交流合作、音频/视频会议、讨论板、博客、聊天室、电子邮件、课程日记等网上形式和工具。虚拟课堂的目的就是最大限度地模拟真实课堂，因此需要有相应的教学理论、教学大纲、教学方法；要以学生为中心，也要有详细课程、作业、考试等；而且要更强调师生互动、生生互动、合作学习。

虚拟课堂的优点首先是具有灵活性（Flexibility）：课程时间、课程长短、课程内容、学习进程（Pace）均由学生决定。其次是费用低，注册、入学容易，选择性高，不受时地限制。虚拟课堂的缺点是缺乏真实的面对面的参与和互动，缺乏社会交际交流这一重要过程。再次是使用虚拟课堂不论是教师还是学生都要有一个学习过程。最后虚拟课堂高度依赖计算机网络、线路、软件、硬件、系统、程序的畅通运行，稍有差错，即会影响教学、学习。

2. 网络参与度、互动性的六项标准

鉴于虚拟课堂（特别是适合于语言教学的虚拟课堂）的课程内容讲解、深化主要是靠文本上的交流合作，靠音频/视频会议、讨论板、博客、聊天室、电子邮件、课程日记等网上形式和工具，其目的是最大限度地模拟真实课堂，同时更强调师生互动、生生互动、合作学习，因此网络参与度、互动性应该是选择适合于语言教学虚拟课堂软件的第一标准。

Xu（2010）[①]在参与度、互动性的每项标准上又细分文本、音频、视频、仿真情境互动四项用以检查衡量虚拟课堂软件的参与度和互动性，因此衡量虚拟课堂软件参与度和互动性的六项标准总分从 26 分增加到 104 分（见表 5-16）。

表 5-16　虚拟课堂软件参与度和互动性的六项标准
（每项超过 52 分达标）

类别 （各项总分）	参与度和互动性特征描述及具体分数 （总 104 分）	评测得分
参与类型 （12）	a. 主动参与：文本、音频、视频、仿真情境互动（8） （每项 2 分，下同） b. 被动参与：文本、音频、视频、仿真情境互动（4）	
参与范围 （24）	a. 一对多参与：文本、音频、视频、仿真情境互动（4） b. 多对多参与：文本、音频、视频、仿真情境互动（8） c. 使用目标语在非母语者间的交流：文本、音频、视频、仿真情境互动（4） d. 使用目标语在非母语者和母语者之间的交流：文本、音频、视频、仿真情境互动（8）	
交流模式 （24）	a. 用户终端为信息接收者：文本、音频、视频、仿真情境互动（4） b. 用户终端为信息输出者或接收、输出两者兼备：文本、音频、视频、仿真情境互动（8） c. 采用单一交流模式：文本、音频、视频、仿真情境互动（4） d. 采用三种完整交流模式，即人际交流、理解诠释、表达演说三种模式全部涵盖：文本、音频、视频、仿真情境互动（8）	

[①] 参见 Xu, Debao《网络参与式学习工具的评测与虚拟课堂软件的选择标准》, Keynote Speech at the 6th International Conference on Technology and Chinese Language Teaching, Ohio State University, June 12-14, 2010.

（续表）

类别 （各项总分）	参与度和互动性特征描述及具体分数 （总 104 分）	评测得分
交流方向 （12）	a. 信息交流为单向：文本、音频、视频、仿真情境互动（4） b. 信息交流为双向：文本、音频、视频、仿真情境互动（8）	
交流方式 （20）	a. 即时同步交流：文本、音频、视频、仿真情境互动（8） b. 面对面交流：文本、音频、视频、仿真情境互动（8） c. 存储转发式交流：文本、音频、视频、仿真情境互动（4）	
信息传播方式（12）	a. 用户自控式（时间、顺序、内容等）：文本、音频、视频、仿真情境互动（8） b. 预录转发或直播式，独家控制：文本、音频、视频、仿真情境互动（4）	

3. 通过网络参与度、互动性六项标准选出的虚拟课堂软件

本节在 Xu（2010）的基础上，根据上述虚拟课堂软件参与度和互动性的六项标准，对网上二十一种虚拟课堂软件进行了试用筛选，[①] 包括 Acrobat Connect 8、B-Live、Saba Centra、Click-to-Meet、eLECTA Live、Elluminate Live、GoToTraining、INSORS、Wimba Classroom、iLinc、Lotus Sametime、Macromedia Breeze、

---

① 一些后起的虚拟课堂软件未能包括进去，比如 WizIQ、Verxact LMS、Dexway Language Courses、Global Virtual Classroom、Fenix Language Institute、EasyCampus、Integrated Language Solutions、Big Blue Button、Jigsaw Meeting、VMukti 等。

Marratech、Microsoft Lync Online、Polycom Web Office、Question Mark、Second Life、Tegrity、Voluxion、Virtual Language Lab、WebEx，得出以下九种（具体出版公司、厂家、价格等从略，有兴趣的读者可以根据网址自行了解）：

（1）Acrobat Connect 8（http://www.adobe.com/products/acrobatconnect-pro/）54 分

（2）Elluminate Live[①]（http://www.elluminate.com/）57 分

（3）iLinc（http://www.ilinc.com/）57 分

（4）Microsoft Lync Online（http://office.microsoft.com/en-us/live-meeting/）57 分

（5）Saba Centra（http://www.saba.com/products/centra/）57 分

（6）Wimba Classroom（http://www.horizonwimba.com/）57 分

（7）WebEx（http://www.webex.com/）57 分

（8）eLECTA Live（http://www.e-lecta.com/）57 分

（9）Second Life（http://www.secondlife.com/）76 分

上述九种虚拟课堂软件都达到了参与性、互动性的六项标准，积分都在 52 分以上。具体评测得分如表 5-17：

---

① 现在 Elluminate Live（http://www.answers.com/topic/elluminate#ixzzl Paif46B6）、Wimba Classroom 和 Blackboard 合并成了一个公司，叫 Blackboard Collaborate（http://www.wimba.com/）。

表 5-17　九种达标虚拟课堂软件参与度和互动性六项标准得分

类别 （各项总分）	虚拟课堂特征描述及具体分数 （总 104 分）	评测得分
参与类型 （12）	a. 主动参与：文本、音频、视频、仿真情境互动（8） b. 被动参与：文本、音频、视频、仿真情境互动（4）	1—8(6), 9(8)
参与范围 （24）	a. 一对多参与：文本、音频、视频、仿真情境互动（4） b. 多对多参与：文本、音频、视频、仿真情境互动（8） c. 使用目标语在非母语者间的交流：文本、音频、视频、仿真情境互动（4）	1—8(6), 9(8)
	d. 使用目标语在非母语者和母语者之间的交流：文本、音频、视频、仿真情境互动（8）	1—8(6), 9(8)
交流模式 （24）	a. 用户终端为信息接收者：文本、音频、视频、仿真情境互动（4） b. 用户终端为信息输出者或接收、输出两者兼备：文本、音频、视频、仿真情境互动（8） c. 采用单一交流模式：文本、音频、视频、仿真情境互动（4）	1—8(6), 9(8)
	d. 采用三种完整交流模式，即人际交流、理解诠释、表达演说三种模式全部涵盖：文本、音频、视频、仿真情境互动（8）	1—8(6), 9(8)
交流方向 （12）	a. 信息交流为单向：文本、音频、视频、仿真情境互动（4） b. 信息交流为双向：文本、音频、视频、仿真情境互动（8）	1—8(6), 9(8)
交流方式 （20）	a. 即时同步交流：文本、音频、视频、仿真情境互动（8）	1—8(6), 9(8)
	b. 面对面交流：文本、音频、视频、仿真情境互动（8）	1—8(6), 9(8)
	c. 存储转发式交流：文本、音频、视频、仿真情境互动（4）	1—8(3), 9(4)

（续表）

类别 （各项总分）	虚拟课堂特征描述及具体分数 （总 104 分）	评测 得分
信息传播 方式（12）	a. 用户自控式（时间、顺序、内容等）：文本、音频、视频、仿真情境互动（8） b. 预录转发或直播式，独家控制：文本、音频、视频、仿真情境互动（4）	2—8(6), 9（8） 1（3）

数字 1—9 代表不同的虚拟课堂软件，括号内数字是各个虚拟课堂软件在六项标准中相应条款上的具体得分。汇总起来，Second Life 共得 76 分（九项 8 分，一项 4 分），得分最高；[①]Wimba Classroom、Elluminate Live、iLinc、Microsoft Lync Online、Saba Centra、WebEx 和 eLECTA Live 各软件均各得 57 分（九项 6 分，一项 3 分）；只有 Acrobat Connect 8 共得 54 分（八项 6 分，两项 3 分），得分最低。Second Life 得分最高的原因是具备"仿真情境互动"[②]一项而其他虚拟课堂软件不具备。Acrobat Connect 8

---

① 本节旨在选出符合网络参与度、互动性六项标准的虚拟课堂软件，进而证实网络参与度、互动性的六项标准可以作为选择适合于语言教学的虚拟课堂软件的标准，但并不具体比较选出的虚拟课堂软件哪种最适合于语言教学。有兴趣的读者可以参考《美国科技与中文教学》2010 年 12 月特刊号"虚拟课堂软件研究"，具体文章见刘（2010）、陈（2010）、谢（2010）、Grant & 黄（2010）。

② "仿真情境互动"是指仿真模拟情境互动。比如用 Second Life 制作的"英语城市"（http://www.youtube.com/watch?v=8hJZ2bre_FI）。学习者可以去这个英语城市中的任何地方，所遇到的人都是英语母语者，可以直接通过与母语者的化身进行仿真情境互动学习英文。又如"英语课堂"（http://www.youtube.com/watch?v=k06FBbw69dc），其中所有的学生都是真实英文学习者，由英文母语教师带领在仿真情境中实地学习英文。

得分最低的原因是在用户自控方面只能是直播式或预录转发式，用户不能自控。上述九种虚拟课堂软件在六项标准相应条款上的得分都在 52 分以上，所以都达到了参与性、互动性的六项标准。

4. 相关研究参照

GERMUSA（2005）[①] 对十五种虚拟课堂软件（iLinc、Click-to-Meet、INSORS、Question Mark、Macromedia Breeze、Horizon Wimba、Marratech、Elluminate Live、Saba Centra、Tegrity、WebEx、B-Live、Polycom Web Office、Microsoft Live Meeting（亦即 Microsoft Lync Online）、Lotus Sametime 进行适用研究。研究分成两个阶段。第一阶段对每种虚拟课堂软件使用四个月，筛选出八种虚拟课堂软件（Saba Centra、Click-to-Meet、Horizon Wimba、iLinc、Macromedia Breeze、Marratech、Microsoft Live Meeting 和 WebEx），其中六种与我们的相同（没有 Second Life、Elluminate Live，但有 Macromedia Breeze、Marratech）。第二阶段对第一阶段筛选出的八种虚拟课堂软件再进行筛选，得出三种（Wimba Classroom、iLinc、Microsoft Live Meeting）也都在我们的选择之中。

Schullo et al.（2007）[②] 从十种虚拟课堂软件中挑选了 Elluminate Live 和 Adobe Connect 8 进行比较。这两种虚拟课堂软

---

① 参见 Griffin, Robert E., Dana Parrish & Michael Reigh. Using virtual classroom tools in distance learning: Can the classroom be re-created at a distance? 2005. Available from: http://commons.internet2.edu.

② 参见 Schullo, S., Hilbelink, A., Venable, M. & Barron, A. E. Selecting a virtual classroom system: Elluminate Live vs. Macromedia Breeze (Adobe Acrobat Connect Professional). *MERLOT Journal of Online Learning and Teaching*, 3(4), 2007.

件也在我们的选择之中。

Cogburn & Kurup（2006）[①]经过研究，给 Elluminate Live 打了 A-，给 Adobe Connect 8 打了 B。据我们的评测结果，Elluminate Live 为 57 分，Adobe Connect 8 为 54 分，也比较相符。

因此，网络参与度、互动性的六项标准可以作为选择虚拟课堂软件特别是选择适合于语言教学虚拟课堂软件的标准之一。

（二）选择虚拟课堂软件的第二个标准

通过网络参与度、互动性六项标准筛选出的九种适合于语言教学的虚拟课堂软件大都具备以下十项功能和特点：

1. 文本合作功能

2. 音频多向共用功能

3. 视频多向共用功能

4. 白板共用功能

5. 投影片共用以及上传下载功能

6. 网页浏览器共用功能

7. 小组多向合作功能

8. 储存、录制、重放功能

9. 跨平台（多数能够运用在 Windows 和苹果机上，有的还可以在 Linux 上使用，比如 Elluminate Live）

10. 易用、界面直观

这十项功能和特点可以说是从技术角度反映了虚拟课堂软件

---

① 参见 Cogburn, Derrick L. & Kurup, Divya. Tech U: The world is our campus. In Cogburn, D. L. & Kurup, D. (eds.) *Network Computing, For it by it*, 2006.

特别是适合于语言教学的虚拟课堂软件应该具备的条件，也可以说是虚拟课堂软件特别是适合于语言教学的虚拟课堂软件应该达到的技术标准。

GERMUSA（2005）、Finkelstein（2006）[①] 也这样认为。GERMUSA（2005）让员工从以下九个方面使用、检查所收集的 15 种虚拟课堂软件：

1. 易用（Ease of Use）

2. 音频（Audio）

3. 视频（Video）

4. 白板（White Board）

5. 投影片（Power Point）

6. 浏览器共用（Shared Web Browser）

7. 小组合作（Team/Group Collaboration）

8. 应用软件共用（Application Sharing）

9. 界面直观（Interface Intuitive）

其中八项与我们总结出的十项功能和特点相同／相似；只有"应用软件共用"与我们"文本合作功能"稍有差异。

Finkelstein（2006）在讨论同步共时网上教学时，认为虚拟课堂软件应具备如下九项功能：

1. 视频共用（Video Conferencing Ability）

2. 实时音频共用（Real-time Voice and Visual Contact Between All Participants）

---

① 参见 Finkelstein, Jonathan. *Learning in Real Time*: *Synchronous Teaching and Learning Online*. San Francisco, CA: Jossey-Bass, 2006.

3. 白板共用（Shared White Board）

4. 投影片共用（Integrated Area for the Projection of Slides or Other Visuals）

5. 文本合作共用（Capacity for Text-based Interaction, Including Side Conversations or Note-passing）

6. 师生交流功能（Means for Learners to Indicate that They Have Questions or Are Confused）

7. 学生感觉、观点、理解评价（Tools for Assessing Current Moods, Opinions, and Comprehension as well as for Soliciting）

8. 反馈搜集（Questions or Feedback, and the Ability to Gauge Virtual Body Language, or a Sense of How ）

9. 易用（Engaged Learners Are in the Activity at Hand）

这九项功能也与我们总结的十项功能和特点基本相同。

因此，我们总结的十项功能和特点从技术角度反映了虚拟课堂软件应该具备的条件，是虚拟课堂软件特别是适合于语言教学的虚拟课堂软件应该达到的技术标准。这十项功能和特点应该是选择虚拟课堂软件特别是选择适合于语言教学的虚拟课堂软件的第二个标准。

（三）选择虚拟课堂软件的第三个标准

Andreessen & Marc（2009）[①] 把互联网平台（Internet Platforms）分成三级：一级互联网平台只可以使用该平台所提供的使用软件

---

① 参见 Andreessen & Marc. The three kinds of platforms you meet on the internet, 2009. Available from: http://pmarca-archive.posterous.com/the-three-kinds-of-platforms-you-meet-on-the-0.

（Applications）、功能，该平台负责提供软件系统、计算机语言、数据和数据库、服务器、网络系统、宽带、安全控制等，比如 eBay、Paypal；二级互联网平台是在一级互联网平台的基础上允许使用者插用其他使用软件作为"插件"（Plug-ins），比如 Facebook；三级互联网平台则允许使用者根据个人需要在这个平台上自己再编码，自己再写程序，当然也可以在这个平台上直接运用其他平台所提供的使用软件，如 Ning、Second Life、Amazon FPS、Salesforce 等。Andreessen & Marc（2009）所说的三级互联网平台就是现在所谓的云平台 PaaS。Andreessen & Marc（2009）认为三级互联网平台是互联网的将来。一级、二级互联网平台可能会失去竞争力。因此，从发展角度讲，虚拟课堂软件应该植根于三级互联网平台。换句话讲，虚拟课堂软件的第三标准是应植根于三级互联网平台（云平台 PaaS）。原因有二：第一，如果是一级、二级互联网平台提供的虚拟课堂软件，平台没有了，那它们提供的虚拟课堂软件也就没有了；第二，要给自己的虚拟课堂软件留有发展的余地，如有需要，应该可以再编码、再写程序，不断提高。

斯坦福大学的互联网专家 Guru Parulkar[①]认为互联网已经到了亟待更新的时候，5—10 年内互联网会与现在大不相同。互联网的使用环境和基本设置（Infrastructure）将由用户、所有者及其

---

① 参见 Parulkar, Guru. Overview of programmable open mobile internet (POMI) 2020 program. Stanford Computer Forum, Annual Meeting: POMI 2020 Workshop, 2010. Available from: http://forum.stanford.edu/events/2011cleanslate.php.

使用软件来决定和控制，也会受到公开检查。Parulkar（2010）预测的由用户、所有者及其使用软件来决定和控制并受到公开检查的互联网环境其实就是我们现在谈的不同用户可以根据自己的需求来选择不同的云计算（Cloud Computing）服务，比如 IaaS、PaaS、SaaS[①]。因此，虚拟课堂软件也要适合于这种由用户、所有者及其使用软件来决定和控制并受到公开检查的互联网环境（不同的云计算服务）。

虚拟课堂软件还应该适用于不同的计算机平台，比如苹果、Windows、Linux，也应该能在 iPod、iPad、iPhone 等移动式接收器上使用。这些也应该纳入选择虚拟课堂软件的第三个标准。

因此，选择虚拟课堂软件的第三个标准应该是植根于三级互联网平台（云平台 PaaS），适合于由用户、所有者及其使用软件来决定和控制并受到公开检查的不断发展的互联网环境（云服务），而且能在不同计算机平台、不同移动式接收器上使用。

（四）选择虚拟课堂软件的第四个标准

虚拟课堂软件应该符合用户自己语言教学的特点、要求、技术需要、购买能力等。大多数虚拟课堂软件都可以免费试用，所以购买虚拟课堂软件时要先进行试用，然后再购买。

[①] IaaS 通过网络提供计算机的使用环境和基本设置（Infrastructure）服务（比如网上服务器），PaaS 提供互联网平台及其应用软件开发（Platforms）服务（比如第二人生），SaaS 提供网络使用软件（Applications）服务（比如 Gmail）。

（五）虚拟课堂软件选择标准小结

总结起来，虚拟课堂软件特别是适合于语言教学的虚拟课堂软件的选择标准共有四个：（1）虚拟课堂软件须达到网络参与式学习工具参与度和互动性的六项标准（得分 52 分以上）。（2）虚拟课堂软件须达到十项技术标准（十项功能和特点）。（3）虚拟课堂软件应植根于三级互联网平台（云平台 PaaS），应适合于由用户、所有者及其使用软件来决定和控制并受到公开检查的不断发展的互联网环境（不同的云计算服务），而且能在不同计算机平台、不同移动式接收器上使用。（4）虚拟课堂软件要符合用户自己语言教学的特点、要求、技术需要、购买能力等，用户对所要购买的虚拟课堂软件先进行试用，然后再购买。

四 结语

综上所述，参与度和互动性的六项标准不但可以评价网络参与式学习工具在语言教学方面的利弊长短，选择出具有显著优势、适合于第二语言教学的网络参与式学习工具，也可以用来选择虚拟课堂软件特别是适合于语言教学的虚拟课堂软件，而且是选择虚拟课堂软件特别是适合于语言教学的虚拟课堂软件的主要标准。

第四节　慕课的特点及其在汉语教学中的应用[①]

一　导论

慕课（MOOCs，Massive Open Online Courses）——"大型开放式网络课程"——已经成为近年来远程教育发展的新趋势。《纽约时报》将 2012 年称为"MOOC 之年"；[②] 同时，《地平线报告》（*Horizon Report*）预测，慕课将会在接下来的几年中扮演教育技术革新领域的关键角色。[③] 慕课受众将涵盖所有能够上网的人群，而并非传统教育中数量有限的学生，这一点是史无前例的。[④] 在探讨慕课对教育带来的可能影响之前，我们应该先了解慕课的具体含义。

慕课的第一个关键要素是"大型"（Massive），亦即广阔的覆盖能力：它可以使成千上万的学生，抛开时间与地域的限制，

[①]　本节摘自林金锡、张亦凝《慕课对对外汉语教学的启示》，《国际汉语教育》2015 年第 1 期。

[②]　参见 Morrison, D. The ultimate student guide to xMOOCs and cMOOCs. April 22, 2013. Available from: http://moocnewsandreviews.com/ultimate-guide-to-xmoocs-and-cmoocso/.

[③]　参见 Johnson, L., Adams Becker, S. Estrada, V. & Freeman, A. *NMC Horizon Report: 2014 Higher Education Edition*. Austin, TX: The New Media Consortium, 2014.

[④]　参见 Shah, D. MOOCs in 2013: Breaking down the numbers. Retrieved November 26, 2014. Available from: https://www.edsurge.com/n/2013-12-22-moocs-in-2013-breaking-down-the-numbers.

在同一段时间内共同学习一门课程。例如，斯坦福大学开设的免费慕课——"人工智能"，曾经吸引了超过5.8万人注册学习。[①]这样大规模的注册数量并非仅发生在此门课而已，在其他许多慕课中也十分常见。慕课的第二个和第三个关键要素是"开放式"（Open）和"网络"（Online），这表示只要拥有邮箱账号并且能够连接到互联网，任何人都可以不受空间约束而通过慕课进行免费学习。慕课没有传统意义上的入学要求。换言之，无论教育背景如何，只要有学习的意愿，任何人都可以选择他们感兴趣的慕课进行学习。慕课的第四个关键要素是"课程"（Course），它意味着慕课仍然遵循传统意义上"课程"的概念。它既规定学生要在相应的时间段内完成学习任务，又要求学生达成相应的学习目标以满足课程的规定。除此之外，作为网络课程，慕课还包含了一些非同步在线课程的元素，包括使用学习平台、讨论区，以及利用其他一些外部资源引导学生进行学习。

第一门慕课可以追溯到2008年，两名加拿大教授Stephen Downes和George Siemans开设了全球第一门慕课——"联通主义及联通知识"（Connectivism and Connective Knowledge），当时有超过2000名学生注册了该门课程（Morrison，2013）。随后，另一名加拿大学者Dave Cormier将这类新兴的教育形态命名为慕课。在经历了四年的温和增长后，慕课的数量在2012—2013年之间急剧增加：全球开设的慕课从2012年的大约100门激增到2013年的1200门（Shah，2014）。

[①] 参见Daniel, S. J. Making sense of MOOCs: Musings in a maze of myth, paradox and possibility. *Journal of Interactive Media in Education*, 2012.

随着慕课数量的井喷式增长，选择慕课的人数也出现了指数级的增加：由于新型慕课平台 Coursera（http://www.coursera.org/）、edX（http://www.edx.org/）和 Udacity（http://www.udacity.com/）的兴起，慕课的注册人数仅在 2012 年的上半年就从 30 万人激增至 150 万人。① 截至 2014 年 5 月，约有 750 万来自世界各地的用户在 Coursera 上进行慕课学习。② 截至 2014 年 10 月，在 edX 上有大约 300 万用户参与到不同的慕课学习之中。

尽管慕课起源于北美地区，但这股教育新潮流很快就蔓延到了世界其他地方。香港大学的 Naubabar Sharif 开设了亚洲的第一门慕课——"科学、技术与社会"。这门课起初预计会有 8000 到 1 万名学生注册，而事实上，一共有 1.7 万名学生注册了该课程。③2013 年，清华大学发布了中国的第一个慕课学习平台"学堂在线"（http://www.xuetangx.com/）。东京大学也和 Coursera 签署了共同研发多门慕课的协议。④

---

① 参见 Kolowich, S. How will MOOCs make money? June 11, 2012. Available from: https://www.insidehighered.com/news/2012/06/11/experts-speculate-possible-business-models-mooc-providers.

② 参见 Ng, A. A personal message from co-founder Andrew Ng. May 16, 2014. Available from: http://blog.coursera.org/post/85921942887/a-personal-message-from-co-founder-andrew-ng.

③ 参见 Sharma, Y. Asia's first MOOC draws students from around world. Retrieved November 26, 2014. Available from: http://www.universityworldnews.com/article.php?story=20130417153545600.

④ 参见 Fukuhara, Y. JMOOC, massive open online course from Japan. *Proceedings of Open Course Ware Consortium Global 2014: Open Education for a Multicultural World,* 2014.

慕课的崛起受到了教育界的极大关注。与此同时，由于慕课本身打破了地域、性别、年龄、收入和受教育程度的藩篱，它也深深地吸引着那些渴望接受高质量教育的人们。慕课既重塑了教师传道授业的方式，也拓宽了学生学习知识的渠道，因此它被认为是一次教育革命。

尽管慕课受到如此瞩目，开放性在线教育的本质其实并没有它看起来那么具有颠覆性或者原创性。事实上，慕课仅仅是将两个早已存在并广为流行的教育现象，即"在线学习"与"开放教育"融合在一起。"在线学习"流行于 21 世纪初，学者进行了不少在线学习与传统学习在学习效果方面的比较。[①] 同时，"开放教育"也并非全新的理念，之前的麻省理工"开放教育资源"（MIT Open Course Ware，http://ocw.mit.edu/index.htm）以及苹果旗下的教育平台 iTunes U（https://www.apple.com/education/ipad/itunes-u/），都是开放教育应用的范例。

二 慕课的分类

全球第一门慕课其实与我们现在常见的慕课课程有所不同，

---

① 参见 Means, B., Toyama, Y., Murphy, R., Bakia, M. & Jones, K. Evaluation of evidence-based practices in online learning: A meta-analysis and review of online learning studies. U. S. Department of Education, 2009. Tallent-Runnels, M. K., Thomas, J. A., Lan, W. Y., Cooper, S., Ahren, T. C., Shaw, S. M. & Liu, Xiaoming. Teaching courses online: A review of the research. *Review of Educational Research*, 76(1), 2006. Zhao, Y., Lei, J., Lai, B.Y. C. & Tan, H. S. What makes the difference? A practical analysis of research on the effectiveness of distance education. *Teacher College Record*, 107(8), 2005.

这是因为慕课从教学理念上来说可以分为两大类：联通主义的慕课（cMOOC）和基于内容的慕课（xMOOC）。① 最早的慕课隶属于"联通主义的慕课"，而现在各个慕课学习平台上广为流行的慕课则属于"基于内容的慕课"。实际上，这两种不同类型的慕课之间差异极大，我们甚至很难用"慕课"这个概念来对它们进行统称。②

"联通主义的慕课"鼓励学生自主探索学习资源，并且通过一种联通且非线性的学习方式来构建他们自己独特的学习材料。③在学习过程中，课程要求学生通过社交媒体建构知识，并对自己的学习群体做出贡献。之后，老师收集学生们在知识网络中构建出的信息，并且通过邮件与全体学生分享知识成果。因此，"联通主义的慕课"在很大程度上依赖于学习者本身对于知识的扩展能力（Morrison，2013），它是一种发散式的学习方式，并且需要学习者共同创造知识网络。④

---

① 参见 Kay, J., Reimann, P., Diebold, E. & Kummerfeld, B. MOOCs: So many learners, so much potential. *IEEE Intelligent Systems*, 28(3), 2013.

② 参见 Hill, P. Four barriers that MOOCs must overcome to build a sustainable model. November 14, 2014. Available from: http//mfeldstein.com/four-barriers-that-moocs-must-overcome-to-become-sustainable-model/.

③ 参见 Lungton, M. What is a MOOC? What are the different types of MOOC? xMOOCs and cMOOCs. August 23, 2012. Available from: http://reflectionsandcontemplations.wordpress.com/2012/08/23/what-is-a-mooc-what-are-the-different-types-of-mooc-xmoocs-and-cmoocs/.

④ 参见 Siemens, G. Connectivism: A learning theory for the digital age. *International Journal of Instructional Technology & Distance Learning*, 2(S101), 2005.

和"联通主义的慕课"相比,第二种慕课,即"基于内容的慕课"则在当前更为流行。此类慕课被认为是高校教育的继承和延伸,它的特点是拥有大规模的学习群体,并且授课方通常是顶尖高校在某一领域的知名学者。在教育理念方面,"联通主义的慕课"倡导学习者共同建构知识,而"基于内容的慕课"则更倾向于传统教育模式,学习者获取知识的方式包括观看讲座短视频、阅读学习材料、完成课后作业、和同伴及助教讨论课程内容,以及评判他人作业等。换言之,"基于内容的慕课"的主要目标是通过短视频、平时作业、大作业、小组讨论和传统的评测等手段完成知识的迁移,这类慕课满足了一大批学习者希望就某一特定学科进行系统的、基于内容方面学习的迫切要求。

慕课的流行带动了各种慕课学习平台的兴起。当前最主要的三家慕课学习平台分别是 Coursera、edX 和 Udacity。绝大部分慕课学习者都是通过这三家平台进行慕课学习的,而这三个平台所提供的绝大多数慕课都属于"基于内容的慕课"。Coursera 平台由斯坦福大学教授 Andrew Ng 和 Daphne Koller 创立,该平台拥有超过 660 门课程,而其中约 85 门课程在任何时间都可以学习。edX 平台由麻省理工学院和哈佛大学在 2012 年 12 月联合创立,该平台拥有超过 170 门课程,其中约 25—30 门课程处于常年活跃状态。Udacity 由 Sebastian Thrun、David Stavens 和 Mike Sokolsky 三人创立。和前两个平台不同,Udacity 平台是一个营利性平台,拥有约 40 门可学习课程。在学习内容上,前两个平台覆盖了传统大学所教授的多数课程,而 Udacity 平台则更专注于高级计算机科学课程。[1]

三 慕课的特征

Bali（2014）[2]关于慕课的研究能够让我们对慕课的一般特征和构成有一个基本了解。该研究主要基于个人参与不同慕课学习的体验，而她所参与的四种"基于内容的慕课"包含下列教学活动：每周的讲座（或迷你版讲座）、附带自动反馈的每周测评、讨论平台和作业互评。

（一）课程材料

每周的视频小讲座是 Bali（2014）所有慕课课程中最主要的知识教授方式。一些课程提供可下载的 PowerPoint 课件，另一些则附有额外的教科书或者阅读材料。还有一些课程在视频讲座中附有评估系统，该系统要求学习者必须在正确回答相关问题之后才能进一步观看接下来的视频。

（二）讨论平台

由于参与慕课的学生数量众多，教师几乎不可能和学生进行一对一的深入交流，因此，许多慕课都会使用讨论平台来进行学习上的交流。学生可以在讨论平台上提出和课程相关的问题。即便不提出自己的问题，学生也可以查看讨论平台上其他人的交流

---

[1] 参见 McGuire, R. The best MOOC provider: A review of Coursera, Udacity and edx. November 26, 2014. Available from: http://www.skilledup.com/articles/the-best-mooc-provider-a-review-of-coursera-udacity-and-edx/.

[2] 参见 Bali, M. MOOC pedagogy: Gleaning good practice from existing MOOCs. *MERLOT Journal of Online Learning and Teaching*, 10(1), 2014.

内容,以从中获益;学生有时可以通过讨论平台学到课程中没有覆盖到的内容。①

Bali(2014)着重谈论了教师在讨论平台中的角色。尽管她所研究的多数慕课都强调讨论平台在课程中的重要性,但是她发现教师和学生对于讨论平台的参与度十分有限。一些教师十分鼓励学生把讨论平台作为分享笔记、互相帮助和相互讨论的主要渠道,但是教师本身却较少参与到讨论平台中。

(三)反馈

慕课的学习者主要通过以下三个方面获取学习反馈:电脑打分的测验、同学、老师。第一种类型的反馈最为简单、直接和即时:学生提交测验结果后,电脑就立刻给出正确或者不正确的判断。如果学生回答错误,那么电脑会提供给学生一个正确的答案,并做出相关解释以帮助学生理解。然而,此种反馈缺乏实际的教学交流,同时也难以解决每个学生所遇到的独特问题。此外,这种反馈方式只适用于判断题或者选择题,难以刺激学生进行深入或发散性思考。

第二种反馈方式——同学互评——是慕课不同于传统学习的一个关键特征。Kolowich(2012)的研究显示,24%的慕课教师都会给学生布置要求同学进行互相评价的作业。同学互评可以让学生了解其他同学的学习进展并从中受益;同时,这种方式也可以提高教学反馈的速度。但是,同学互评的缺点在于其参差不齐

---

① 参见 Clinnin, K. Redefining the MOOC: Examining the multilingual and community potential of massive online courses. *Journal of Global Literacies, Technologies, and Emerging Pedagogies*, 2(3), 2014.

的质量和后续讨论的缺失。

　　第三种反馈来自课程教师。由于慕课庞大的学生人数，教师很难与学生们进行深入广泛的师生交流，因而教师在慕课中的角色也常常会被"去中心化"。[①] 在这种情况下，教师会让学生互相帮助或者让助教对他们进行指导，鼓励学生们使用讨论平台来解决学习中的问题（Bali，2014），而教师自己则不直接介入。当然，这并不意味着师生交流的缺失：一些教授会在自己的"网上办公时间"回应此前收到的问题；其他教授则会使用谷歌群聊等即时通信工具来和学生进行线上交流，学生提出问题而教师通过视频直接回答。

　　（四）截止期限

　　慕课的截止期限政策要比传统教学更加多样。一般来说，慕课有两种截止期限：一种是测验/考试，另一种则是大作业/小作业。测验和考试的时间非常灵活，学生可以根据自身的学习进度来选择进行测验和考试的日期；通常大多数测验的最后期限是在学期末。而作业的要求则相对严格，因为需要给同学互评留出时间（Bali，2014）。

四　慕课与教学方法

　　慕课的兴起让教育者们得以反思教育的过去，并展望今后几十年教育的未来。最近的一则报道称，一位慕课教师因为在慕课

[①] 参见 Stewart, B. Massiveness+Openness=New literacies of participation? *MERLOT Journal of Online Learning and Teaching*, 9(2), 2013.

教学方法上与他人意见不同，而离开了该慕课课程。①在探索任何教学和评估的新形式之前，教育者们必须首先反思自己的教育方法。正如 Garrett（1991）②所言，由于人的综合能力是"难以被'教授'的，所以我们的任务就是在课堂或者课程材料中创造一种环境，并让学生得以在这种环境中获取这种综合能力"，这一点适用于传统教育，也同样适用于慕课。

  计算机在教育领域的应用已有几十年的历史。在"计算机辅助语言学习"（Computer-assisted Language Learning，简称CALL）方面，Warschauer（1996）③把语言教育中技术的使用和特定的学习理论联系了起来。"计算机辅助语言学习"的第一个阶段是辅导阶段：在基于行为主义的基础上，它涉及重复性的语法练习，允许十分有限的互动。④除了对语法的强调之外，它还可以通过词汇表和明确的指导来让学习者多次接触新词汇以发现

---

  ① 参见 Kolowich, S. Professor leaves a MOOC in mid-course in dispute over teaching. February 18, 2013. Available from: http://chronicle.com/blogs/wiredcampus/professor-leaves-a-mooc-in-mid-course-in-dispute-over-teaching/42381.

  ② 参见 Garrett, N. Technology in the service of language learning: Trends and issues. *The Modern Language Journal*, 75(1), 1991.

  ③ 参见 Warschauer, M. Computer-assisted language learning: An introduction. In Fotos, S. (ed.) *Multimedia Language Teaching*. Tokyo, Japan: Logos International, 1996.

  ④ 参见 Blake, C. Potential of text-based internet chats for improving oral fluency in a second language. *The Modern Language Journal*, 93(2), 2009. Garrett, N. Technology in the service of language learning: Trends and issues. *The Modern Language Journal*, 75(1), 1991. Garrett, N. Computer-assisted language learning trends and issues revisited: Integrating innovation. *The Modern Language Journal*, 93(Suppl. 1), 2009.

学生的词汇问题，最终促进词汇的习得。[1] 研究显示，辅导性"计算机辅助语言学习"对于词汇的获取有着积极的影响。[2]

沟通式教学法（Communicative Approach）在 20 世纪 80 年代影响了语言教学者对电脑的使用。根据认知主义，学习是一个获取和重组象征性心理结构或模式的过程。[3] 基于认知主义，沟通式"计算机辅助语言学习"使用电脑来刺激学习者进行自我表达。[4] 学习的焦点集中于对形式的利用，而不仅仅是形式本身。[5]

社交学习的理念或者说社交建构主义在 20 世纪 90 年代兴起。随着互联网的普及，以计算机为媒介的交流（Computer-mediated Communication，简称 CMC）使得学习者可以和教师、同学以及全世界的母语者进行同步或异步的交流，提高自身的交流能力。[6] 有关以计算机为媒介的交流的研究显示，这种语言学习方式能够

---

[1] 参见 Cobb, T. Computing the vocabulary demands of L2 reading. *Language Learning & Technology*, 11(3), 2007.

[2] 参见 Chun, D. M. CALL technologies for L2 reading. In Ducate, L. & Arnolded, N. (eds.) *Calling on CALL: From Theory and Research to New Directions in Foreign Language Teaching.* San Marcos, TX: CALICO, 2006.

[3] 参见 Greeno, J. G. The situativity of knowing, learning, and research. *American Psychologist*, 53(1), 1998.

[4] 参见 Taylor, R. *The Computer in the School: Tutor, Tool, Tutee.* New York: Teachers College Press, 1980.

[5] 参见 Chapelle, C. A. The relationship between second language acquisition theory and computer-assisted language learning. *The Modern Language Journal*, 93(S1), 2009. Warschauer, M. Computer-assisted language learning: An introduction. In Fotos, S. (ed.) *Multimedia Language Teaching.* Tokyo, Japan: Logos International, 1996.

[6] 参见 Warschauer, M. Computer-mediated collaborative learning: Theory and practice. *The Modern Language Journal*, 81(4), 1997.

给学习带来众多好处,比如用特定语言进行练习[①]、提高语言能力[②]等。

联通主义(Connectivism)是近期的另一个学习概念。它把技术和建立联系都囊括进学习的范畴;学习也就在连接不同的信息之时发生(Siemens,2005)。学习者通过使用社交媒体、博客和维基百科等和其学习内容以及其他学习者建立联系,进而建立起自己的个人知识网络。联通主义者的主要课程学习目标并非学习特定的内容或者掌握特定的技巧,而是强调通过彼此之间的社交对话来建构知识。[③]

"联通主义的慕课"在本质上和联通主义有着相同的特点。联通主义慕课由四个主要活动构成:聚合、再合成、再利用和前馈。[④] 在阅读课程材料后,学习者可以使用特别的标签来分享他们获取的知识和想法,而这种标签系统则源自社交媒体。教师随后把相关的博客、推特、美味书签(http://www.delicious.com/),

---

[①] 参见 Warschauer, M. *Electronic Literacies: Language, Culture and Power in Online Education.* Mahwah, NJ: Lawrence Erlbaum Associates, 1999. Warschauer, M. & Liaw, M. L. *Emerging Technologies in Adult Literacy and Language Education.* Washington, D. C.: National Institute for Literacy, 2010.

[②] 参见 Rodriguez, C. O. MOOCs and the AI-Stanford like courses: Two successful and distinct course formats for massive open online courses. *European Journal of Open, Distance and E-Learning*, 13, 2012.

[③] 参见 Lane, L. Three kinds of MOOCs. August 15, 2012. Available from: http://lisahistory.net/wordpress/2012/08/three-kinds-of-moocs/.

[④] 参见 Downes, S. Connectivism and connective knowledge. Stephen's Web. January 7, 2011. Available from: http://www.downes.ca/post/54540.

以及教师、课程参与者和有关领域专家的讨论帖子聚合在一起。再合成指的是在课程网站上的材料中和其他资源中寻找共同点的过程。教师鼓励学习者记录他们获取的材料以及对于这些材料的思考，并且通过社交媒体和其他人分享。再利用则把学习推向下一个层次：学习者使用聚合且再合成之后的材料来进行独立创作，实现对课程材料和概念的新理解。前馈则是指学习者与课程中的同学以及世界上的其他人分享自己的学习成果。

大学所提供的"基于内容的慕课"通常会对面对面的学习体验进行模拟，或对这种体验进行改进以适应网上学习的目的，因此，"基于内容的慕课"的结构比"联通主义的慕课"更加固定。前者的设计主要受到认知—行为主义理论的影响，同时也包含了一些社会—建构主义的元素（Rodriguez，2012）。

五　和慕课有关的汉语教育

如前所述，知识传授是"基于内容的慕课"的基本教学范式，而其中心目标则是在网络环境中模拟面对面的教学体验。尽管慕课提供了十分丰富的课程，但是笔者却很难在 Coursera 和 edX 这两个平台上找到语言类课程。iTunes U 上有一些网上语言课程，但是这些课程中基本没有互动，也不鼓励师生或者学生之间的交流。在近期的 iTunes U 2.0 版本中，学生可以提出问题、回答其他学生的问题并且参与讨论。尽管讨论是几家主要慕课平台的共同特征，但是网络语言课程尚无法和真实环境下的面对面语言课程相提并论。

互动是语言学习的核心。从社会文化学的角度看，学生通过和老师及同学的互动来获得新的语言技能。[①] 慕课中的互动主要依靠课程中的其他参与者。如果老师、学生和／或计算机无法提供及时的反馈并且指出语言学习中的短板，那么对于语言学习而言，慕课这种形式就起不到多大帮助，起码从互动主义的角度看是如此。[②] 另一方面，如果教师可以在计算机反馈的基础上给学生提供一个可行的师生互动和同学间互动的机制，那么慕课则有潜力让网络语言学习更有意义。

综上所述，"基于内容的慕课"或许能够适用于汉语教学的某些领域。下面，我们将通过具体的例子进行阐述。

（一）初级汉语

慕课可以适用于汉语的入门学习，因为这一阶段的内容尚且不要求社交互动。

以北京大学设计的初级汉语课程为例（见图 5-10）。此课程是设计给以英语为沟通语言的汉语学习者的，课程包含了六小时的视频。由于这是入门级课程，所以作业的内容大多和掌握词汇以及某些特定表达有关，比如："你叫什么名字？"每个视频讲座的末尾都会有一个习题测验（见图 5-11）。这些测验旨在测试学习者对于特定概念的掌握程度，而非沟通技能。例如，图 5-12 是一个声调理解测试，完全不需要和他人进行互动。

初级汉语课程网址：https://www.coursera.org/learn/chinesefor beginners。

[①] 参见 Lantolf, J. P. Sociocultural theory and second language learning: Introduction to the special issue. *The Modern Language Journal*, 78(4), 1994.

[②] 参见 Blake, R. J. Computer mediated communication: A window on L2 Spanish: interlanguage. *Language Learning & Technology*, 4(1), 2000.

第四节　慕课的特点及其在汉语教学中的应用　205

图 5-10　由北京大学设计的初级汉语课程

图 5-11　讲座后的测验

图 5-12　声调测验

这并不是说初级汉语课程不需要任何社交互动。实际上，如图 5-13 所示，许多学生使用上面的问题来询问有关内容或者使用他们从课程中学到的语句进行联系。

```
Top  Latest  Unanswered

8           Do tones have meaning?
answers     Kate McShane · a month ago

8           What is your name
answers     Anna Marie R. Phalashol · a month ago

5           Ni hao! Ni jiao shenme mingzi?
answers     Diana Toscano López · 25 days ago

5           So what language are we Actually learning because theres
answers     no such thing as a speaking Chinese. Is it Mandarin
            or Cantonese
            james Mendoza · 16 days ago
```

图 5-13　初级汉语慕课的讨论和互动

（二）汉语语法和中国文化

和初级汉语课程一样，那些关注汉语语法和汉字的中级课程也能够和"基于内容的慕课"的目标相符合。edX 平台的中级汉语语法课程要求学生选课前要至少认识 1500 个汉字。尽管这一课程允许学生问问题，但是它的评估过程却没有同学互评和自我评估。相反，家庭作业占到分数的 40%，期中和期末考试分别占到分数的 30%（见图 5-14）。

中级汉语语法课程网址：http://www.edx.org/course/intermediate-chinese-grammar-zhong-ji-yi-pekingx-20000001x。

一、选词填空 (8 points possible)
注意：有的词可能用不上。每个句子只有一个正确答案。
Some of the words will not be used. There is only one correct answer for each sentence.

下来 下去 上来 上去 起来 过来 过去 回去 回来 进去 出来 出去

1. 站（　），你不能坐着。

2. 你（　）吧，别在外边站着了，这儿暖和一点儿。

图 5-14　中级汉语语法慕课的期末考试

edX 平台上如 ChinaX 一类的中国文化课程也采用大致相同的方式：短视频讲座是主要的知识教授方式，而测验则是主要的评估方式。视频的末尾会有多项选择测验以评估学生是否理解讲座内容。

由于 ChinaX 是文化课程，所以基本掌握汉语并不是选课的前提条件。视频中所配的声音是英文，但是课程提供了中文和英文两种字幕（见图 5-15）。

ChinaX 网址：http://www.edx.org/course/china-harvardx-swl2x。

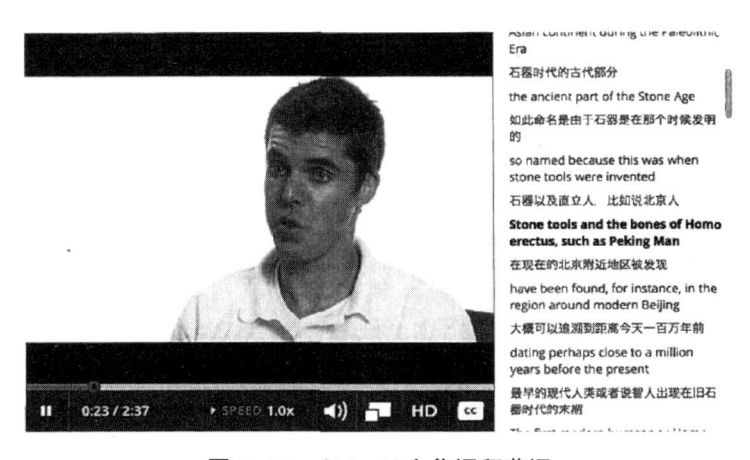

图 5-15　ChinaX 文化课程慕课

(三) 职业发展

"基于内容的慕课"有许多致力于教师职业发展的课程,其中有一些专门针对语言教师的职业发展。在教师的职业发展方面,我们可以找到有关教学基础、网上指导和语言教学方法等课程。这些课程的选课量通常都很大。例如,来自 171 个国家的将近 1.6 万名学生在 2014 年选择了 Coursera 平台为期六周的"评估和教授 21 世纪必备技能"课程。尽管由于选课学生数量太多而导致讨论有限,但还是有许多学生加入了该课程的脸书小组。因为讨论并非这门课的必须活动,所以该课程脸书小组的每个话题下面只有大约 5 个回复和不到 100 的浏览。

在职业发展课程中,学生往往是通过观看视频讲座和完成作业来进行学习的。尽管"评估和教授 21 世纪必备技能"配有多个测验,但是测验总共只占到分数的 10%。这门课程的主要作业以论文的形式出现,共两篇。论文要求学生就如何教授 21 世纪的技巧进行阐述。这门课程使用了同学互评和自我评估两种方式,而教师则为这两种方式给出了清楚的评估准则,从而使得学习社区的作用在该课程中凸显出来。该课程有关合作技巧作业的同学互评评估标准如下:"学生提交的作业应该反映出他们对于合作解决问题的理解,即协作解决问题和教学任务目标的相关性。"

六 汉语慕课的优势与挑战

世界上许多国家已经掀起了汉语学习的热潮,慕课的出现突破了传统汉语学习的局限,为许多对汉语学习有兴趣的人提供了一个学习汉语的平台。首先,慕课的时空覆盖能力可以极大地拓展汉语课程的受众群体。任何有着汉语学习意愿的人，都可以不受时间和空间的限制学习汉语：既可以灵活选择学习的地点，又可以找到最符合自己日程的学习时间。其次，由于慕课仍然遵循着传统意义上"课程"的理念，学生可以进行系统的、有计划性的、有针对性的汉语学习。学生在学习前能够了解学习目标，在学习过程中需要完成相应的作业并接受考核，这些措施都有助于提高自主性语言学习的质量。

未来的汉语慕课可能存在以下挑战。首先，由于授课平台、授课材料以及授课教师的差异，汉语慕课教学将会缺乏一个统一的教学和测评标准，这可能会导致汉语慕课教学质量参差不齐。这个问题在短时间内难以轻易解决，因此在开设汉语慕课时，教师应注意参考现行的汉语教学标准，并且需要在充分了解学生现有汉语水平的基础上进行课程设计。随着科技的发展，未来汉语慕课也可以结合在线汉语水平考试，进一步检测学生的学习成果。

其次，和其他许多慕课一样，如何提高学生的课程完成率是一个需要正视的问题。此前的研究表明，完成率与以下几个因素有着密切的关系：学生、课程、教师、教学平台、开设该课程的大学。[1] 慕课的完成率是一个由多方面因素综合作用的产物，任何与慕课有关的环节都可能影响到其他环节，并且最终体现在学生的完成率上。在影响课程完成率的众多因素中，尤以学生的学习动机最为重要。若想提高课程完成率，应该从学生的外在动机

---

[1] 参见 Adamopoulos, P. What makes a great MOOC? An interdisciplinary analysis of student retention in online courses. Thirty Fourth International Conference on Information Systems, Nilan, 2013.

和内在动机两方面入手。[①] 在外在动机方面,教师应确保课程内容与学生的现实需求紧密关联,着重提高课程的可学性与实用性,以满足学生在升学、就业方面的迫切需求。在内在动机方面,很多学生选择学习一门慕课的动机仅仅是因为个人对该门课程感兴趣。因此,教师要确保授课内容能够满足学生对于该门课程的好奇心,并且持续让学生对所学内容保持学习兴趣。

基于汉语慕课所具备的优势和面临的挑战,在设计慕课课程时,教师应该注意使自己的汉语慕课满足如下教学设计原则:

第一,增大课程的实用性,使学生能够通过汉语慕课提升语言交际能力。教师可以利用情境教学的方式,让学生在特定的汉语对话情景中运用汉语解决实际问题。教师应该避免让学生进行被动学习,即单向向学生输入大量汉语知识,而不提供让学生进行语言练习的机会。

第二,确立明确的学习目标,协助学生进行时间管理,以提高课程完成率。尽管课程完成率主要取决于学生自身,但是教师仍然能够起到促进作用。比如,教师可以在课程开始就为学生勾画出清晰的长期学习蓝图,确立各阶段的课程学习目标,并且在每个课程单元完成之后,评价是否达到学习目标。此外,教师应该在时间管理上给学生提出建议,以帮助他们更好地安排自己的学习时间。

第三,创造良好的互动氛围。受慕课大规模选课人数所限,

[①] 参见 Zheng, S., Rosson, M. B., Shih, P. C. & Carroll, J. M. Understanding student motivation, behaviors, and perceptions in MOOCs. *Proceedings of the 18th ACM Conference on Computer Supported Cooperative Work & Social Computing*, 2015.

任课教师几乎不可能与每一名学生进行互动，但这并不意味着汉语慕课就无法实现互动性学习。一个解决办法就是老师可以将学生分成不同的小组，设计多样的小组活动，要求学生通过小组活动进行与语言技能有关的练习，并且鼓励学生之间进行互评。另外一个办法就是设置多名课程助教，让母语为汉语的学生或志愿者来充当老师的角色，为学习者答疑解惑。

第四，灵活运用多种多媒体形式辅助语言教学。慕课常见的涉及多媒体的教学元素包括短视频、即时自测及反馈和在线论坛。在汉语慕课中，教师尤其应该注意采用多种形式的多媒体技术，以帮助学生更好地理解语言点并进一步激发他们学习汉语的兴趣。除了短视频外，教师可以把歌曲、短片，或者与汉语学习有关的各类社交媒体作为手段，帮助学生构造一个丰富多彩的汉语学习环境。

七 结论

在理想情况下，慕课能够让教育者重新审视传统的教学方法并且在实践中使用慕课里的新方法。一些研究就提到了慕课现象的这一"副产品"。例如，Johnson（2013）[①] 描述了自己教授慕课的体验。他认为，慕课教学体验促使他在传统的、面对面的校园教学中采用了一些新的方法。同样，Clinnin（2014）也分享了

---

① 参见 Johnson, D. H. Teaching a "MOOC": Experiences from the front line. 2013 IEEE Digital Signal Processing and Signal Processing Education Meeting (DSP/SPE) , 2013.

她给全球学习者教授慕课的经验：由于只有37%的学生把英语作为自己的第一语言，所以教学团队通过调整使得课程更加适合这一多语言学生群体，并且促进了学习社区的形成以帮助学生学习和彼此交流，实现了较高的学生参与度，构建了活跃的学习网络。通过视频、离线阅读和其他各类网上教学，这些教育方法上的新视角可以进一步丰富传统教学的形式。

第六章

信息化教学实证研究与计算机模拟

第一节 汉语网络学习平台需求和功能实证调查[①]

近年来,中国的经济发展举世瞩目,中国的国际地位不断提高,并得到世界越来越多的关注。目前学习汉语的人有了大幅度的增长,国外学习汉语的人数已达 3000 万人。为融入中国社会,他们有强烈的学习汉语、了解中国文化的需求。中国是一个具有悠久历史和文化传统的国家,对外汉语教学承担着语言传播和文化传播的双重任务。而传统的汉语言教学难以满足这么巨大的需求,并且能够综合各类教学资源、适合广大汉语学习者的网络平台非常匮乏,这不利于中文和中国文化的推广和传播。在传统方式的汉语教学难以满足这么巨大的需求之时,新技术支持下的远程教育形式为对外汉语教学提供了一个难得的发展契机。[②] 应充分运用网络技术和多媒体技术等先进技术针对当前对外汉语学习的需要,研究和开发符合我国网络教育技术标准的汉语言可视化

---

① 本节摘自李向农、张屹、何敏《远程可视化对外汉语教学平台的设计》,《云南师范大学学报》(对外汉语教学与研究版)2008 年第 1 期。

② 参见滕青《传播中华文明 发展远程对外汉语教学》,《中国远程教育》2001 年第 11 期。

教学平台，为各国汉语学习者提供汉语学习的网络化学习环境。

一 学习者需求分析

汉语言可视化教学平台设计所针对的用户群是美国的中学生，但由于对美国中学生的问卷调查时间周期较长，短时间内难以获得问卷调查数据，故对国内的外国留学生和教师进行了有关汉语学习和相关汉语学习平台使用情况的调查。虽然问卷调查的对象不是美国中学生，但调查结果对本平台的开发和设计同样具有指导作用，值得借鉴使用。通过分析，得到以下结论。

（一）平台的设计风格——色彩鲜明、图文并茂

调查显示（见图6-1），学习者首先喜欢的界面设计风格是"文字与图形合理搭配"，其次是"导航清晰"和"较少的文字，较多的图片、视音频"。由此可见，文字与图形排列的杂乱无章及思路紊乱、结构繁杂是目前许多汉语言学习网站的不足之处，特别是对于中学生来说，简洁鲜明的界面更符合其需求。

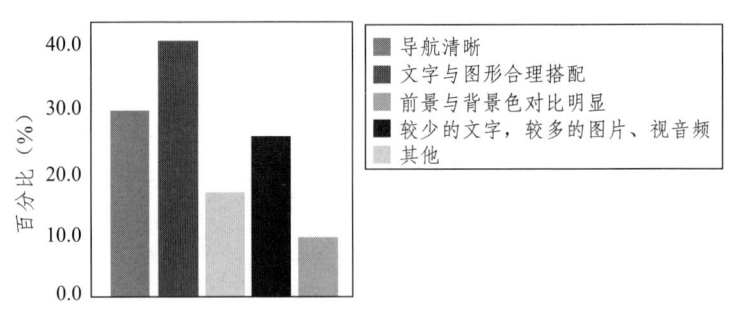

图6-1 学习者喜欢的可视化教学平台界面风格

（二）学习内容——体现中国文化特色、涉及日常生活

在学习内容方面，调查显示，60.7% 的学习者认为了解中国文化有助于学习汉语。并且就内容而言，学习者更喜欢的内容是涉及日常生活的（占 59.8%）和中国传统文化的（占 39.3%）。在对最感兴趣的中国文化的进一步调查中发现（见表 6-1），排序从高到低依次是历史、文学、艺术、武术、民族、饮食和民间艺术。

表 6-1　学习者最感兴趣的中国传统文化（单位：%）

	历史	文学	艺术	武术	民族	饮食	民间艺术
最感兴趣	45.6	35.9	30.4	23.8	22.2	20.2	18.1
比较感兴趣	38.8	36.9	45.1	27.7	43.4	39.4	38.3
不太感兴趣	11.7	15.5	15.7	33.7	26.3	21.2	33.0
最不感兴趣	3.9	11.7	8.8	14.9	8.1	19.2	10.6

（三）学习资源呈现方式——"可视化"的多媒体资源

调查表明（见图 6-2），学习者首先喜欢的学习资源是视音频资源，其次是文字、音频、图形和其他的资源。可见，应将学习资源采用可视化的方式来表征，特别是应用视觉、听觉手段，包括文本、图形、图像、录像、动画、声音、虚拟现实等各种媒体表现形式，强调教学过程的直观性、交互的丰富性与及时性，突出平台的"可视化"特色。

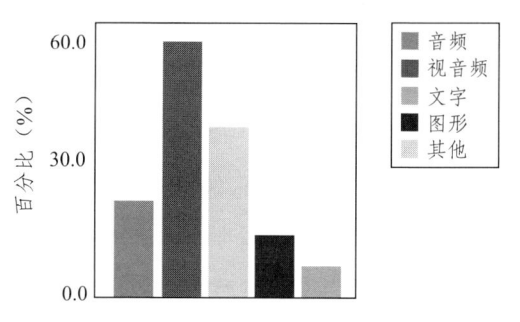

图 6-2　学习者喜欢的汉语学习资源

(四)学习行为——增强交互功能

调查显示,学习者对现有汉语言学习平台不满意的主要原因排序从高到低依次是没有得到相应的辅导(22.4%)、学习内容太难(21.5%)、学习内容陈旧(17.8%)、可视化教学平台制作技术不高(15.9%)、没有好的交流平台(13.1%)。可见,交互功能不强是影响学习者学习动机的主要原因。

进一步调查表明(见表6-2),网络社区是学习者最希望得到的交互功能,有89.2%的学习者希望通过电子邮件、网络社区甚至是在线疑难解答的方式及时解决学习中的困难。特别是中学生学习的自主性和自我约束力不高,设计良好的交互能激发和维持其学习汉语的动机。

表6-2 网络教学平台提供的交互功能

		回答情况		占有效样本的百分比(%)
		人数(人)	百分比(%)	
交互功能需求情况	电子邮件	32	24.8	29.9
	电子公告板	9	6.9	8.4
	网络社区	46	35.7	43.0
	疑难解答	37	28.7	34.6
	其他	5	3.9	4.7
合计		129	100.0	120.6

(五)学习工具——提供电子词典、汉字书写等远程学习工具支持

调查显示(见表6-3),42.3%的留学生认为在学习汉语时遇到的最大困难是汉字繁多,书写困难;41.4%的留学生认为最大的困难是声调复杂,同音异形字多;25.2%的留学生认为语法结构复杂。可见,汉字的学习是汉语学习难点。这与学生最希望得到的学习工

具的支持是一致的,最需要的学习工具依次是电子词典(56.4%)、电子教材(21.6%)、汉字库(18.9%)、电子笔记本(11.7%)。

表 6-3 汉语学习中遇到的困难及需要的学习工具支持

	选项	回答人数	百分比(%)
学习汉语时遇到的最大困难	汉字繁多,书写困难	47	42.3
	声调复杂,同音异形字多	46	41.4
	语法结构复杂	28	25.2
	同一词在不同场合有不同的意思	20	18.0
	对中国的文化背景不了解	5	4.5
	其他	4	3.6
最希望得到的学习工具支持	电子词典	62	56.4
	电子教材	24	21.6
	汉字库	21	18.9
	电子笔记本	13	11.7
	其他	8	7.2

(六)学习支持服务——提供远程学习评价服务

调查表明,44.4%的留学生希望网络教学平台提供远程答疑,38.5%的留学生希望平台提供远程教学辅导服务,21.3%的留学生希望平台提供远程检查作业,14.8%的留学生希望平台提供远程视频授课。可见,学习者都希望平台能提供完善的服务。

二 美国专家访谈分析

通过对美国本土的教育官员和教师的访谈,了解美国教育部门对外语教学特别是汉语言教学的具体要求,以及美国中学生真实的中文教学情况,进一步明晰美国教育主管部门、教师和学生三方面在中文教学中的作用,为我们研发适合美国中学生学习需求、受美国中学外语教师欢迎的平台提供参考。通过访谈,我们得出以下结论。

(一)教学依据:美国国家标准或地方标准

美国各级教育部门通过美国国家标准或各州的外语教学课程标准指导教师的教学。美国教育部门颁布了外语教学课程的国家标准,以使学生接受多种语言的学习,其内容是关于学生在外语教育中应该知道什么、能做什么。这些标准应与各个州或当地的标准、课程构架相结合,从而对地区和学校的学生决议出最佳的方式和最合理的期望。因此各个州根据自己的实际情况,既可以直接使用国家标准,也可在国家标准的基础上,制定各州的外语教学课程标准,让标准真正成为具有可操作性的课程指南。

(二)用户群定位——美国中学生

美国教育机构规定中学生毕业后如果想继续升学,必须在中学阶段选修一门外语课程,同时这门外语课程需达到合格水平,这些条件是作为接受高等教育的必备条件。中国是一个具有悠久历史和文化传统的国家,改革开放以来,中国的经济取得了迅猛发展,越来越多的美国中学生热衷于学习汉语,渴望学习中文以了解中国这个神秘的国度。目前美国本土还没有专门针对中学外语教学和学习的网站,教师和学生非常希望能有专门针对汉语言学习和教学的网站。

(三)学习内容——以专题方式呈现日常生活

访谈分析得出,如直接向中学生呈现汉语言学习的语法结构、拼音、书写等内容起不到良好的教学效果,而将言语学习的功能项目贯穿到学习专题中,使学习活动在相应的情境中展开,学习效果会更加明显。美国中学生在学习中文时,喜欢以专题学习的方式,学会与中国人交流与沟通的日常用语,了解中国的文化。

根据课程大纲的要求,以情境教学为指导思想,以体现不同层次学习水平的学习主题,如体育、艺术、饮食、家庭、动物园、国家省份、天气等话题会使学生产生浓厚的兴趣。

(四)界面设计——简洁明快

访谈者反映目前所接触到的汉语言网站界面设计繁杂,内容凌乱,让学习者感觉眼花缭乱。他们希望有界面简单明快、链接清晰明了、内容主题突出的网站。考虑到中学生的认知特点,结构繁杂、色彩单调的页面很难吸引并维持学生的注意力,而色彩鲜明、图文并茂、主题突出、布局合理的页面对于学生动力的维持能起到很好的效果。因此简洁明快的界面设计更符合中学生的特点。

(五)教学方式——寓教于乐

访谈分析得出美国中学生比较喜欢以猜谜、拼图游戏等方式进行语言学习。美国中学生亦喜欢时尚的信息,如流行歌曲、歌星、体育明星,可向美国中学生介绍中国的时尚元素,如超女、姚明等。教师在课堂上主要采用"角色扮演""协作学习""情景模拟"等教学方式,如每个小组代表中国的一个城市,分别介绍该城市的足球队、天气、旅游景点、饮食等,使学生既能学习到知识又能体会学习的快乐,在一种愉悦欢快的教学气氛中完成学习任务。

三 美国中学生访谈分析

平台的设计对象是美国中学生,为此我们对美国中学生进行采访,了解他们对平台的具体要求以及在学习中的需求,为我们开发具体的平台提供参考。通过访谈,我们得出以下结论。

（一）学习内容——丰富性

访谈者希望平台提供更多的关于中国历史和文化的话题。中国的地理方面可介绍不同城市的分布、方言。游戏方面应与学习之间建立平衡，即游戏要为学习服务，如采用匹配游戏，将汉字和对应的拼音之间连线。网站可涉及一些娱乐方面的话题，如流行音乐、摇滚乐、中学生喜欢的歌星、歌星的风格及类别划分。网站可介绍中国的佛家、道家、儒家思想等，并用中学生能理解的语言介绍。网站还可介绍中国的政府体系，如人大、政协、选举、国务院以及一些简单的新闻，因为中国的政府体系和国外有很大不同。另外在专题方面，可介绍一下中国的环境、物种、动植物等。

（二）设计风格——成人化

对中学生来讲，所设计的网站题材应成人化，如涉及更多的中国历史、文化、地理、中医、音乐、体育、围棋、象棋、音乐等，并且在设计上任何地方最好都采取中英文对照的方式介绍。在学习字的过程中，可采用讲故事的形式介绍这个字，如象形字，并用中英文对照；分析字的结构，如左右或上下结构；字的偏旁与字的含义的联系，如包含"扌"部的汉字一般含有动作义，"氵"与水有联系，等等。

（三）平台功能——更完善

访谈者反映学汉语最大的困难是：（1）声调的变化，这是与中国的外国留学生最大的不同之处。（2）汉字的书写。（3）句型难，汉语句型与英文有很大区别。因此，在网站功能方面要求更全面、完善，特别是所提供的字典、汉字发音、汉字笔画和笔顺书写方面的设计，并且在英文表达方面要求通俗化。

(四)学习方式——在线交流、自我测试

访谈者反映希望提供在线交流的学习社区,如美国的Facebook,在此平台上,学习者可以相互讨论问题,交流感想,并可以看到自己好友的照片及相关信息。访谈者还反映在学习完相关内容后,如采取一些有趣味的、内容由易到难的小测验,会觉得有成就感,提高学习兴趣。

四 平台设计的概念模型

汉语言可视化演示教学平台的研发在充分调研平台用户需求的基础上,参考美国外语教学学会(ACTFL)制定的外国语言教学的标准,依据用户需求信息和外语教学标准,建构平台的概念模型。平台研发以语言情景教学的基本理念为准绳,以为美国中小学汉语学习者提供"汉语言学习支持和服务"为宗旨,以为汉语学习者提供"感受中国文化的土壤"为要义,以为汉语教学者提供"远程汉语教学环境"为目的。汉语言可视化演示教学平台的概念模型如图6-3:

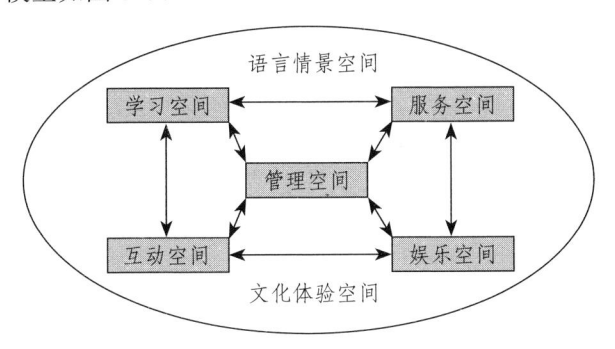

图6-3 平台设计的概念模型

本平台为美国中学生提供中文学习的语言情景空间和中国文化的体验空间，在语言教学理论的指导下，以学习空间、服务空间、互动空间、娱乐空间分别承担汉语言教学的学习、服务、交互和娱乐任务，这些空间都与管理空间有联系，同时这些空间之间又互相发生关联。

以不同的空间建构平台的概念模型，既可清晰展现平台的主要功能，又能体现平台子功能之间的相互关联；既能明晰系统的核心要素，又能表达不同子系统间的关系；既能提纲挈领地表征平台的特色，又能指导系统功能和结构的设计与开发。

五 平台设计的结构和功能

在充分考虑以上几点需求的基础上，把平台细化成汉语言学习、文化中国、交朋友、游乐场和学习工具5个部分。具体如图6-4：

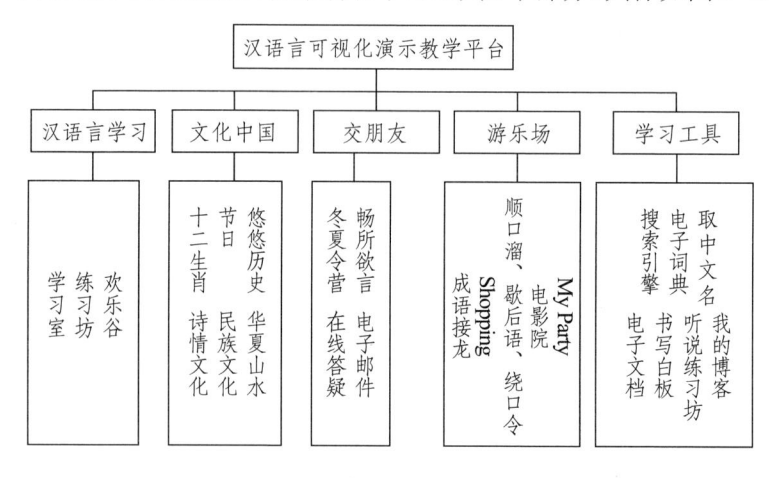

```
            汉语言可视化演示教学平台
    ┌──────────┬──────────┬──────────┬──────────┐
  汉语言学习   文化中国    交朋友     游乐场    学习工具
    │          │          │          │          │
  欢乐谷    悠悠历史   畅所欲言   顺口溜、    取中文名
  练习坊    节日      冬夏令营   歌后语、   电子词典
  学习室    十二生肖   电子邮件   绕口令     听说练习坊
            华夏山水   在线答疑   My Party   搜索引擎
            民族文化              电影院     书写白板
            诗情文化              Shopping   我的博客
                                  成语接龙   电子文档
```

图 6-4 平台设计的结构和功能

（一）汉语言学习

"汉语言学习"是平台汉语教学的主要部分，它承担对汉语拼音、汉语入门知识和日常用语等进行教学的任务，还为后继的汉语学习提供支持。"汉语言学习"模块以情境教学为指导思想，以体现不同层次学习水平的学习专题（如人际交往、家庭、体育运动、地理、天气、明星、商业、神话故事、名人轶事、学校事件、新闻报道、饮食健康等）为主线，将相应的言语功能项目、语法结构和常用词语融入其中。每个主题包含"学习室""练习坊""欢乐谷"三个模块。每个学习模块里又有一些具体的子栏目，安排了整个学习的流程。学习者依据具体的学习路径完成相关专题内容的学习，教师可以根据学生的具体情况，安排教学顺序、分配教学时间。

（二）文化中国

"文化中国"主要是对中国这个具有悠久历史和文化传统的国度的文化的一个介绍，以帮助西方朋友对中国这块土地进行更好地了解和认识。主要分为以下几个板块：（1）十二生肖：以Flash 的形式展现各个生肖的故事，使学习者带着兴趣去了解自己的生肖属相，在此过程中学习汉语。（2）节日（春节、元宵、清明、端午、七夕、中秋、重阳）：通过交互式的情景、丰富的图片和视音频展示中国传统节日的由来、时间、讲究等，并提供交互让学生参与。（3）悠悠历史：以图片的形式讲解我国悠久历史朝代、唐文化、丝绸之路、四大发明、桥、名人。（4）诗情文化（琴、棋、书法、中国画、诗文欣赏、寓言故事）：以动画和视音频交互式呈现相关内容。（5）民族文化：以图文并茂的方式展示京剧、传统服饰、中国民间工艺、中国茶文化、中国古典音乐、中国武术与气功。（6）华夏山水：以图文并茂的方式呈现地势与地貌、河流、湖泊和山川、地方风土人情、各处风景、名胜古迹等。可应用沉浸性虚拟交互策略来创建一种可在中间点击查看具体实体，并能身临其境地感受中国的文化氛围。

（三）交朋友

本部分为学习者提供有效的交互空间，提供自由交流的空间，同时提供在线答疑、电子邮件等个性化服务，以帮助学习者在学习中能及时地和朋友、同学、教师等实体交流学习心得，为学生取得学习帮助、学习指导提供通道。主要分为以下几个板块：（1）冬夏令营：介绍有关冬令营/夏令营的背景，发布有关冬令营/夏令营的公告，介绍近期将举办的冬令营/夏令营，学习者可以通过这个平台寻找不同国家的同伴一起组织参加冬令营/夏令营，在此交互过程中结交朋友，并训练汉语的交流技能。（2）畅所欲言：针对在调研中学习者对交流活动的需求，为学习者提供的一个交流平台，主要提供不同主题的聊天室，特别是提供实时聊天的渠道，使学习者能及时交流心得，从而在某种程度上提高学生的学习兴趣。（3）在线答疑：主要是对学习者的问题进行解答，提供学习者与同学和教师交流的空间，并记录这些问题，以促进平台的建设和维护。（4）电子邮件：满足学习者的交流需求。

（四）游乐场

为学习者提供学习之后调节的娱乐场所。本场所提供的游乐能更好地练习学习者所学的知识，并让学习者在语言情景中习得汉语。主要分为以下几个板块：（1）成语接龙：以普通的成语接龙的形式，为孩子们提供一个学习成语的空间，在接的过程中提供成语的意思和故事的具体内容。（2）Shopping：模拟在超市购物的情景，让学习者在与超市购物情景相似的场景中练习汉语口语以及应用汉语进行交流的技能。(3)顺口溜、歇后语、绕口令：提供寓教于乐的情境，主要学习汉语里的一些顺口溜、歇后语、绕口令等。(4)电影院：提供关于简单汉语的中文电影的点播平台。(5) My Party：提供 party 的虚拟空间，让学习者可以虚拟地举行 party 并可以听音乐、唱歌等。

（五）学习工具

本部分主要为学习者提供学习帮助和评价工具，以更有效地促进学习者的下一步学习。主要分为以下几个板块：（1）搜索引擎：为学生提供一个汉字的搜索，对汉字的听、读、写演示、写练习等提供动画演示和互操作交互。（2）电子词典：可以英汉互译，由于学习者英语掌握较好，英汉互译能帮助学习者更好地理解汉语的词义。（3）取中文名：给外国小朋友取与其外文名相关的中文名，并显示如何书写和发音，同时介绍一下有关姓氏的来源问题、起名字的讲究等。（4）电子文档：利用电子文档作为一个问题空间的检查，从而为学生、教师以及网站的管理者提供一个反思的空间。（5）书写白板：创建一个白板式的书写空间，让学习者能根据画面的情景，练习汉字书写，并在书写完成之后及时给学习者有效的反馈信息。（6）听说练习坊：提供依据情景练习听、说的虚拟练习空间，创建学习者应用汉语进行交流的机会。（7）我的博客：提供自我书写博客的空间，让学习者从小形成良好的管理自己学习资料、学习内容、学习进度等相关学习事件的习惯。

六 平台特色

(一) 色彩鲜明、变插图为插文

针对中小学生的特点和需求，设计色彩鲜明、图文并茂的界面，并且以动态的图片形象地展现内容，吸引学生的注意力。界面设计生动活泼，采用卡通动画的形式，以符合中小学生的心理和喜好，激发学生的学习兴趣。变插图为插文，即以图片为主，文字为辅。这样做一方面是采取中小学生最喜欢的学习方式；另一方面，从易到难，符合学生的认知水平和能力。

(二) 完整的学习流程

平台以专题的形式呈现学习内容，为学习者设置的学习路径大致遵循"学习室""练习坊""欢乐谷"的顺序，并在每个子模块下又按照教学的流程细分为一些子栏目，如在"学习室"模块下又细分为情景新尝、情景对白、场景展示、语言注解、自评。依据这个学习路径，围绕学习专题，开展教学活动，将语言知识置于情景中学习，并通过相应的路径引导学生的学习。

(三) 寓教于乐

平台设计突出学习与娱乐相结合，使学生在一种良好、欢快、生动有趣的气氛中学习。平台设置了游乐场栏目，并添加了成语接龙、Shopping、顺口溜、电影院、My Party（音乐、儿歌、歌曲），使学习者在游戏中体验学习汉语的乐趣。

(四) 充分体现交互性

平台设计时考虑中小学生的特点及需求，设计学习者与学习资源的个性交互，与学习环境中的教师、同学、指导者等的社会性交互，如制作可视化的汉语言学习资源突出个性交互，设置"交朋友"和"游乐场"模块充分展现各种社会性交互，特别是"在线答疑""书写白板"等都有较强的交互。

（五）语言学习与文化学习结合

平台不仅提供学习者学习汉语拼音、汉语书写、汉语会话的语言学习资源，而且提供关于中国文化的丰富的学习资源，突出传统文化中学习者感兴趣的部分，如历史、文学、艺术、武术、民族、饮食和民间艺术等内容，平台通过图片、动画、视音频的方式向用户展示了中国文化。

七 结语

对外汉语教学正是将中国文化的深厚底蕴和汉语的独特魅力展现给世界的一种跨文化教育传播行为。[①] 汉语言可视化演示教学平台在设计过程中充分针对学习者的认知规律，将汉语的精华和中国文化有机结合，采用寓教于乐的教学方式，以文本、动画、视音频等多种方式呈现学习内容。此平台的开发有利于美国中学生学习汉语语言知识，并了解中国的传统文化，为汉语学习的师生提供专业化的汉语言教学空间，为数字化的汉语资源提供全方位的服务。

---

① 参见梁美娜《跨文化传播中的对外汉语教学网站的设计与开发》，赵星领、王继新主编《教育技术的创新、发展与服务——第五届教育技术国际论坛论文集》（上册），华中师范大学出版社 2006 年版。

第二节　多媒体汉语口语教学效果分析[①]

对外汉语教学中的口语课一直是多媒体手段使用比较多的课型，这与口语课的目标和性质不无关系。对于多媒体口语教学的研究也有了不少成果，主要集中在论证多媒体教学对口语课堂的贡献和重要性[②]、多媒体资源的发掘与设计方法[③]、多媒体资源使用的原则与注意事项[④]等，以及汉语口语多媒体教学的实验结果分析[⑤]。

笔者在 2009—2010 年教授中级和高级"汉语口语"课程时，针对口语课堂上多媒体资源使用的效果，对学生进行了问卷调查。本节基于调查问卷的结果以及部分课堂教学观察记录，对得到的反馈与数据进行分析，以期总结出一些多媒体教学手段在中高级口语课堂上的具体使用效果和原则。

---

① 本节摘自李向农、张晓苏《留学生"汉语口语"多媒体辅助教学效果分析》，《云南师范大学学报》（对外汉语教学与研究版）2012 年第 5 期。

② 参见郑艳群《关于建立对外汉语教学多媒体素材库的若干问题》，《语言文字应用》2000 年第 3 期。

③ 参见于谦《汉语口语课堂教学课件设计研究》，北京语言大学硕士学位论文，2004 年。孙德平、何华珍《网络资源在语言类课程教学中的开发利用》，《汉字文化》2010 年第 1 期。

④ 参见王晓玲《多媒体教学素材库建设的研究》，辽宁师范大学硕士学位论文，2005 年。

⑤ 参见郑艳群《汉语口语多媒体教学的体验和思考》，《汉语学习》2005 年第 2 期。

一 针对中高级口语课堂多媒体教学的调查

（一）调查目的

调查多媒体在中高级口语课堂上的使用情况，以查看不同类型多媒体资源在具体使用上的评价和效果。

（二）调查对象与内容

笔者选择了自己教授的某高校国际汉语硕士班（高级汉语水平，共11人）以及汉语本科二年级某班（中级汉语水平，共17人）的学生作为问卷调查的对象。两个班都是混合班，学生分别来自越南、泰国、韩国、日本、哈萨克斯坦、土耳其、法国、比利时等不同国家。授课教师都是同一人。

使用的教材是《高级汉语口语》上册（北京大学出版社，1997年）和《中级汉语口语》上册（北京大学出版社，1996年），教材内容以一家中国人及其亲戚朋友的生活发展为主线，采取对话式的课文编写方式，话题涉及工作、生活、婚恋、民俗等方面，每册教材分别有15课，两个学期总共30课内容。

我们的课程进度基本上是4—5课时完成一课，其中生词和课文2课时，练习1课时，相关话题拓展1—2课时。采用的多媒体手段有图片、音频、PPT文字、视频等。

（三）调查过程及结果评估

在教学过程中对学生的课堂表现进行尽可能客观的观察与记录，并在学期结束时采用问卷与访谈的方式对学生的感想、意见进行采集，并据问卷得到的信息进行分析。教师对课堂情况的记录作为对比和旁证。

二 中高级口语课堂多媒体使用效果调查分析

经过两个学期分别在中级和高级口语课堂上的教学,我们对学生的课堂表现做了一定的记录,学期末的问卷和访谈主要着眼于学生的主观感受,以及对教学的意见和建议等。问卷反映出的倾向与记录的情况基本一致,可以相互作为印证。我们设计的问卷主要对下列方面进行考察。

(一)学生对多媒体课堂的总体感受

问卷调查的结果显示,所有的学生对多媒体教学都有好感。通过刺激多种感官,能使学生的注意力长时间保持集中,比单纯依照课本进行讲读的教学更有吸引力,获得知识的效率更高。[①]

(二)学生对各类多媒体资源调度和使用的偏好

课堂教学常用的多媒体资源主要有图片、PPT 文字、音频、视频等类型,[②] 通过问卷调查,我们发现,想要取得比较好的教学效果,在不同的授课环节应该侧重使用不同类型的教学资源。

我们在问卷中设置了 4 个问题——"在讲授生词/课文/口语练习/话题拓展(问卷中分列为 4 个问题)的时候比较喜欢何种多媒体资源?(可多选)"——每题设有 5 个选项(图片、PPT 文字、音频、视频、板书),主要考察多媒体教学资源在各个授课环节使用的评价。得到如下数据:

[①] 参见郑艳群《多媒体汉语课堂教学方法》,《语言文字应用》2006 年第 1 期。

[②] 参见陈作宏《多媒体在对外汉语高级口语教学中的运用》,《民族教育研究》2006 年第 1 期。

表 6-4　学生在不同授课环节对不同类型多媒体资源需求统计表（单位：人）

	生词		课文		口语练习		话题拓展	
	中级	高级	中级	高级	中级	高级	中级	高级
希望使用图片	8	4	4	2	1	2	9	8
希望使用 PPT 文字	17	11	15	6	4	2	2	0
希望使用音频	1	2	4	2	5	1	2	1
希望使用视频	4	3	2	0	17	11	17	11
希望使用板书	12	9	5	2	4	4	2	1

从表 6-4 可以看出，中级水平的学生与高级水平的学生在选择上并没有明显的差异，从参加总人数来看，结果如图 6-5 所示[①]：

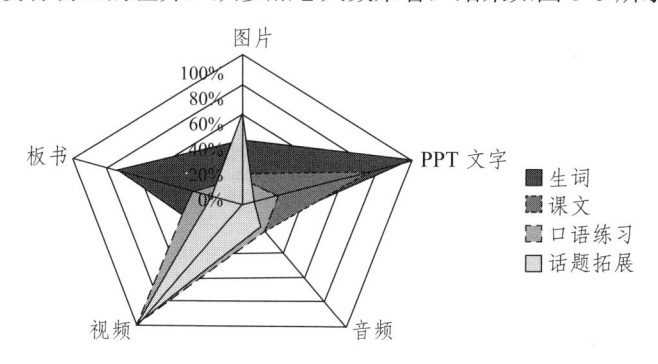

图 6-5　学生在不同授课环节对不同类型多媒体资源需求分布图

根据图 6-5 中的分布可以看出，中高级汉语水平的留学生在口语课堂上学习不同内容时，对各种多媒体资源的需求与评价也是不一样的。

几乎所有的学生在这几道选择题中都选择了不止一项（结

---

① 图中的百分比显示的是在问卷中选择此项的学生总人数比率。计算公式为：选择此项的学生人数 / 参加问卷调查的总人数 ×100%。

论），这表明在某一环节仅使用某一种多媒体资源进行教学是不大合适的。学习生词和课文的时候，学生倾向于教师使用 PPT 文字和板书、图片相结合的方式，音频和视频也有极少数学生选择，理由是可以"加深记忆"和"正音"；在做口语练习时，所有的学生都期望教师使用视频资源，同时也有学生乐于见到其他形式，原因是"可以多角度展示老师讲解的内容，以便理解得更清楚"；在进行话题拓展时，也是全部学生都期望看到视频资源，同时有很大一部分学生也愿意看到图片，如果使用其他多媒体资源进行，同时能够辅助讲解亦可接受。

总体来说，视频和 PPT 文字在口语课堂上最受学生的欢迎，视频资源同时从视觉和听觉两大感官上刺激学生，使他们接收信息的效率更高，同时思维也更加活跃；PPT 展示文字节省了教师板书的时间，注视讲台比低头看课本更能集中注意力。图片和音频在一些学生看来也有一定的地位，根据访谈，学生认为图片在讲解部分生词的时候起到直观的展示作用，而音频资源，如朗读生词和课文，可以帮助学生正音，同时也有少部分学生认为音频资源的运用有助于提高口语交际中的听辨能力。

板书并非多媒体教学资源，但不少学生对口语课堂上的板书持肯定的态度。经过访谈得知他们的理由如下：首先，当教师回答学生提问时，很难马上找到相应的多媒体资源，这时板书就成了比较有效的解释方式；其次，PPT 文字和图片等多媒体资源虽然能够加快教学进度，但学生也期望能够有根据自己的需要记笔记的时间；最后，进行口语练习和话题拓展时，学生根据教师的要求进行口头表达，然后教师根据学生的现场表达情况进行指导，教师可以将值得注意的内容板书出来，方便学生记忆。

另外,我们对视频和音频资源在课堂上的使用时间长度和频率也做了调查和实验。问卷结果显示,学生觉得比较合适的视频时间长度为 3 到 15 分钟,其中较多的学生认为 10 分钟左右最为合适;学生期望的音频使用时间相对就要短很多,普遍认为 3 到 5 分钟已经足够。在进行口语练习和话题拓展时,教师本人也对不同时长的多媒体资源使用效果进行了观察和记录,发现一节课(45 到 50 钟内)可以放映 1 到 2 段视频内容,总时长以 10 分钟左右为宜,最好不要超过 15 分钟,放映时间过长不仅会占用学生开口说的时间,而且也容易致使学生走神或者视觉疲劳,以至于放映结束之后学生的兴趣和表达欲望降低。

(三)学生在多媒体资源内容和风格上的偏好

在问卷中,我们就多媒体资源的内容与风格喜好方面也设置了一些问题,对学生进行了调查。我们提供一系列的选项,然后要求学生将这些选项按照好感度降序排列,并鼓励学生补充选项中未提及的方面,得到如下结论(见表 6-5):

表 6-5 学生对不同形式多媒体资源好感度统计表

学生喜爱的多媒体资源类别降序排列	视频 >GIF 图片 > 静态图片 >PPT 文字 > 音频
学生喜爱的多媒体资源内容特点降序排列	幽默的 > 优美的 > 令人感动的 > 令人深思的 > 令人气愤的 > 其他

我们曾在口语练习和话题拓展环节播放不同内容的视频片段,并记录了 25 个课时中学生的回应情况,结果见表 6-6:

表 6-6　学生对不同内容多媒体资源使用反应统计表

	播放次数	对教师产生积极回应人次[①]	对教师产生消极回应人次[②]	积极响应：消极响应[③]
幽默的	21	74	11	6.7∶1
优美的	7	19	8	2.4∶1
令人感动的	10	31	5	6.2∶1
令人深思的	2	9	5	1.8∶1
令人气愤的	5	10	7	1.4∶1
其他	1	3	3	1∶1

将不同内容视频片段按照播放之后学生响应度降序排列为：

幽默的＞令人感动的＞优美的＞令人深思的＞令人气愤的＞其他。

其中"优美的"和"令人感动的"的顺序与问卷结果有出入，其他选项基本一致。

我们列出一些可视性多媒体资源画面的风格特点（清晰、画面优美、简洁、画面平稳、颜色鲜艳、具有艺术性等等），让学生选择最重要的三项，学生普遍选择了清晰、简洁、画面平稳；另外，根据问卷调查和访谈得知，学生对卡通动画与真实录像的好感度基本持平，没有特别明显的偏好，仅在内容和风格上有要求。

---

① 包括主动要求发言、主动参加教师设计的活动、愿意并能够回答教师的问题、愿意参加并能完成教师设计的活动等情况。

② 包括拒绝发言、拒绝参加教师设计的活动、回答不出教师的问题、完不成教师设计的活动等情况。

③ 显示积极响应与消极响应的对比度。计算公式为：（对教师产生积极回应人次/播放次数）/（对教师产生消极回应人次/播放次数）∶1。

三 问卷调查分析结论

笔者对中级和高级汉语水平的学生就口语课堂的多媒体使用情况进行了问卷调查,并以自己授课时观察记录的部分数据作为佐证,分析得到如下结论。

(一)中高级汉语水平的学生对多媒体口语教学持高认可度

口语教学的目的在于培养学生的口头交际能力,而交际总是在一定的真实环境中发生的,在课堂上使用多媒体资源对真实环境进行展现与模拟,[①]可以说是口语教学的重要手段。中高级汉语水平的学生普遍认可多媒体口语教学,这一教学方式在培养学生对课程的好感、吸引学生注意力、激发学生的思维和表达欲望等方面都取得了较好的效果,因而值得继续坚持和大力推广。

(二)中高级课堂上的多媒体教学应遵循一定的原则

第一,多媒体资源类型丰富多样,功用和效果也不尽相同,故应根据具体的授课环节选择不同类型的资源。具体而言,在生词讲解和课文讲解阶段,PPT文字由于其清晰、快速的特点而比较受欢迎;在进行口语练习和话题拓展时,则可以用视频或者音频及图片来吸引学生的注意力,刺激其思维,使其产生表达的欲望。第二,不同的多媒体资源可配合使用且应注意控制时间。调查问卷的结果显示,学生期望教师使用多种多媒体资源进行教学,以达到最佳的效果。值得注意的是,对于非多媒体资源的板书,学生的需求较大而且评价不低,其配合作用也不可忽视。教师在

---

① 参见宗胜男《多媒体在对外汉语口语教学中的应用》,东北师范大学硕士学位论文,2010年。

使用多媒体资源时也要注意把握时间和频率，如每节课视频的使用，数量上以 1 至 2 段，总时长在 5 到 15 分钟为宜。第三，通过对学生的调查，以及教师自己的记录、对其他教师的访谈，得知口语课堂的整体气氛应轻松愉快，在此基调上进行的口语教学是比较顺畅而富有成效的，所以多媒体资源的选择也应符合这一标准，尤其是在进行口语练习和话题拓展时，以使用具有幽默、优美风格，能激发学生正面情绪的材料为主，最好能够展示动态画面，这样的多媒体资源能够更有效地使学生对教师产生较多的积极回应。第四，在运用多媒体资源进行教学的时候，教师应根据课堂需求，经常变换使用手段和方法，以避免成为"放映员"。如一段视频内容，可以完全播放，然后请学生复述内容、回答问题或发表看法；也可以只播放画面关闭声音，让学生"配音"或者只播放声音关闭画面；或者只播放一半，让学生推测情节；等等。这样可以保持学生的好奇心和新鲜感，有一定的想象空间，不至于觉得教学死板老套。

四 余论

本节分析了针对中高级汉语水平的学生所进行的调查问卷结果，总结出一些关于中高级汉语口语课堂上多媒体资源使用的原则，但由于问卷主要反映的是学生的主观期望和感觉，且数量和题量有限，有一些问题没有纳入考察范围之内，如对各类多媒体资源的评价是否具有国别差异、依据这些原则的具体教学成果检测等等，这也是笔者进一步研究的方向。

第三节　利用电子抽认卡学习汉字的实证研究[①]

近年来，汉语学习在全球范围内迅速升温。对于学习汉语的外国学生来说，汉字习得特别是字音、字形、字义的记忆是一项艰巨的任务。多媒体学习材料的日渐丰富，为外国学生的汉字学习提供了新的途径。近年来，针对汉语字词记忆比较流行的多媒体辅助性教学材料，是基于计算机的带有字词发声和汉字笔顺动画等内容的电子抽认卡（Digital Flash Card）。

这种电子抽认卡吸引着国外众多的汉语学习者。例如，笔者针对美国某大型公立研究型高校全体汉语初学者的问卷调查就曾发现，与纯文字的、有文字和生词发声的，以及有文字和笔顺动画的电子抽认卡相比，超过73%的学生更喜欢使用既有生词发声又有笔顺动画的多媒体电子抽认卡。电子抽认卡虽属学生自习的常用工具，但有关抽认卡（包括电子的和纸质的）对知识记忆（包括语言或其他学科知识）影响的实证研究却相对匮乏。目前美国教育学论文数据库ERIC、《美国中文教师学会学报》、中国期刊全文数据库收集了上千万份文献，但针对该主题的实证研究的

[①]　本节摘自朱宇《再探电子抽认卡对美国汉语初学者汉字记忆的影响》，《世界汉语教学》2010年第1期。

期刊论文只有五篇[①]，而关于汉字抽认卡对汉字记忆影响的期刊论文迄今只有笔者和同事的一篇（Zhu & Hong，2005），以下就称其为本节的前期研究。

一　文献回顾与理论框架

（一）双重编码系统：功用和效应

双重编码理论（Dual Coding Theory）假设语言文字的刺激、非语言文字的刺激经由不同的感知通道，以再现衔接的形式在人的大脑里形成词元（Logogen）和像元（Imagen）。词元之间的联系性衔接构成语言文字系统，像元之间的联系性衔接构成非语言文字系统。这两个系统各自的内部联系网络是思维的基本结构，系统表征的启动是思维的基本运转方式。两系统分别产生语言文

---

　　① 参见 Kanevsky, L. Computer-based math for gifted students: Comparison of cooperative and competitive strategies. *Journal for the Education of the Gifted*, 8(4), 1985. Byrnes, M. E., Macfarlane, C. A., Young, K. R. & West, R. P. Using precision teaching to teach minimum competency test skills. *Teaching Exceptional Children*, 22(4), 1990. MacQuarrie, L. L., Tucker, J. A., Burns, M. K. & Hartman, B. Comparison of retention rates using traditional, drill sandwich, and incremental rehearsal flash card methods. *School Psychology Review,* 31(4), 2002. Zhu,Y. & Hong, W. Effects of digital voiced pronunciation and stroke sequence animation on character memorization of CFL learners. *Journal of the Chinese Language Teachers Association*, 40(3), 2005. Szadokierski, I. & Burns, M. K. Analogue evaluation of the effects of opportunities to respond and ratios of known items within drill rehearsal of Esperanto words. *Journal of School Psychology,* 46(5), 2008.

字型和非语言文字型的反应。[①] 两个系统之间的衔接是参照性衔接，这种衔接"连接了相应的语言文字码和图像码，并允许大脑将图像转为词语，以及将词语转为图像"[②]。

双重编码理论认为，大脑对图像的加工属于"详述"（Elaborative）或者/以及"整合"（Integrative）的过程，能够有助于学习者对学习材料的记忆（Clark & Paivio，1991）。"详述过程"指图像码对语言文字码的附加效应。[③] "整合过程"指

[①] 参见 Paivio, A. *Imagery and Verbal Processes*. New York: Holt, Rineahart and Winston, 1971. Paivio, A. *Mental Representations: A Dual-Coding Approach*. New York: Oxford University Press, 1986. Paivio, A. & Begg, I. *Psychology of Language*. Englewood Cliffs, NJ: Prentice Hall, 1981. Clark, J. M. & Paivio, A. A dual coding perspective on encoding processes. In McDaniel, M. A. & Pressley, M. (eds.) *Imagery and Related Mnemonic Processes: Theories, Individual Differences, and Applications*. New York: Springer-Verlag, 1987.

[②] 参见 Clark, J. M. & Paivio, A. Dual coding theory and education. *Educational Psychology Review*, 3(3), 1991.

[③] 参见 Paivio, A. Coding distinctions and repetition effects in memory. In Bower, G. H. (ed.) *The Psychology of Learning and Motivation*, Vol. 9. New York: Academic Press, 1975. Paivio, A. & Lambert, W. Dual coding and bilingual memory. *Journal of Verbal Learning and Verbal Behavior*, 20(5), 1981. Vaid, J. Bilingual memory representation: A further test of dual coding theory. *Canadian Journal of Psychology*, 42(1), 1988.

通过部分线索回忆全部表述。[1]Mayer & Moreno（1998）[2] 的研究为工作记忆（Working Memory）中存在的双重运行系统提供了支持性的证据。

（二）分散注意效应：原理和证据

分散注意效应（Split-attention Effect）常见于多媒体实验中，它是双重编码理论框架下的一个新发现。

很多对知识回忆或应用的实验研究一致发现，由于分散注意效应的存在，与视听信息同时展现（简称 AN）相比，文字与动画信息的同时展现（简称 AT）更可能限制认知资源。Mayer & Moreno（1998）以双重编码理论解释了 AT 实验条件。他们认为，该实验条件模仿了一种可能导致注意力分散的学习环境。这是因为文字与动画的感知均需通过视觉通道传入人脑，而人类任何一个特定感官的认知资源都是有限的。Moreno & Mayer（2000）[3] 还测试了多媒体学习中声音与背景音乐的效应，并且发现了两者同时呈现对于知识回忆及应用的负面效果。这与双重编码理论关

---

[1] 参见 Paivio, A. Mental imagery in associative learning and memory. *Psychological Review*, 76(3), 1969. Bower, G. H. Imagery as a relational organizer in associative learning. *Journal of Verbal Learning and Verbal Behavior*, 9(5), 1970. Begg, I. Imagery and integration in the recall of words. *Canadian Journal of Psychology*, 27(2),1973.

[2] 参见 Mayer, R. & Moreno, R. A Split-attention effect in multimedia learning: Evidence for dual processing systems in working memory. *Journal of Educational Psychology*, 90(2), 1998.

[3] 参见 Moreno, R. & Mayer, R. A coherence effect in multimedia learning: The case for minimizing irrelevant sounds in the design of multimedia instructional messages. *Journal of Educational Psychology*, 92(1), 2000.

于特定感官认知资源容量有限的假设是相符的。

一些研究声称冗余信息展示可以导致有助于学习的双重感官效应,① 而另外一些研究则报告了其负面的注意力分散效

---

① 参见 Broadbent, D. E. Successive responses to simultaneous stimuli. *Quarterly Journal of Experimental Psychology*, 8(4), 1956. Nickerson, R. Intersensory facilitation of reaction time: Energy summation or preparation enhancement. *Psychological Review*, 80(6), 1973. Treisman, A. M. & Davies, A. Divided attention to Ear and Eye. In Kornblum, S. (ed.) *Attention and Performance, IV*. New York: Academic Press, 1973. Halpern, J. & Lantz, A. E. Learning to utilize information presented over two sensory channels. *Perception and Psychophysics*, 16(2), 1974. Kinchla, R. A. Detecting target elements in multielement arrays: A confusability model. *Perception and Psychophysics*, 15(1), 1974. Colquhoun, W. P. Evaluation of auditory, visual, and dual-mode displays for prolonged sonar monitoring in repeated sessions. *Human Factors,* 17(5), 1975. Hede, A. J. Dichotic and bisensory grouping effects. *Quarterly Journal of Experimental Psychology,* 32(2), 1980. Martin, M. Attention to words in different modalities: Four-channel presentation with physical and semantic selection. *Acta Psychological,* 44(2), 1980. Kobus, D. A., Russotti, J., Schlichting, C., Haskell, G., Carpenter, S. & Wojtowicz, J. Multimodal detection and recognition performance of sonar operators. *Human Factors,* 28(1), 1986. Penney, C. G. Modality effects and the structure of short-term verbal memory. *Memory and Cognition,* 17(4), 1989. Lewandouski, L. & Kobus, D. A. Bimodal information processing in sonar performance. *Human Performance*, 2(1), 1989. Lewandowski, L. & Kobus, D. A. The effects of redundancy in bimodal word processing. *Human Performance,* 6(3), 1993. Montali, J. & Lewandowski, L. Bimodal reading: Benefits of a talking computer for average and less skilled readers. *Journal of Learning Disabilities,* 29(3), 1996.

应。[1] Moreno & Mayer（2002）[2] 试图解决关于冗余信息效应的矛盾性结论。他们进行了一系列研究来考察是否以及在何条件下字幕会有助于对科学课多媒体材料旁白的记忆。他们的研究发现，只有当竞争性的视觉展示（比如活动的画面）不存在时，字幕才有助于对旁白的学习。而当字幕和活动的画面同时展示时，由于视觉感官的认知资源有限，会导致分散注意效应。

（三）前期相关研究

笔者和同事的前期相关研究（Zhu & Hong，2005）目的在于检验汉语生词电子抽认卡通常附带的笔顺动画和真人发声对美国高校汉语初学者的汉字字形记忆的影响。

前期研究发现，电子抽认卡的单词发声对汉字字形记忆有帮助，但尚未达到统计显著水平，而其单词笔顺动画对字形记忆的负面干扰具有统计显著性（$p=0.02$，$df_1=1$，$df_2=76$）。同时，生词的笔顺动画与发声存在显著的交互作用（$p=0.02$，$df_1=1$，

---

[1] 参见 Chandler, P. & Sweller, J. The split-attention effect as a factor in the design of instruction. *British Journal of Educational Psychology*, 62(2), 1992. Smith, B. D., Miller, C., Grossman, F. & Valeri-Gold, M. Vocabulary retention: Effects of using spatial imaging on hemispheric-preference thinkers. *Journal of Research and Development in Education,* 27(4), 1994. Mousavi, S. Y., Low, R. & Sweller, J. Reducing cognitive load by mixing auditory and visual presentation modes. *Journal of Educational Psychology*, 87(2), 1995. Kalyuga, S., Chandler, P. & Sweller, J. Managing split-attention and redundancy in multimedia instruction. *Applied Cognitive Psychology*, 13(4), 1999.

[2] 参见 Moreno, R. & Mayer, R. Verbal redundancy in multimedia learning: When reading helps listening. *Journal of Educational Psychology*, 94(1), 2002.

$df_2=76$),具体而言,有发声无笔顺动画的抽认卡对汉字字形记忆帮助最大,其次是无发声无笔顺动画抽认卡,再次是无发声有笔顺动画抽认卡,而有发声有笔顺动画的抽认卡对生词的字形记忆效果最差。前两者与末者对字形记忆影响的差距均达到统计显著水平(针对 Least Squares Means 的 T 检验 p 值分别为 0.0002,$n_1=9$, $n_2=35$,和 0.003,$n_1=32$,$n_2=35$)。

汉字是形、音、义三位一体的,而前期研究(Zhu & Hong, 2005)只检验了电子抽认卡对汉字字形记忆的效果。后测二实际上搜集了学生字音、字义记忆的相关数据,然而在前期研究未及对其进行统计分析。在此,本节研究将更充分利用数据以求完整理解电子抽认卡对汉字形、音、义信息记忆的影响。

与此同时,前期研究的某些发现与人们通常的猜想有所背离,而作为前期研究的理论解释框架,Paivio(1971、1986)的双重编码理论从未在汉字认知实践中加以验证,对这些现象可能并不完全适用,故笔者在此也结合本节研究实际情境,对该理论进行了反思,引入了新的概念,形成可包容、解释汉字抽认卡认知实践的新的编码理论猜想。

(四)混合刺激及混合码:概念与流程假想

双重编码理论自从创建以来不断被证实并得以完善。然而,和其他很多理论一样,双重编码理论仍然有着很大的改进空间。抛开它没有解释触、嗅、味等其他感官在认知过程中的作用不谈,仅考虑它最关注的视、听感官对于认知的作用,在经典的"双重编码理论语言文字与非语言文字符号系统"示意图中,人们看到的是一个略有关联的非此即彼的二分系统。在外来刺激阶段,只有泾渭分明的语言文字类刺激或者非语言文字类刺激,词元和像元也只有在进入人的大脑后才通过参照性衔接得以关联。然而，日常经验却告诉我们，视听的刺激虽然多数可以划分为语言文字与非语言文字两大类，但是，仍有相当一部分是属于混合型的。这种混合不是简单的文字与图像的配合，也不是大脑加工后产生的语言文字与非语言文字系统的参照性关联，而是一种在语言文字刺激中蕴含想象性图像，或者以动画等图像刺激呈现语言文字。也就是说，在大脑的认知神经进行任何编码工作之前的外界刺激阶段，这种字中带图，或以像示文的语言文字与非语言文字体系之间难分彼此的密切关联已经存在。

这种刺激虽然不如单纯的语言文字、非语言文字刺激或两者图文共现的刺激普遍，但它在人类的认知活动中起到的帮助理解、吸引注意从而加深记忆的重大作用却是不可忽略的。例如，在统计学中，我们常用"钟形曲线"（Bell-shaped Curve）一词代替"正态分布曲线"。"钟形曲线"一词，对于认知神经系统就是一种以文字蕴含图像的刺激。又比如，在文学作品中常常使用的很多比喻也是文字蕴含图像的刺激的典型例证。这类以文字蕴含图像的刺激之特性是：在熟悉的与陌生的概念之间，或者具体的与抽象的概念之间进行搭桥，以辅助对后者的理解，并允许学习者在此基础上进行认知重构。

以图像特别是动画形式呈现文字，也是我们在生活中常见的，比如，街市上霓虹灯展现的店铺、商号名称，或者网页上的动画文字。这些刺激信息虽然不会对文字的理解程度有提升，但在唤起人们对其注意方面，确有独到的功效。

本节对以文蕴图或者以像示文的刺激（统称混合刺激）在双重编码理论系统的流程假想为：混合刺激通过感知通道（主要指

视、听通道）由大脑加工成为词像元（Logo-imagen）。词像元之间的衔接是联系性衔接。词像元及其衔接形成的特殊系统既可能直接导致语言文字反应或非语言文字反应，也可能通过与语言文字或非语言文字系统的参照性连接最终形成语言文字反应或非语言文字反应（见图 6-6）：

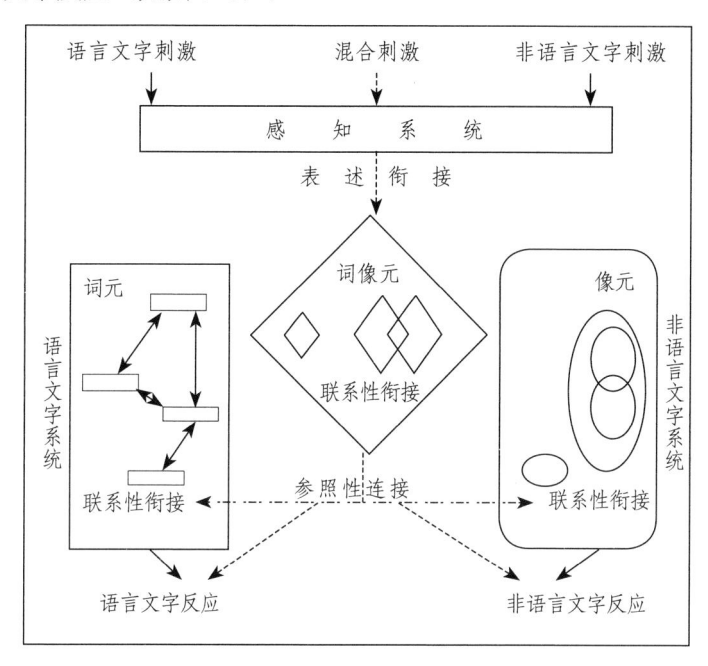

图 6-6　混合刺激在双重编码系统中的流程假想
[据 Paivio（1986）改编]

以文蕴图或者以像示文的刺激，对于知识的学习，或者更具体地说对于知识记忆的效应究竟是怎样的？目前尚未查到相关实证性研究。本研究的前期研究（Zhu & Hong，2005），曾试图以双重编码理论为理论框架，但是研究的发现只得到部分解释。这也是笔者在此重新思考前期研究及双重编码理论的主要动因。

（五）本研究的理论框架与统计假设

基于 Paivio（1986）的双重编码理论，本节提出新的双重编码理论假想。如前讨论，目前，双重编码理论主要研究认知神经系统如何处理语言文字或者非语言文字的刺激。而本节使用的多媒体学习材料所包含的刺激不止这两种。具体而言，四种抽认卡涉及的感知渠道、信息表达形式以及信息性质可概括如表 6-7。

由表 6-7 可见，信息表达形式与信息的性质是相关但未必相等的关系。比如通过视觉而感知的文字信息，在本节中，进一步细化分成了"静字"（普通的文字）、"动字"（按笔顺以动画显示的文字）、"字图"（引发图像联想的文字，在实验学习材料的记忆术里有大量使用）三种。其中静字、字图两者的效应限于实验条件尚未进一步甄别、施测，但是在讨论中，仍可根据双重编码理论对其功效进行猜想。

表6-7 本实验材料信息形式、性质

抽认卡类型	感知渠道	信息表达形式	信息性质
无发声无动画	视觉	文字	静字、字图
无发声有动画	视觉	文字、动画	静字、字图、动字
有发声无动画	视、听	文字、声音	静字、字图、字音
有发声有动画	视、听	文字、动画、声音	静字、字图、动字、字音

本节理论框架的独特之处在于考虑了认知系统对于混合刺激的加工流程。而这种混合刺激，不是以往文献详尽讨论过的图文并茂的信息，而是以文蕴图，或以像示文的情况。认知神经系统对这种混合刺激的反应尚有待进一步深入研究，然而，可以合理假设的是，这种混合刺激更有可能越过参照性衔接这一步骤而直接形成特殊信息码，并最终形成语言文字反应或非语言文字反应。

在数据分析方面，为了适应本研究新的目标，即综合考虑学生对目标生词的字形、拼音以及词义记忆的成绩，将前期研究数据分析时使用的双向协方差分析（2-Way ANCOVA）替换为多元协方差分析（Multivariate ANCOVA）。

由于缺乏抽认卡的相关研究，在此只能对电子抽认卡的生词发声和笔顺动画对汉字信息记忆的效应做统计零假设（Null Hypotheses），具体为：电子抽认卡的生词发声、笔顺动画及其交互因素对汉字形、音、义的记忆均无效应。

二 研究方法

更为详尽的研究设计，请参见 Zhu & Hong（2005）。为便于读者了解本节的实验方法，现将主要信息摘要如下。

（一）被试

参与实验的 100 名学生来自美国中西部一所大型公立研究型大学。外语课是该校很多专业本科生攻读学位必修的课程。这 100 名学生约 38% 是美国白人学生，2% 是美国黑人学生，其余 60% 为其他国家、地区（主要来自东南亚）的学生。从专业上看，这些学生主要来自该校的数个不同的工程学院。学生经过分班考试，被安排在初级汉语班，截至实验开始已经在该校修读了一个学期（每周 5 节）的汉语课，使用的教材是《实用汉语课本 I》（商务印书馆，1981 年）。在实验中，他们被要求记忆的目标汉字为《实用汉语课本 I》中随机选取的一篇新课文的 19 个生词（合计 24 个汉字）。

（二）实验材料

笔者专为该实验制作的电子抽认卡片有四种不同形式，每种形式的抽认卡片都含有一个生词、生词的拼音、英文词义以及用英文表达的旨在帮助字形记忆的记忆术（Mnemonics）[①]。这也是无发声无笔顺动画电子抽认卡的全部信息。此外，有发声无笔顺动画的抽认卡还可以听到每个目标字词的真人读音；无发声有笔顺动画的抽认卡，虽然听不到目标字词的发声，但可以看到生词的笔顺动画；有发声有笔顺动画抽认卡则发声、笔顺动画二者兼备。

（三）数据搜集

研究采用了前测—干预—后测的实验设计。每位学生的母语背景和对抽认卡的多媒体偏好等信息在实验开始时搜集。要求被试选择其母语是汉语、亚洲语（非汉语）还是其他语言，并选择喜欢汉语抽认卡有哪种媒体辅助（发声、笔顺动画、发声加笔顺动画抑或是无发声无笔顺动画）。

前测为时 5 分钟，用来检测在学习电子抽认卡之前，学生对目标汉字字形的掌握情况。该测验成绩被用作协变量（Covariate Variable），以完成后测数据的协方差分析（ANCOVA）。后测有两个，后测一为时 5 分钟，用来检测学生对目标汉字字形的记忆。在观看事先分配的某一类电子抽认卡 30 分钟后，学生根据记忆，通过所给的每个英文词义写出相应的目标汉字。随后是为时 5 分

[①] 记忆术是帮助大脑记忆或学习的工具。它通常包括帮助记忆的词（句）、图像、声音或者动作。在本节中该词特指旨在帮助外国学生记忆汉字字形的话语。

钟的后测二。后测二给学生列出目标汉字，要求他们根据记忆为每个字词写出相应的拼音和英文词义。

为了教学和实验的便利，随机分配抽认卡这一步骤是以班级为单位进行的。因而在数据分析时采用了非对等组实验设计。具体原理与分析步骤请参见 Trochim（2004）[①]。

三 数据分析结果

本研究以 SAS（Statistical Analysis System）为数据分析软件工具。统计分析基于广义线性模型（General Linear Model）。该模型以学生的汉字字形记忆、拼音记忆、词义记忆为被解释变量，以学生的母语背景、学习媒体偏好、抽认卡是否有发声、抽认卡是否有笔顺动画为解释变量，以学生的前测成绩为协变量。

SAS 软件多元方差分析结果显示，整体而言，对于汉语字词习得（包括字形、拼音、词义记忆），笔顺动画的效应具有统计显著性（$p=0.02$，$df_1=3$，$df_2=56$），笔顺动画与汉字发声的交互效应也具有统计显著性（$p=0.01$，$df_1=3$，$df_2=56$）。而汉字发声、学生的语言背景、学生的多媒体偏好等效应不具有统计显著性。

具体而言，电子抽认卡有无发声对汉字字形记忆、词义记忆无显著影响，但对拼音记忆影响显著。使用有发声抽认卡（包括有发声无笔顺动画、有发声有笔顺动画）的学生比使用无发声抽

---

① 参见 Trochim, W. M. K. The nonequivalent groups design. Retrieved October 15, 2004. Available from: http://www.socialresearchmethods.net/kb/quasnegd.htm.

认卡（包括无发声无笔顺动画、无发声有笔顺动画）的学生拼音记忆成绩的最小平方均值高约 5 分（拼音记忆满分 19 分），其 T 检验也具有统计显著性（$p=0.04$，$n_1=44$，$n_2=48$）。电子抽认卡有无笔顺动画对词义记忆无显著影响，但是对汉字字形记忆、拼音记忆均影响显著。使用有笔顺动画抽认卡（包括有发声有笔顺动画、无发声有笔顺动画）的学生比使用无笔顺动画抽认卡（包括无发声无笔顺动画、有发声无笔顺动画）的学生汉字字形记忆成绩的最小平方均值低约 4 分（字形记忆满分 24 分），其 T 检验具有统计显著性（$p=0.03$，$n_1=51$，$n_2=41$）。在拼音记忆测试中，使用有笔顺动画抽认卡的学生比使用无笔顺动画抽认卡的学生之最小平方均值低约 5 分，其 T 检验亦有统计显著性（$p=0.05$，$n_1=51$，$n_2=41$）。字词发声与笔顺动画的交互作用显著地影响了使用有发声无笔顺动画的学生与使用有发声有笔顺动画学生的汉字字形记忆。前者该成绩的最小平方均值高于后者约 8 分，且 T 检验有统计显著性（$p=0.007$，$n_1=9$，$n_2=35$）。在拼音测试上，前者比后者的最小平方均值成绩高约 9 分，T 检验达到统计显著水平（$p=0.04$，$n_1=9$，$n_2=35$）。

学生的语言背景对其生词形、音、义记忆产生的影响没有达到统计显著水平。而学生的多媒体抽认卡偏好对于词义记忆测试产生了显著影响：偏好发声加笔顺动画抽认卡的学生在词义记忆上的最小平方均值低于偏好无发声无动画抽认卡学生约 4 分，这个差距的 T 检验达到统计边缘显著水平（$p=0.09$，$n_1=60$，$n_2=10$）。

四 讨论

笔者前期研究对美国大学生汉字字形记忆实验发现的解释完全遵照双重编码理论，将实验所使用的电子抽认卡的刺激分为语言文字的和非语言文字的，即将汉字发声当作通过听觉系统接收的语言文字刺激，而将汉字笔顺动画当作非语言文字刺激。由此对实验发现的"使用有发声无笔顺动画抽认卡的学生汉字字形记忆成绩最佳及使用有发声有笔顺动画抽认卡的学生字形记忆成绩最差"的解释是：前者的学习材料触发了视觉和听觉两个不同的感官通道接收信息，因而有利于形成 Mayer & Moreno（1998）、Moreno & Mayer（1999）[1]讨论的双重感知的优越性。而后者虽然也有视听双重感知，但在视觉感官通道，由于文字信息与笔顺动画信息同时存在，导致产生了有负面作用的注意力分散效应。然而，前期研究未能较好解释为何使用无发声无笔顺动画抽认卡的学生字形记忆成绩也显著优于使用有发声有动画抽认卡的学生。

根据本研究新建立的理论假想可知：虽然无发声无笔顺动画电子抽认卡的使用者只通过视觉接收汉字信息，但由于抽认卡的记忆术旨在唤起学习者对于部首或者字形结构的图像性想象，因而在本质上是本节所称的"混合刺激"，是以文字蕴藏图像的"字图"，在认知符号系统里会形成特殊的词像元。换言之，很多用

---

[1] 参见 Moreno, R. & Mayer, R. Cognitive principles of multimedia learning: The role of modality and contiguity. *Journal of Educational Psychology*, 91(2), 1999.

于帮助单词记忆的文字其实是含有丰富的图像信息的,它能引发大脑的文字、图像双重编码进程,有助于记忆效果。所以,使用本实验无发声无笔顺动画的抽认卡,虽然不涉及双重感知通道,但是实现了视觉感知导致的双重编码,并且不存在注意力分散效应,因而对字形记忆的促进效果在本实验中仅次于有发声无笔顺动画抽认卡。

根据本研究新的理论框架,前期研究发现的有发声无笔顺动画抽认卡的优越性可以得到更好的阐释。首先,这种学习材料涉及了两种不同的感知通道,具有双重感知的优越性;其次,在视觉感知通道内部,由于记忆术的使用(字图),形成了双重编码的优越性;最后,由于没有笔顺动画,不存在注意力分散效应。而对无发声有笔顺动画抽认卡,与无发声无笔顺动画抽认卡相比,在视觉感知通道存在着额外的动字感知任务,因而发生注意力分散效应是可以合理预期的。至于有发声有笔顺动画的抽认卡,虽然看似有造成双重感知的优越性,但由于在视觉通道早已发生注意力分散效应,字词发声的加入,不但不能导致双重感知通道的正常启动,反而可能会加重注意力的分散,导致使用这一种抽认卡学生的汉字字形记忆成绩最低。

本研究的新发现是实验所使用的四种学习材料对于学习者拼音记忆、词义记忆的影响。这些发现进一步验证了上面的解释:有发声无笔顺动画抽认卡不仅在字形记忆方面显著优于有发声有笔顺动画抽认卡,而且在拼音记忆方面也是如此。与此同时,毋庸多言的是,使用有发声电子抽认卡的学生(包括有发声无笔顺动画和有发声有笔顺动画)的拼音记忆成绩显著高于使用无发声抽认卡的学生。同时被验证的还有笔顺动画的负面作用。笔顺动画看似动画，属于图像性质，但是与字图相反，它反映的本质信息是纯语言文字的。在视觉通道已有纯语言文字信息和蕴含图像的语言文字信息的情况下，加入动态的纯语言文字信息，不仅对汉字的字形记忆成绩造成负面影响，而且对拼音记忆效果也造成负面影响。

本研究学生的母语背景没有显著影响到其汉字记忆效果。这可能与本研究学生在语言背景上同质度较高有关。学生的多媒体偏好基本上也没有影响其汉字习得。这方面唯一例外的发现是偏好发声加笔顺动画抽认卡的学生在词义记忆上的成绩低于偏好无发声无动画的。该差距达到统计意义上的边缘显著水平（$p=0.09$）。值得注意的是 Beacham & Alty（2006）[①] 也有类似的发现，在其研究中，参与实验的学生的媒体偏好与他们实际测试表现存在惊人的差距，绝大多数的学生表示偏好有文字与图片或者文字与声音的学习材料，反感只有文字的学习材料。然而，实验结果却显示，只有文字的学习材料导致的测试成绩最佳。对此，笔者一个大胆的猜想是：与偏好纯文字学习材料的学生群体相比，偏好多媒体学习材料的学生群体可能更不易集中注意力于学习材料，对学习方法的掌握也相对差些。当然，这一假想仍有待验证。

本研究初步区分了普通的文字表达（静字）、以字蕴图的文字表达（字图）、以动态图像显示的文字（动字），提出了混合刺激信息、词像元等概念，探索了适用于汉字抽认卡研究的新的

---

① 参见 Beacham, N. A. & Alty, J. L. An investigation into the effects that digital media can have on the learning outcomes of individuals who have dyslexia. *Computers & Education*, 47(1), 2006.

理论假想并据此重新阐释了前期研究的发现与本节研究的新发现。

由于数据搜集存在的缺陷,本研究没能细致考量学生的学习风格是否存在差异,这些差异是否及如何影响其汉字记忆效果。此外,由于本研究的数据分析采用的是多元变量模型,协变量无法细致考察学生前测在拼音、词义掌握上的差别对相应的后测成绩的影响。

单词抽认卡是西方外语学习者非常熟悉的学习工具,基于电脑的多媒体技术赋予了这一传统工具以新的生命力。然而目前抽认卡对单词记忆影响的实证研究在全球范围内相对匮乏。但值得注意的是笔者查到至今仅有的五篇相关期刊论文有三篇发表于2000年以后,其余两篇分别发表于20世纪80年代末和90年代初。这似乎预示着关于抽认卡的研究在近十几年内正在逐渐走入更多研究者的视野。笔者的前期研究和本研究虽有所发现,但仍存在一些缺憾,希望能以此文向业界同人讨教并引起对抽认卡研究更多的关注和探讨。

第四节 汉语声调教学的实验和计算机模拟研究[①]

非汉语母语者言语中的"洋腔洋调"主要体现在汉语声调上,即使是高级汉语水平的非汉语母语者有时也不能正确地产出汉语

---

① 本节摘自陈默、王建勤《汉语声调教学的实验和计算机模拟研究》,《语言教学与研究》2011年第1期。

声调，所以汉语声调是非汉语母语者学习汉语的难点和重点。汉语声调教学的研究也尤为重要，但目前国内外汉语声调教学的研究不多。

国内的研究提出了多样化的声调教学方法，研究方法主要是非实证性的定性研究，主要包括四方面的研究：（1）声调声学性质和生理发音特性的教学，如教师讲解四类声调的物理声学特征，并要求学习者进行模仿练习。[①]（2）运用辅助手段的教学，如教师运用手势辅助声调教学，[②]或者用五线谱把声调的具体情况表示出来。[③]（3）把声调和其他语言因素结合进行教学，如声调和意义相结合以及声调和汉字相结合的训练方法。[④]（4）汉外对比教学，即在教学过程中把汉语声调和学习者的母语的声调或者语调进行对比。[⑤]

---

① 参见王安红《汉语声调特征教学探讨》，《语言教学与研究》2006年第3期。关键《声调教学改革初探》，《语言教学与研究》2000年第4期。

② 参见张拱贵《声调教学和表声读》，《世界汉语教学》1988年第1期。

③ 参见喻江《声调教学新教案》，《语言教学与研究》2007年第1期。

④ 参见王汉卫《基础阶段声调教学四题》，《暨南大学华文学院学报》2003年第3期。桂明超《再论美国英语语调对美国学生学习汉语声调的干扰》，《云南师范大学学报》（对外汉语教学与研究版）2003年第1期。任远《对罗马尼亚学生的汉语语音教学琐谈》，《语言教学与研究》1984年第2期。

⑤ 参见任少英《韩国汉字音和普通话声调的对应关系》，《汉语学习》2003年第3期。桂明超《再论美国英语语调对美国学生学习汉语声调的干扰》，《云南师范大学学报》（对外汉语教学与研究版）2003年第1期。

国外的研究主要包括教学策略的定性研究以及声调感知和产出的实验研究。国外主要有三种声调教学策略[①]：（1）无声调策略，不关注声调教学，注重语法等其他方面的教学，这种教学不利于学习者的声调习得。（2）传统策略，使用重复性练习材料，加强学习者对词语和声调的记忆，它关注的是词调，学习者在后词汇阶段很少接触声调教学。（3）以熟练性为导向的策略，强调让学习者在不同语境中进行对话，运用自己的直觉进行声调学习，这种教学适合于后词汇阶段句调的教学。国外声调感知和产出的实验研究，研究目的是探求声调感知和声调产出之间的关系，研究发现：声调产出训练有益于声调感知，[②] 声调感知训练有益于声调产出和声调感知。[③]

国内外的相关研究还存在着一定的局限：（1）缺少针对零起点汉语学习者的声调教学研究。零起点阶段是学习者建立汉语语音意识最重要的阶段，教师在这个阶段所运用的声调教学策略对学习者的影响非常大。（2）缺少将声调产出教学和感知教学相结合的教学实验研究。声调的产出和感知是非常重要的语言交

[①] 参见 Kotey, P. Tone in second language acquisition: Three competing strategies for African languages. In Akinlai, A. (ed.) *Trends in African Linguistics*, 1, 1995.

[②] 参见 Leather, J. Perceptual and production learning of Chinese lexical tone by Dutch and English speakers. In Leather, J. & James, A. (eds.) *New Sounds 90: Proceedings of the Amsterdam Symposium on the Acquisition of Second Language Speech*. Amsterdam: University of Amsterdam, 1990.

[③] 参见 Wang, Y., Jongman, A. & Sereno, J. A. Acoustic and perceptual evaluation of Mandarin tone productions before and after perceptual training. *Journal of the Acoustical Society of America*, 113(2), 2003.

际能力，对学习者来说缺一不可。（3）缺少深入考察学习者在教学策略实施过程中的声调习得机制的研究，而声调习得机制的探讨对声调教学策略的选择和实施具有较大帮助。

鉴于此，本节除了进行实验研究外，还借助人工神经网络模型来探讨零起点无声调语言母语者汉语声调的教学问题。计算机模拟在语言习得研究中发挥着十分重要的作用，它在某种程度上等同于行为实验研究，而且可以摆脱以行为实验为主的研究方法的局限性，例如模拟时可以随时改变训练方法，可以损伤某一部分的表征来模拟阅读困难现象，等等。进行计算机模拟的目的不仅仅在于验证行为实验的结果，更重要的是获得一些行为实验无法获得的结果。[1] 近些年来，国内外一些学者采用自组织模型模拟儿童语言习得和二语习得的过程，研究范围涉及语音、词汇、语法、语义等层面。[2] 本节采用"动态的生长型树形结构自组织映射模型"（Growing Tree-Structured Self-Organizing Feature Map，简称 GTS-SOM）模拟声调教学策略的学习效应，因为 GTS-SOM 既克服了传统的 Kohonen 自组织特征映射网络的固定网络结构限制以及容量有限性，又克服了其他类似动态网络较弱的拓扑映射特性，可以为汉语声调习得机制研究提供认知上的

---

[1] 参见陈静、穆志纯、孙筱倩《计算机模拟汉字字形认知过程的研究》，《智能系统学报》2008 年第 3 期。

[2] 参见 MacWhinney, B. Last words. In Cenoz, J. & Genesee, F. (eds.) *Trends in Bilingual Acquisition*. Amsterdam: John Benjamins, 2001. Li, P., Zhao, X. & MacWhinney, B. From avalanche to vocabulary spurt: Dynamics in self-organization and children's word learning. Under Review, 2005. 邢红兵、舒华、李平《小学儿童词汇获得的自组织模型》，《当代语言学》2007 年第 3 期。

解释。[1]

本节研究的主要问题是三种教学策略,即"不同音节+不同声调""不同音节+相同声调"和"相同音节+不同声调",对零起点无声调语言母语者学习汉语声调的影响。这三种教学策略都是感知训练和产出训练的结合,代表了三种不同的训练目标。第一种策略反映了自然语言交际中声调和音节分布的情况,既训练不同音节的区分,又训练不同声调的区分;第二种策略训练的是对不同音节的区分;第三种策略训练的是对不同调类的区分。目前声调教学的基本训练形式和本节中的第三种策略类似,即都是同一个音节配上不同的声调进行诵读,几乎不涉及感知训练。本节的研究目的是为了考察哪种教学策略更有助于声调习得,并探讨零起点学习者在接受三种教学策略训练时的声调加工机制问题。

一 实验和模拟方法

研究方法分成两部分:一是行为实验方法;二是计算机模拟方法。

(一)实验方法

实验采用的是多因素方差分析,实验步骤主要是对被试进行感知和产出的结合训练,让汉语母语者判断被试训练前和训练后声调产出的正确率。

1. 实验设计。实验设计为3×2的两因素混合实验设计。A

---

[1] 参见陈默《无声调语言母语者汉语声调浮现过程的实验和模拟研究》,北京语言大学博士学位论文,2009年。

因素是教学策略,是被试间变量,有三个水平。B因素是测试时间,是被试内变量,分成前测和后测两个水平。因变量是声调正确率。

2. 被试。被试是汉语水平零起点阶段的北京语言大学欧美留学生,母语均为无声调语言,男女各半,年龄均在20至30岁,受教育程度为大学水平,社会文化背景为非汉字文化圈。被试被分成三组,每组15人,各组接受一种学习方法的训练。

3. 实验材料。包括训练音节表和测试音节表两部分。训练音节有三类:"不同音节+不同声调"的语音串,"不同音节+相同声调"的语音串,"相同音节+不同声调"的语音串。训练音节是在《汉语教程》(北京语言大学出版社,2003年)里出现频次在600次以上的高频音节,录音由一名普通话为二级甲等的中国女性发音,语音串的长度为3到8个音节,音节之间的时间间隔为180毫秒。前测音节表和后测音节表是两个随机音节表。由于个人语义加工的差异对声调产出有潜在的影响,所以不用汉字,都用拼音。测试音节表是从《汉语教程》中选择的120个音节,每类声调30个音节。测试音节都是在《汉语教程》里出现频次在50次以内的低频音节,这些带调音节是零起点学习者没有学过的。选取实验材料时,每类声调里单元音、二合元音和三合元音的音节各选取10个,这样选择是为了遍及单音节的音节结构,更贴近真实语言输入。所有音节都有声母,都以拼音形式呈现。每一位被试的学习过程以及前测和后测都要被录音。录音是在安静的语音实验室用Praat语音软件进行的,语音样本都为16位单声道的录音,语音采样率为44 100赫兹。

4. 实验步骤。分为训练阶段和测试阶段。训练阶段用三个训练音节表对三组被试分别进行训练,具体训练方法是让被试听完每一个语音串后口头重复,如果口头重复有误,就要再听一次,直到能正确重复。测试阶段让被试读后测音节表。两个阶段都要录音。

5. 计算正确率的方法。请一位受过语音训练的实验语音学专业的研究生对被试前测和后测的录音进行听辨和记音工作,然后统计出声调的正确率。

(二)模拟方法

本研究要建立一个双语模型。英语是典型的无声调语言,本研究选择英语作为基础模型,在此基础上建立零起点模型。整个模拟涉及三个主要步骤:语音表征的建立、双语模型的训练以及教学策略的训练和测试。

1. 语音表征。本研究的英语表征借鉴 Li & MacWhinney (2002)[①] 的 PatPho 表征方案,主要从发音方法和发音部位来表征元音和辅音。汉语语音表征是在 Zhao & Li (2009)[②] 的表征方案的基础上,增加了汉语声调的表征(见表 6-8)。

表 6-8 声调表征

调值	1	0.9	0.9	1
调形	0.75	0.9	1	0.6
调域	0.9	1	1	1
调长	0.9	0.9	0.9	1

---

① 参见 Li, P. & MacWhinney, B. PatPho: A phonological pattern generator for neural networks. *Behavior Research Methods, Instruments, and Computers*, 34(3), 2002.

② 参见 Zhao, X. & Li, P. An online database of phonological representation for Mandarin Chinese. *Behavior Research Methods*, 41(2), 2009.

2. 双语模型的训练。以 1000 个涵盖了英语所有发音模式的英语常用词为模拟样本进行训练，作为英语模型。以《汉语教程》综合课本一年级的前半个月的学习内容为模拟样本进行训练，建立零起点模型。

3. 教学策略的训练和测试。对零起点模型分别进行三种教学策略的训练。训练前，模型接受前测。训练时的文本和实验训练文本一样。训练方法是每一个音节重复训练 5 次，每类声调训练 100 次。模拟测试方法是对经过三种教学策略训练的模型分别用实验的 120 个音节进行测试，然后和前测结果进行比较。

二 结果

（一）实验结果

实验结果比较了前后测的声调正确率，三种教学策略的前后测平均正确率如表 6-9：

表 6-9　三种教学策略的前后测平均正确率比较（单位：%）

教学策略	不同音节 + 不同声调	不同音节 + 相同声调	相同音节 + 不同声调
训练前	45	45	47
训练后	67	60	54

教学策略的主效应不显著（$F_{(2, 21)}=0.249$，$p=0.782$），前后测主效应显著（$F_{(1, 21)}=45.945$，$p < 0.001$），教学策略和前后测的交互作用显著（$F_{(2, 21)}=5.252$，$p=0.014$）。简单效应检验表明，第一组被试接受了教学策略一的训练，前测和后测的正确率差异显著（$p < 0.001$），后测正确率明显高于前测。第二组被试接受

了教学策略二的训练，前测和后测的正确率差异显著（$p=0.004$），后测正确率明显高于前测。第三组被试接受了教学策略三的训练，前测和后测的正确率没有显著差异（$p=0.058$）。

（二）模拟结果

对零起点模型进行三种教学策略的训练，得出的结果见表 6-10：

表 6-10　零起点模型训练前后的正确率（单位：%）

教学策略	不同音节+不同声调	不同音节+相同声调	相同音节+不同声调
训练前	42	42	42
训练后	64	54	43

可以看出，零起点模型经过教学策略一和教学策略二训练后声调的正确率明显比训练前提高了，教学策略三的训练没有使声调正确率有明显提高，只是从 42% 变成了 43%。非参数检验（Mann-Whitney Test）也显示训练前的声调正确率和接受教学策略一以及教学策略二训练后的差异显著（$p < 0.001$），训练前的声调正确率和接受教学策略三训练后的差异不显著（$p < 0.494$）。可以说三种教学策略中，教学策略一和教学策略二产生了学习效应，教学策略三没有产生学习效应。其中，教学策略一的学习效果最好，正确率由 42% 提高到 64%。

模拟结果和实验结果吻合。

三　讨论

实验结果和模拟结果的吻合表明，教学策略不同，无声调语言母语者汉语声调的学习效应也具有显著差异。本节主要从声调和音节之间的关系来探讨实验结果。

前人的研究表明声调和音节的关系十分紧密。Olsberg et al.（2007）[1]发现汉语普通话声调感知的正确率依赖于音节感知的正确率，如果去除了音节信息，不仅降低了被试判断句子里音节个数的能力，也降低了判断声调的能力。Chen et al.（2002）[2]的声调产出的实验发现，词语产出的单位是"音节+声调"。当一个语素被激活时，音节和声调的提取是并行的。前人的实验结果说明音节对汉语声调的学习有十分重要的影响。本节也说明声调和音节之间具有密切的关系。模拟研究从发音部位和发音方法两个维度对汉语单音节的表征一共有15个特征，声调表征一共有4个特征，由调值、调形、调域和调长特征组成。这意味着区分音节的特征明显多于区分声调的特征。对于无声调语言母语者来说，他们要依赖于区分度高的音节来学习区分度相对比较低的声调。这说明音节的性质对声调感知和产出的影响是很大的。

那么音节的性质是如何影响汉语声调学习的呢？本节的实验结果对此进行了进一步论证。采用"不同音节"和"不同声调"搭配的教学策略一产生了显著的学习效应，而且学习效果是最好的。这说明把不同声调的语音特征附着在不同音节的语音特征上，学习者既可以利用不同音节的语音特征区分不同音节，同时也可以利用声调的声学特征来区分不同的声调，学习者可以利用的语

---

[1] 参见 Olsberg, M., Yi, Xu & Jeremy, G. Dependence of tone perception on syllable perception. *Interspeech Conference,* Antwerp, Belgium, 2007.

[2] 参见 Chen, Jenn-Yeu, Chen, Train-Min & Dell, G. S. Word-form encoding in Mandarin Chinese as assessed by the implicit priming task. *Journal of Memory and Language,* 46(4), 2002.

音线索比较多，在一定程度上降低了声调学习的难度。采用"不同音节"和"相同声调"搭配的教学策略二也产生了显著的学习效应，这说明把声调的语音特征附着在不同音节的语音特征上，有助于加强学习者声调感知和产出的能力。而采用"相同音节"和"不同声调"搭配的教学策略三没有产生学习效应，这是因为把不同调类的声学特征附着在同一个音节上，其声学特征对学习者而言没有区别，用以区分带调音节的任务落在了声调上，但是由于声调本身的声学特征较少，学习者用以加工带调音节的语音线索也相应较少，从而增加了产出声调的难度，无助于声调学习。

  本节的研究结果恰好印证了 Best（1995）[①] 的"感知同化模式"理论对声调习得的观点：音节相同而声调不同的语音对于无声调的英语母语者来说属于同一范畴，这种音如果是被作为言语让无声调的英语母语者感知，声调就会较难被区分。教师采用教学策略三时，学习者可利用的语音线索很少，声调感知的难度造成了声调产出的错误，所以不利于汉语声调范畴的区分，而"不同音节＋不同声调"的教学策略最有利于无声调语言母语者汉语声调范畴的建立。

四　结语

  通过对汉语声调教学策略的实验和模拟研究，发现"不同音节＋不同声调"和"不同音节＋相同声调"的教学策略都能产生

[①] 参见 Best, C. T. A direct realist view of cross-language speech perception. In Strange, W. (ed.) *Speech Perception and Linguistic Experience: Issues in Cross-Language Research*. Baltimore: York Press, 1995.

学习效应，前者的学习效果更好。因为把声调特征附着在不同音节的语音特征上，学习者可利用的感知资源（语音线索）多，有助于学习者区分不同的声调和不同的音节。"相同音节+不同声调"教学策略不会对声调产生学习效应，尽管声调不同，但因为没有区分音节，学习者可利用的感知资源少，使无声调语言母语者将其归为同一个范畴，从而无法区分声调。

本实验的实验结果可以为汉语声调教学方法提供一些参考。目前的声调教学都是把声调附着在同一个音节上进行训练（王汉卫，2003）。本研究发现这样的教学方法对无声调语言母语者的声调习得并不好。所以可以把不同调类的声调附着在不同的音节上对学习者的感知和产出进行反复训练，使学习者能掌握不同带调音节的差异，从而真正掌握不同声调的差异。

第七章

汉语教学中的信息挖掘与利用

第一节 汉语教学数据挖掘的意义和方法[①]

大数据时代,数据挖掘技术得到了广泛的应用,取得了很多成效,为教育领域的研究和应用提供了参考和借鉴。

汉语教学领域,无论是对学习系统使用的数据挖掘,还是对课堂教学实录的数据挖掘,都是汉语教学研究的大数据源泉,其中蕴藏着丰富的汉语教学相关知识。它可以帮助我们开展全面、深刻的教学理论与实践研究,对新时期汉语教学学科建设及教学效率和教学质量的提高,都有积极的意义。

一 汉语教学数据挖掘的意义

当前,第二语言教学方式发生了诸多变化,针对第二语言教学的研究方法和研究范式也随之发生了变化。其中,利用教学大数据,通过数据挖掘开展教学研究,就是最为突出的特点之一,它不仅是教学研究的趋势和方向,更是推动教学创新和发展的基础和力量。

---

① 本节摘自郑艳群《汉语教学数据挖掘:意义和方法》,《语言文字应用》2016 年第 4 期。

（一）全面认识影响汉语教学的相关因素，发现更多的汉语教学规律

教学是一个复杂的系统，其复杂性因为教师和学生的个体差异而难以进行严谨的分析研究。研究者们一直在探寻与教学相关的各种关系和各种规律。郑艳群（2014）[1]指出，"汉语教学软实力的增强，必将提升信息时代汉语教学的生产力"。新的信息技术背景下，应当以语言教学情境的理念研究宏观社会因素、微观社会因素对语言教学的影响。

以往我们虽然经过长时间的努力，但结果依然是片面或有限的。比如，研究对象数量有限，因而无法应用大数据的分析方法；针对本学科的数据分析研究方法缺失，没有驾驭大样本动态数据的能力；开展教师研究的同时，没有做相应的学生研究；分析片面，参照的因素有限，不能发现深层的关联关系，更谈不上揭示因果关系；大多是经验性总结。

事实上，语言教学研究意识早已出现了转向。苗兴伟（1995）[2]指出，外语教学研究已经开始从规定性研究到描写性研究的转向，如从以教学技巧和方法研究为重点转向对教学过程和教学行为的研究。文章强调在教学情境中分析教师、学生、环境的相互关系，符合语言教学的特点。

大数据分析和数据挖掘，任务自然是很艰巨的。郑隆威等

---

[1] 参见郑艳群《技术意识与对外汉语教学模式创建》，《华文教学与研究》2014年第2期。

[2] 参见苗兴伟《外语课堂教学研究述评》，《山东外语教学》1995年第2期。

(2016)[①]指出,越是面对复杂、系统的研究,就越需要大数据和数据挖掘的支持。利用大数据和数据挖掘,可以使我们在语言教学情境中发现并厘清学习活动存在的诸多问题和具体的相关因素,全面认识和发现汉语教学规律。

1. 开展教学模式研究

(1) 发现新方法、新模式和新理论。纵观已有关于语言教学方法和教学模式的讨论、研究和成果,大都属于原则、策略之类,从实际应用来看,缺少关于要素、结构和过程的准确描述。而通过数据挖掘,从可操作角度能更准确地把握模式的真谛,帮助我们发现现有理论下的新模式、新方法,总结并提出新的理论;建立各种类别的教学模型;使用已经存在的模型进行科学发现;探讨成功教学的机制。例如,根据伯明翰学派 IRF 话语分析理论,也许人们都认为"引发"总是由教师发出的,但在实际的熟手或专家型汉语教师教学实录的众多 IRF 片段中我们发现并非如此,"引发"有时也由学生发出,它体现的是师生平等和对学生的尊重而非教师主导。

(2) 教学模式比较研究。汉语教学对于教学模式的研究一直非常重视,它是学科建设理论和实践研究的重要内容。通过汉语教学共时和历时大数据挖掘,可以开展汉语教学史研究,开展不同地区、不同教学类别、不同教学形式中的教学模式对比研究,为各方提供指导或参考。例如,袁媛(2014)[②]通过对初、

[①] 参见郑隆威、冯园园、顾小清《学习分析:连接数字化学习经历与教育评价——访国际学习分析研究专家戴维·吉布森教授》,《开放教育研究》2016年第4期。

[②] 参见袁媛《对外汉语听说课聚焦形式教学考察和特点分析》,北京语言大学硕士学位论文,2014年。

中、高不同等级的汉语听说课中 172 个"聚焦形式"（Focus on Form，简称 FonF）片段的细致研究，发现不同等级中 FonF 片段的分布遵循着一定的规律，并与国外聚焦形式教学研究的结果进行了比较。

2. 开展教学理论与实践关系研究

（1）验证理论模型。汉语教学几十年来的理论研究已取得了一些成果，但是我们并不真正了解实际应用与理论认识的关系，或者说不能准确知晓实践中理论运用的具体情况。结合教学效果，大数据可以帮助我们验证理论模型在实施过程中的有效性。

（2）探讨"实然"与"应然"及其关系问题。大数据可以帮助我们探讨"实然"，也可以帮助我们探讨"实然"与"应然"的关系，进而在实现教学目标的过程中，明晰或端正对待"实然"与"应然"的态度，就两者是否可以统一以及如何统一开展学术讨论，也可以因此发现理论中提出的与实际不符的"应然"并对理论进行调整。例如，从数据出发论述真实教学中体现出的是结构教学还是功能教学思想，社会文化活动理论在教学中是如何应用的，等等。还可以结合教师访谈进一步研究。

（二）用丰富的汉语教学知识指导教师和教学行为，开展教师培养和培训

汉语教学涉及教什么、怎么教和怎么学，需要汉语本体知识和汉语教学知识。书本和教学实际中已有这些知识，但远不及"实然"那么全面和真切。

例如，教师的教学行为现在主要是有一些理论做基础，再加上教师之间的互相借鉴，但是这些方法都没有与教学效果（即学生语言水平的提高）关联。如果对教学行为、方法与教学效果及学生反馈的大数据进行分析，就可以给教师提供一个更大的可行教学方法的集合，还可以对这个集合中的教学方法进行分类和评估，并明确它们的使用条件。各种教学方法可以进一步形成一个像手机菜谱 APP 一样的互动式工具包供教师们参考选用。目前我们尚未见到这种针对教学的平台，但是已经有针对学生选老师的平台，比如美国的"Rate My Professor"和中国的"评师网"。

1. 提高教学质量和教学效率

我们通常所说的提高教学质量和教学效率，其实是在探讨教学的有效性，或者说有效性就是学生学习的付出和成绩的提高量之间的关系。余文森（2006）[1] 提出要关注有效性教学，包括学生通过教学活动在认知的范围和程度以及情感和动机上的收获、提高、进步。

大数据中所得到的数据挖掘结果有助于教师教学过程和效果最优化，提高教学效率，提升教学质量。它反映的是有效教学的教学原理，可以具体而明确地指明教学有效性的努力方向，不再使教师有教学意识而不知努力方向。它帮助我们从教学的不同空间、不同维度、不同层面去思考教学要素、结构、过程，思考教学改革。

2. 开展科学的教学评估

大数据分析所得到的关于教学过程的各类描述，可以帮助我们客观地开展科学的教学评估，可以为多元主体判断提供客观依据。

---

[1] 参见余文森《课堂教学有效性的探索》，《教育评论》2006 年第 6 期。

教学评估在教学活动中有着重要的作用，是保证教学系统正常运行、保证教学效率和效果的重要手段。对于教学管理者来说，可以通过教学评估对教师或学校整体的课堂教学情况进行评价；对于教师来说，可以对自身的课堂教学有客观的认识。教学评估应该成为一种常态检测，应该实施过程控制，应该有科学的、便于操作和可衡量的量化标准，而不是按原则或经验性的估分判断。

需要说明的是，在对问题进行量化以及对量化大数据进行标准化建模之后，就可以得到具有共性的教学模式的模型，但此时教学仍然可以保持个性化的表达，即此时个性化也被纳入分析中，成为智能教学设计的基础，如某种适合协作式口语教学的教学方式，优秀教学案例库中异于他人的某位专家型教师的教学方法（很可能是创新研究的起点）等，都将予以保留并受到重视。这是在汉语教学中对待大数据和数据挖掘的应有态度。

3. 构建汉语教学知识体系

实际上，我们目前只知道作为对外汉语教师应该具有理论性知识和实践性知识，但对于汉语教学知识体系并没有明确和精准的认识。这会直接影响到汉语作为第二语言教学／汉语国际教育专业的课程设置，以及相关的教师培训和教师培养。

大数据报告的教学实录分析结果，对于研究课堂和在线教学、教师之间相互学习，以及教师个体开展教学反思来提升职业素质或提出教师发展策略，都是重要的参考。这些结果不仅可以改进教学，还可以促进在职教师专业发展、行动研究。教学大数据结果应该作为教师培训的工具，它是学科建设的重要内容。同时，可以构建体现汉语教学知识运用的教学案例解析库，标注出教学实录的各类属性和属性结构，以及对教学过程和原则的分析与评价等。

（三）用丰富的学习分析结果，提供学习支持并开展进一步的习得研究

1. 按需提供学习支持

根据学习研究得到的分析结果，可以归纳出学习者学习行为特征，并在学习过程中以可视化的方式展现数据挖掘结果，反馈给学习者，为学习者提供各种建议及各类学习资源，起到学习过程控制的作用。例如，提供和加大真实语言材料输入、在特定教学节点上提供必要的人工辅导、为善听者提供更多的音频语言学习资源；又如，通过记录学生汉字学习过程中的各种行为，然后与他们最终的汉字学习成绩关联，就可以知晓成功的汉字学习者基于过程的汉字学习策略和学习行为的分布情况，从而用于指导同样学习背景和个体因素的学习者，帮助他们获得好的汉字学习结果。

总之，充分利用大数据，通过转变教学理念、更新教学内容、完善教学方法、注重语言的实用性，可以多维度设计学习情境，创造有利于汉语学习的环境，有效指导学习。

2. 为习得研究提供支持

首先，由于语料的系统获得更加容易、信息保存更加完整，有望建立真正意义上的多模态全球汉语中介语语料库，为新时期开展汉语中介语研究、偏误分析研究、学习者语言系统研究提供丰富的材料。其次，由于记录了汉语学习者及学习过程中的学习行为，有助于系统地研究学习者特征、习得过程，为教学和教学决策提供基于真实教与学事件的数据支持，为习得研究提供样例证据，也为大规模实验研究创造条件。

可以说，大数据和数据挖掘为习得研究提供了无限的潜能。

它帮助我们从开放和多元的视角看待语言习得问题,有助于研究习得理论,验证习得假设,填补以往研究的空白。

二 汉语教学数据挖掘的方法

汉语教学数据挖掘需要经历如下几个阶段:对研究问题进行分析,数据采集和数据诊断,数据特征收集和模型发现,对特征或模型进行分析和解释(见图7-1)。

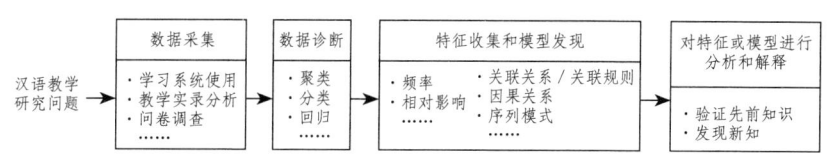

| 汉语教学研究问题 | 数据采集
·学习系统使用
·教学实录分析
·问卷调查
…… | 数据诊断
·聚类
·分类
·回归
…… | 特征收集和模型发现
·频率
·相对影响
……
·关联关系/关联规则
·因果关系
·序列模式 | 对特征或模型进行分析和解释
·验证先前知识
·发现新知 |

图7-1 汉语教学数据挖掘步骤

(一)根据研究问题确定相关要素

Baker & Yacef(2009)[①]指出,教育数据挖掘需要明确地对教育数据的多级分层结构和非独立性做出解释。因此,我们应围绕研究问题确定与之相关的要素,其中包括确定要素的结构,即是否对某个或某些要素的下位进行研究。它实际上是研究问题映射到数据结构的过程。对要素及其结构的设置,决定了最终可以对数据进行怎样的分析以及可能得到什么结果。

例如,要对师生会话中的教师话语进行大数据研究,至少要了解教师话语包括提问语、反馈语和示范语等,这些就成为该研究

---

① 参见 Baker, R. S. J. D. & Yacef, Kalina. The state of educational data mining in 2009: A review and future visions. *Journal of Educational Data Mining*, 1(1), 2009.

的下位属性；又如，要对汉语口语课堂教学中练习的功能进行数据挖掘研究，就要了解口语教学的目的和口语教学的微技能分类。

（二）数据采集

确定研究问题和与之相关的属性及属性结构之后，就要去采集数据。采集什么样的数据和如何采集，取决于需要探究和分析的内容。

用于研究的数据可以是一切来源于教学的原始数据。有关教学研究的原始数据采集有多种方法和多种类型。如果已经有了大型的包含有数据结构的数据库或在线数据平台之类的原始数据，就可以从中提取相关数据；如果原始的数据是不具备数据结构的，要按照属性结构对应的数据结构去采集数据，也就是通常说的属性标注。例如，北京语言大学"汉语中介语语料库"已经标注了学习者的母语背景、学时等级等属性，我们就可以直接开展与母语背景相关的研究，也可以开展不同母语背景和学时等级之间关系的研究，如考察某个母语背景下学生"把"字句的偏误情况，也可以结合学时等级进行考察。但是，这个语料库中没有标注的信息，如"把"字句的交际环境，我们就没有办法开展相关研究。要想开展研究就必须先在语料库中标注这样的信息，或从其他属性中推导出来。

如果目前想做的研究课题中的重要变量在现有的数据库中有所缺失，可能需要选择其他数据库或者重新收集语料建立新的数据库。比如，我们要利用教师的教学录像开展交际活动或教师话语研究，由于目前没有一个收集大量教学录像并对教学实录做了练习类型或教师话语类别等属性标记的数据平台，就要根据研究目标所设置的属性结构对教学录像进行标注，如截取其中的片段作为研究数据库，从而得到研究的基础数据（库），所以数据库中单元或记录的细化和综合程度可能是不同的。

教学数据可以有多种类型。无论课堂，还是网络；无论单纯，还是混合；无论同步，还是异步；还可能是文字、音频或视频等形式的，可用于不同目的的教学研究。吕玉兰和张若莹（2005）[①]认为，课堂教学录像是提高教师课堂教学能力的有效工具，是"鲜活的资料"。微信交流产生的语料也可以用来研究，这些都会产生教学实录或教学资源利用实录的大数据，由此进行的数据挖掘面向不同的应用，各有特点。如音频数据有助于分析教师在教学中语气、语调的教学功能和策略。

我们应该注意到这样的情形，即数据库中代表教学水平的数据的变化幅度大，则有助于我们更好地量化学生成绩对各种教学手段的反应和敏感度。通俗地讲，就是在数据库中，既有教学水平高的教师的教学数据，又有教学水平中等和低下的教师的教学数据，我们就可以知道教学方法与学生成绩之间的关系及教学方法对学习成绩提高幅度的影响。

（三）数据诊断

数据质量直接影响到计算和分析结果，应给予足够的重视，以防数据库中掺杂不准确或不真实的数据。因此，要先对采集的数据进行判断和清理，最大可能地保证数据的科学性、可靠性，保证利用这些数据的分析结果的准确性及其教学实际应用中的有效性。如数据中与研究题目相关的重要变量缺失太多或属性标注不一致，数据库就不能被直接用于研究，就要调整研究方案或数

---

① 参见吕玉兰、张若莹《对外汉语课堂教学实录资料的编撰及应用价值》，《语言教学与研究》2005年第1期。

据的使用方式和范围。换句话说，低质量教学数据的分析会产生有偏差或可信度不高的结果，有可能误导教师的教学。只有在保证数据质量的前提下进行的数据分析工作才是有意义和有价值的。

1. 数据诊断的两大步骤

第一步，初步判断数据整体质量。一般通过数据初步形态的表达或展示来看其是否可靠，对数据整体质量的初步诊断常常依赖经验，对一些不确定的数据再进一步处理并判断。

第二步，发现和处理异常值。首先，发现异常值。为了甄别出异常的数据点，经常会借助各种数据可视化手段，如绘制或生成折线图、散点图、柱形图等，可以帮助我们发现异常数据。其次，处理异常值。在必要时，需要剔除异常数据，即剔除一组数据中不符合常识的数据变动，这个过程也叫数据预处理。例如，如果我们要通过优秀教师教学录像考察优秀教师的教学行为，在教学录像数据库中，就应该去掉非优秀教师的数据。有的时候，如果能够确定某个数据点的某个变量是数据录入或编码错误，而且有其他手段绝对准确地修正它，就可以通过调整来改正和归位。

2. 常用的数据诊断三大方法

（1）运用聚类进行数据诊断

聚类是指按照一个数据的集合中一些变量表现出的归类规则，将其分为多个类别的过程。聚类的归类规则是在数据分析时自然归纳出数据的若干特征，而不是由人的已知提炼出来的规则。有些数据可能不符合大部分数据点总结出的规则而无法进行归类，即有些数据与大部分数据点的若干特征都不相符，这些数据叫作异常值。

看待异常值，要看它在总数中的比例大小。如果比例小，则属于正常，这一小部分有可能是不寻常的数据（如正常人说话中偶尔的一个病句、文本录入中的同音字词错误等），可以从数据中把它们去掉然后再进行下一步的分析，至此可以结束本次聚类工作；如果比例大，说明用来归类的变量或变量的组合不当，应该调整变量及变量细分的程度。如果无论怎样调整，这些无法归类的数据点的比例都比较大，就说明聚类的总结和研究方式不适合这个数据的结构或预先设定的研究题目。

也有可能绝大部分数据点都能够归类，但可用于归类的变量的组合无法用任何理论解释或建立关联，甚至它们之间几乎没有逻辑关系，就要考虑在下面寻找数据特征时，即试图重做聚类分析时，对归类所选取的变量的组合进行合理的限制，在这样的限制条件下再寻找规律。

（2）运用分类进行数据诊断

分类是指按照从理论中提炼出的种类、等级和性质方面的规则进行归类的过程。比如，由文献得知语法教学通常包括引入、讲解、练习和归纳这四个环节，我们就可以把语法教学实录按这四个环节进行划分和归类。

分类中的异常值是指那些无法归入已知类别的数据，常记为"其他"。如果本次研究关心的内容都已归入大类别，"其他"为不在本研究设计的框架内的数据，那么可将"其他"中的数据全部从后续的讨论和分析中剔除。但有些分类中的"其他"或"例外"是值得重视的。如对优秀教师教学模式的分析中，某个教师的教学模式不属于任何类别，并不能说这个教师的教学方法不好，而可能正是他的创新之处，是值得重视和研究的案例所在。

（3）运用回归进行数据诊断

回归是运用线性的拟合来总结数据之间的线性关系的过程。

比如，自变量是学习汉语的时间长度，因变量是汉语口语的水平，如果做这样的简单回归后发现 R 平方[①]接近 0，即自变量几乎完全无法解释因变量的变化，表明这个数据在这方面的噪音过强，不适合做学习汉语时间长度与汉语口语水平之间的相关研究。如果 R 平方的值在合理范围内，但是绘制出这两个变量的散点图并在图上标出这个回归的直线后，发现有少数几个点与回归线和绝大多数点的距离都非常远，就说明这几个点是异常值，应该去掉再做之后的分析。

（四）特征收集和模型发现

在确定数据质量合格（即数据可用）后，就可以开始寻找和发现数据的特征或发现模型了。实际上，所有的相关性分析都可以用于特征的收集和发现。

1. 特征收集

关于特征收集，通常可以挖掘到如下类别的数据：（1）频率信息。如慕课中，微型视频是慕课重要的组成部分，但还有家庭作业、阅读材料、学习活动、讨论评估等多个单元的教学资源，通过后台统计数据我们便可以得知点击某个单元的频率。（2）相对影响。例如，已知在汉语否定词学习中，学时等级和母语背景都会对该语法点的习得产生影响，通过数据分析我们可以得知这两个因素中到底是哪个因素起主要作用，即对习得影响更大。

特征收集和模型发现依然会用到聚类和分类。除了聚类和分类，有时甚至聚类与分类方法联合使用，挖掘出新知识或更新已

[①] R 平方 = 自变量能够解释的因变量的变化规律 / 因变量的所有变化规律。

有的认识，达到特别的效果。例如，郑艳群（2006）[①]通过先分类再聚类的方法，得到有关中介语程度副词的研究结果：第一，论著和论文中的错误类型在语料库中均出现了，还发现了一些新的偏误类型。第二，以往汉语中介语论著或论文中重点和广泛讨论的偏误用例，在语料库中的出现频率并不高。第三，某些属于大纲中的程度副词在语料中并没有出现。第四，语料中存在的某些偏误，在已有汉语本体研究中很难找到相应的解释。

2. 模型发现

模型实际上是形态、构造或结构等关系的体现。比如，使用哪种多媒体技术手段（变换字体或字号、加粗、加边框、变换前景色或背景色等）对阅读中的词汇学习有益；远程语言学习中，"成功的快乐、骄傲、希望"等积极情感因素与"无聊、伤心、失望、焦虑、妒忌"等消极情感因素如何影响学生不同能动性的发挥。[②]而这些都将成为未来（智能）计算机辅助语言学习设计的基础。研究中常通过挖掘关联关系、因果关系和序列模式等来发现模型。

一般性的关联关系，以及关联规则（即怎样关联、关联方式是什么）。常见的情况有：（1）判断两个或多个变量之间是否有关联及其关联规则。如在学生成绩管理数据库中，我们发现某个或某些国别或母语背景学生的汉字学习成绩好，而另一些国别或母语背景学生的汉字学习成绩不好，就表明国别或母语背景与汉字学习成绩是相关的。具体是哪些国别或母语背景的学生汉字

[①] 参见郑艳群《中介语中程度副词的使用情况分析》，《汉语学习》2006年第6期。

[②] 参见 Bown, J. & White, C. J. Affect in a self-regulatory framework for language learning. *System*, 38(3), 2010.

成绩好或差,是什么原因导致的,则属于另外的研究。(2)判断两个连续变量之间是否有关联及其关联规则。比如,练习时间长度与成绩之间是否呈正相关。

因果关系。(1)单向因果关系。比如,曾经在中国生活过的学习者,其生活经历对学习汉语有帮助。(2)互为因果关系。比如,多练习,成绩就可以提高,而成绩提高了就更有动力学习,就又练习,成绩就又提高了。

序列模式。序列模式挖掘指从大数据中发现一系列相互关联的关系,即连续的一对一关联关系挖掘,非仅仅是一对一的关联,是一个系列相关性结果,好比树形结构中的一条条含有结点的路径。例如,综合课语法课堂教学的过程通常为ABCD序列模型,即"A(引入)—B(讲解)—C(练习)—D(归纳)"。[①]

(五)对特征或模型进行分析和解释

对特征的收集和发现,可以帮助我们分析先前设计的研究方法或模型的合理性。此时,分析方法应与之前对研究问题的属性和属性结构的认识相结合,以发现属性结构中各因素之间的关系。例如,我们掌握了学习总时间(A)、口语练习时间(B)、阅读练习时间(C)、口语成绩(D)、阅读成绩(E)的大数据,如果从数据中发现C与D之间没有相关性,B与E之间也没有相关性,就可以初步判断:在处理汉语口语和阅读的练习时间与成绩产出间的关系时,要遵循"对症下药"的原则,因为该数据的分析和判断排除了"只要练习,成绩就可以提高"这一模型。

---

① 参见郑艳群、袁萍《大数据视角:汉语综合课语法教学结构和过程》,第十二届对外汉语国际学术研讨会(ICCSL-12),北京,2015年。

使用聚类或分类挖掘数据，是在某个理论的指导下处理数据的工具和方法，并不是一种理论。然而，由数据挖掘产生的新知识可以帮助我们产生新的理论来解释一些规律或现象。例如，数据聚类或分类的结果显示，某国别学生口语好，但写汉字成绩差，其最终的总成绩无论如何达不到6级，最多只能是4级（假设6级较4级水平更高），那么就不符合口语成绩好的学生成绩可能是6级也可能是4级这样看似符合常识的规则。

三 余论

与传统实验方法相比，大数据挖掘的方法有三个特点：（1）实验的方法是对一些假设进行检验；而数据挖掘的方法是在没有假设的前提下发现规律，它可以帮助我们发现更多的规律。（2）实验的方法一次只能观察两个或三个因素对研究问题的影响；而数据挖掘的方法可以同时观察或发现更多的相关因素。（3）实验的方法是通过选定符合条件的某些个体，通常数量较少，一般为20—30人，结果在语言教学中通常难以重复或未做重复实验；而数据挖掘的方法是通过大量样本的计算，更能反映群体性特征，结果也更有说服力。

过去实现聚类和分类大多是通过人工进行的，但是当数据量大到超过了人脑的组织能力时，则是人尽"洪荒之力"也难以驾驭的。因此，大数据时代要想实现聚类和分类这样的数据挖掘工作，需要通过机器学习来实现。从机器学习的角度，聚类属于无监督学习（或称非监督学习），即事先并没有给出预定的规则（没有标准答案），由机器发现特征进行归类。从机器学习的角度，分类属于有监督学习（或称监督学习），即事先给出预定的规则（有标准答案),由机器进行自动归类。机器学习中也会用到回归算法,就是用模型去拟合已有的历史数据,即根据历史数据去判断和训练模型里的参数。在这个问题上,数值的处理相对容易,而汉语中介语信息处理研究显得尤为重要。

开展数据挖掘工作要解决的关键问题是要有相关的教学和学习数据支持。通常有三种方法获得大数据。一是通过学生学习的大数据挖掘和学习分析技术;二是通过对教师教学实录分析;三是问卷调查。因此,面向未来的汉语教学的发展,唯有以开放的姿态贡献于大数据教学的需要,积极共享与交流才能实现。美国匹兹堡大学学习科学中心的开放数据资源中心(Pittsburgh Science of Learning Center,简称 PSLC)建立并公开了含有各种学习者交互行为的数据库,非常值得参考和借鉴。

第二节 汉语教学管理中的信息集成[①]

一 孔子学院管理平台建设的必要性

目前,在海外建成的 700 多家孔子学院和课堂分布于世界各地,办学条件、规模和标准都有所不同,师生流动性大,教材种类很多,教师背景也多样化,对教学与学习资源互享的要求很高,

---

① 本节摘自郑通涛《构建孔子学院全球教学管理平台模式研究》,《国际汉语学报》2011 年第 1 期。

但由于制定支持政策缺乏完整的数据，无法准确了解各个基地的一些重要信息；同时，如何规范各孔子学院的教学流程、教学内容以及如何设立标准方面，都有数量上分析的必要。因此，建设一个适合于远程管理和资源共享的全球教学管理平台很有必要。正如刘延东同志所说的："要办好孔子学院，应充分利用网络和多媒体技术，发挥大规模、低成本、高效益的优势，促进优质教学资源全球共享。"这一平台，可以在对外汉语优质教学资源共享上起到一定的作用。

（一）平台功能分析

当前孔子学院教学管理中存在的问题主要表现在：无法及时精确掌握全球汉语学习人数及其变化，无法准确掌控师资派遣使用及其变化，无法有效掌握全球汉语师资情况，无法准确了解全球汉语院校情况，无法全盘知晓全球汉语课程开设情况，无法清楚了解各层次汉语教学情况，无法及时了解全球汉语学习教材使用情况，无法及时提供教学管理和观察，无法及时分享汉语教学方法及经验，无法对各孔子学院师生、教学资源进行及时的分析。

孔子学院全球教学管理平台包括全球孔子学院师生库、全球数字化互动教学系统、全球孔子学院文献资料库、全球孔子学院教学资源库、全球孔子学院中外汉语教学人才库几个部分，各部分功能具有不同的侧重点（见图7-2）。其中，全球孔子学院师生库的建立，有利于全面获取孔子学院学生情况、师资及院校情况等信息；全球数字化互动教学系统的建立，可通过教学资源本地录制、总控端录制、同步实时授课、视频会议等形式，实现总部对各地孔子学院课程开设、教学情况的监控，有利于总部和各高校对孔子学院进行有效的教学管理；全球孔子学院教学资源库的建立,有利于在尽可能短的时间内,收集制作高质量的汉语学习资源、电子教材等,为全球汉语学习者提供全方位服务;全球孔子学院中外汉语教学人才库的建立,有利于实现优秀教学人才、汉语教学经验等方面的资源共享。此外,平台还包括一个 7×24 小时的响应中心,由呼叫中心、在线留言、论坛、即时交互(IM)几个部分组成,其功能在于监控各分支孔子学院各授课教室的教学过程,选择性地对接入的教学过程进行课件录制,对录制的课件进行有效的管理,使之作为孔子学院的教学资源以及兼顾视频会议。

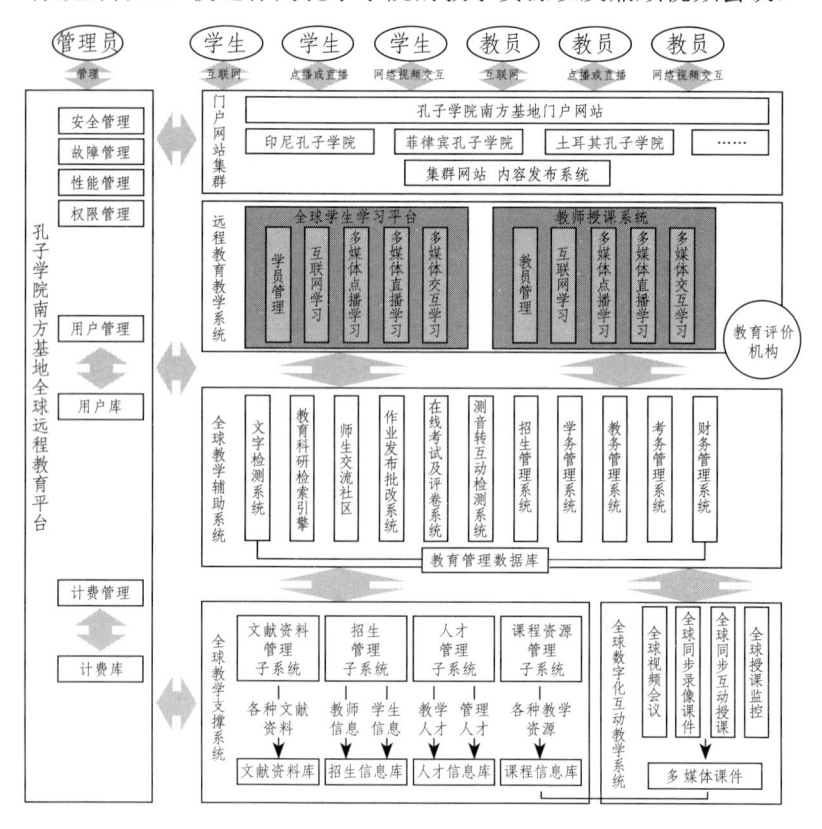

图 7-2　孔子学院全球教学管理平台功能框架

（二）平台建设任务分析

平台有以下几大建设任务：

第一，建立全球孔子学院文献资料库，对全球范围内汉语教学及汉语对外推广方面的文献资料进行收集、整理、归类，以实现文献资料库的全球共享。

第二，建立全球孔子学院基本信息及师生数据库，对孔子学院招生系统、学生原始资料采集、学生选课情况、学生学习过程以及毕业、学位等方面的各项数据进行管理，并以实名方式记录下学生在孔子学院的各项操作。

第三，建立全球孔子学院教学资源库，其中的教学资源包括动漫、纯视频课件、录制和制作的课件、讲义等多种形式。

第四，建立全球孔子学院中外汉语教学与管理人才数据库，对全球范围内的汉语教师、志愿者、管理人员、中外汉语教学人才的信息进行收集和整理，支持按国籍、性别、年龄、职称、学历、教学年限、研究方向等维度的组合查询，以实现人才资源的全球共享。

第五，建立支持汉语学历教育的教学应用平台，对专科层次、本科层次、研究生等学历教育阶段学生进行招生管理、财务管理、教务管理、学务管理和考务管理。

第六，建立全球数字化互动教学平台，通过自动跟踪录播、自动录播、互动教学、远程教学监控、远程教学资源管理，以促成总部与分支间，或者分支与分支间授课场景过程的同步重现。

第七，建立7×24小时响应中心，以论坛、留言板、即时交互系统等形式服务全球汉语教学者。

二 平台的总体设计

平台总体设计应遵循以下三大原则。首先是可靠性原则：平台的设计必须具有高度的稳定性，实现满足远程管理、同步上课的连续性。其次是可扩展性原则：平台设计应为日后设备升级甚至系统升级提供充分的扩充余地。最后是可维护性原则：采用参数化设计、动态菜单、动态授权、基础数据集中管理，使运行期间系统管理员的维护工作变得简单。

（一）结构设计

系统结构设计直接影响整个系统的性能。根据孔子学院全球教学管理平台的应用特征，以及现有的软硬件设施环境，全球教学支撑系统可采用 B/S 结构，全球数字化互动教学系统则可采用 B/S 结合 C/S 的方式实现。

（二）功能设计

平台的主要功能包括收集、整理全球汉语教学研究相关文献、资料，编制目录、索引并有效保存，根据目录、索引设置站内搜索引擎和对孔子学院任课教师、答疑教师及学生信息进行管理；同时，将动漫、视频课件、讲义纳入课程。

人才信息管理子系统主要对教学人才、管理服务人才、管理与维护人才基本信息、履历信息、学习经历、孔子学院教学经历进行采集与分类。全球数字化互动教学系统主要实现总—分、分—分间授课场景同步重现，自动化捕捉、采集授课场景并异地远程还原、录制与高效、安全地管理课件等任务。

三 平台建设途径

（一）海量文献库管理子系统的构建

文献信息获取、文献资料管理以及文献信息的分析与利用，是该子系统的三大主要功能。因此，构建海量文献库管理子系统必须寻求合适的文献信息获取途径，采用正确的文献信息编辑、删除、排序、查找、归类等管理方式，实现文献信息的有效分析与合理利用。

文献信息获取主要通过网络搜索、从已有论文库采集和手工录入三种主要方式。网络搜索是指系统通过自定义引擎将符合条件的信息转录到系统文献库；从已有论文库采集是指采用系统间通信或批量导入的方式，收集不同机构已收录的有价值的汉语教学论文；手工录入是指管理员对从网络上搜索到的文献资料进行粘贴、编辑、排版后收录到一定目录之中。

文献资料管理主要包括文献资料的编辑、删除、排序、查找及归类等。

文献信息的分析与利用主要包括按目录统计收录的文献数量、按文献阅读次数排名、按文献下载次数排名、按在线笔记数量排名以及按收录文献作者国籍排名几种类型。

（二）师生管理子系统的构建

师生管理子系统以孔子学院为单位，对各孔子学院师生信息的查询、分析、报表输出等进行管理，主要包含招生计划管理、报名确认管理、录取管理、教师信息管理与统计分析五大功能模块。通过招生计划管理模块，各孔子学院可根据自身情况设置招生批次、详细招生计划、入学考试科目与考试时间以及设置在线考试出题策略。通过报名确认管理模块，管理员可对学生的基本信息进行核实、采集学生照片、在现场确认或批量手工确认学生信息后制定详细的确认数据统计报表。在录取管理模块中，系统可根据按人数录取、按分数线录取等多种录取办法进行录取，导出已录取学生的数据并上报上级机构，并支持手工设置录取通知书、信封模板，从而实现一站式录取管理。在教师信息管理模块中，系统可增加、修改与删除孔子学院任课教师的国籍、姓名、性别、专业技术职称、学历、毕业学校、出生年月、联系电话、电子邮箱、博客地址、教师简介等基本信息，并统计分析教师在系统上的授课与答疑情况。统计分析模块则主要从学生角度出发，统计分析在校学生学习情况、毕业情况、国籍、专业分布及各孔子学院招生方面的数据。

（三）海量教学资源管理系统的构建

该系统主要以课程网站为表现形式。如图7-3所示，该系统的构建主要包括八个步骤：课程资源的类型管理与模板设置是指将课程资源按照 Flash、PPT、DOC、PDF、RM/RMVB、WMV、SMR、HTML 等不同类型设置各自的存储子目录，并对各类型设置对应的固定模板。

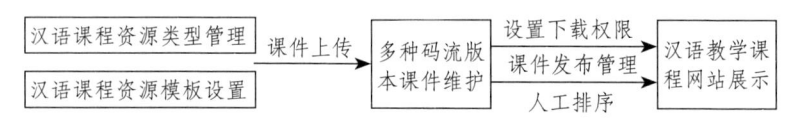

图7-3 海量教学资源管理系统构建流程图

（四）人才信息管理子系统的构建

人才信息管理子系统的构建，主要包括人才信息的管理与查询两大模块。其中，人才信息管理主要包括将人才按照管理人才、教学人才两种类型进行分类，对各孔子学院院长、管理人员、国际汉语教师志愿者、国外汉语教学专家等各类人才的基础信息、历史工作履历、受教育信息、在孔子学院工作履历、年度考核信息等按照需要进行添加、编辑与删除。

（五）全球数字化互动教学系统的构建

全球数字化互动教学系统将全球孔子学院通过互联网进行"链接"，使其形成"总控"与"分支"关系，并通过教学资源本地录制、总控端录制、同步实时授课、视频会议、课程资源增值利用等形式，实现教学资源的全球共享与应用。主要通过以下途径实现：

1. 设计重点是自动化捕捉，采集授课场景并实时异地远程还原授课场景，课件录制，便捷、高效、安全管理课件，远程监控授课情况，以及远程给予相应协助。

2. 自动跟踪录播系统的设计。自动跟踪录播系统的主要业务是本地授课场景信息捕捉、采集和录制课件。授课场景信息包括自动跟踪拍摄教师书写黑板、自动跟踪拍摄教师肢体语言、自动跟踪拍摄教师 PPT 讲解、自动跟踪拍摄本地学生回答问题、自动跟踪拍摄异地学生回答问题。

3. 互动教学系统设计。互动教学系统采用核心视音频和数据传输控制协议控制体系，支持本地提问、远程提问、自动视频流切换、自动视频跟踪、自动课件录制上传。互动教学系统的设计，实现互动教学过程中的自动录播及跟踪功能。

4. 远程教学监控系统构建。该系统主要完成远程教学现场实时监控、远程调节/配置数字化互动教学终端系统参数、本地课件录制及批量上传、远程课件录制及批量上传、对设备运行情况实施监控等几项任务。

5.远程教学管理系统构建。远程教学管理系统是整个平台的配套和辅助系统，主要负责课件用户管理、权限管理和授权管理、课件存储路径管理等业务。远程数字化互动教学监控管理系统采用 B/S 结构开发，支持 Web 管理，采用多层体系架构。

四　个案分析——南方基地构建孔子学院全球教学管理平台实践

厦门大学汉语国际推广南方基地致力于建设包括网络平台、信息资源中心、师资与管理人员培训中心、教材与课程课件开发中心、测试与评估中心、汉语言文化推广研究中心、市场开拓与运营中心在内的七大中心。其中，孔子学院全球教学管理平台的建设是基地网络平台建设的重要组成部分（见图 7-4），旨在实现南方基地教学资源、教学质量、教学评估标准的统一，实现南方基地对孔子学院、教师、学员管理的统一，实现南方基地运营、支持、交流等服务的统一。

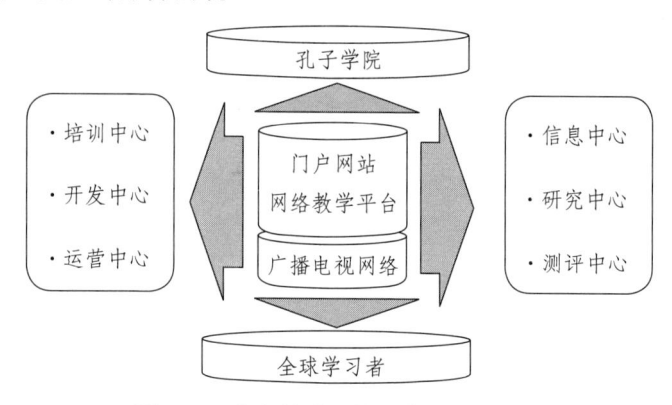

图 7-4　南方基地网络平台结构示意图

南方基地正着手构建的孔子学院全球教学管理平台主要由海量文献库管理子系统、师生管理子系统、海量教学资源管理子系统、人才信息管理子系统、全球数字化互动教学系统五个重要部分组成。

南方基地构建孔子学院全球教学管理平台的目标分三个阶段。第一期目标为初步建立门户网站及教学管理平台，建立教学管理平台下属的师生数据库、文献资料库、人才数据库和教学资源库；第二期目标充实五大数据库；第三期目标完善教学管理平台功能。

网站内容主要包括教学团队简介、教学内容、课程大纲、学习资源中心、作业区、交流解答、学习跟踪统计、在线模拟测试、课程评价、学术研究成果、课程论坛、课程新闻、课程通知、留言板、教师博客等栏目。其内容主要包括视频课件、动漫、讲义、课程大纲、电子教材、教师教学录像等，其中又以视频课件为主。

南方基地已将各孔子学院院长、各孔子学院管理人员、国际汉语教师志愿者、国外汉语教学专家等各种教学与管理人才的基本信息收录到教学与管理人才信息库。为满足孔子学院南方基地对各地孔子学院的教学业务实施标准化管理，以及对其各项工作进行有效综合测评，南方基地已建成一个总控平台，能让各孔子学院的各个授课教室（或会议室）接入到该平台，总控平台可在大屏幕上一目了然地观看各个教室的实时授课情况。

同步实时授课也在南方基地的互动教学系统与录播系统的有机整合下成为可能。南方基地教室屏幕可显示各地接入情况，教师授课以及师生互动的同时，系统也同步对授课过程进行录制。该孔子学院的学生亦可对授课教师提问，实现强大双向互动教学功能。南方基地还可通过该平台与各外地孔子学院召开视频会议，传达最新授课标准与要求，以此减少总部与分支的差旅往来，大大节省运营成本。南方基地安装有远程教学监控系统，管理员可根据需要选择 N 路视频进行本地录制。录制的课件为三分屏格式，并可根据配置，保存到本地点播服务器上。同时，系统还提供远程上传功能，即使在南方基地监控室也能批量上传课件。管理员只需拥有远程管理权限，就能远程访问互动教室的课件上传服务。

我们认为孔子学院管理平台非常重要，它将为孔子学院的决策和管理提供可靠的资料。

第八章

信息技术应用于汉语教学的反思与对策

第一节 数字化汉语教学中人与技术的关系[①]

一 数字化对外汉语教学的硬件、软件、人件与潜件的内涵

数字化对外汉语教学的资源建设就是指硬件、软件、人件与潜件的建设,其中硬件建设主要是设备、设施的建设,如校园网、多媒体教室等。软件建设包括与硬件配套的教学软件、网络课程与数字化教材、资源库的建设等。"人件"的概念可以追溯到 G. Newman 的一份关于"人类的风险与真正的计算机和计算机程序危害"的报告,其中创造了"人件"这个词,而在 *Peopleware in Systems*(《系统中的人件》)一书中首次使用了这个词。在软件应用开发过程中,凡是与人有关的任何事物,诸如管理、组织发展、个性、模型、工具、方法、过程、人机交流等都可以归于人件。[②] 潜件包括各种理论体系、方法和相关的研究成果。

[①] 本节摘自徐娟《论数字化对外汉语教学的硬件、软件、人件与潜件》,《现代教育技术》2010 年第 2 期。

[②] 参见周中云《基于人件组织理论的课件开发团队策略探索》,《中国电化教育》2007 年第 11 期。

上述"四件"构成了数字化对外汉语教学资源的完整、稳定的系统，这"四件"紧密相连，互相促进，互相制约，缺少任何一件，数字化对外汉语教学所面临的问题都难以解决。

二 数字化对外汉语教学的硬件、软件、人件与潜件建设的现状综述

（一）硬件建设飞速发展

硬件建设的基本目标是建立能使教育者和学习者广泛受益的数字化学习环境，并持续地运行、维护和更新。硬件建设主要包括信息化网络基础设施、多媒体教室、多媒体开发设备等方面的建设，利用的关键是要充分发挥各种硬件资源的整体效能，并注意设备的操作方法与使用安全，以便多通道高效率地进行信息的传输、加工、存储与显示。近年来海内外用于对外汉语教学的硬件建设得到了飞速发展，大大拓展了办学空间。

信息化网络基础设施建设包括校园计算机光纤主干网、校园局域网、计算机及相关仪器设备（如电视机、投影仪）等。网络带宽不断提速，能够高速接入 CERNET，通过网络点播视频已较为流畅；计算机配置也越来越高，笔记本电脑进入了寻常对外汉语教师之家；投影仪不断趋于体积小、流明高、操作简便。

汉语多媒体教室的建设更如雨后春笋一般，占全校教室的比例越来越大。有的教室配备了数字背投、实物展台、多媒体数字终端等现代化教学设备，有的还建立了多媒体数字网络教学系统主控室及教学观摩系统。条件更好一些的学校还引进了多媒体开发设备，如广播级的电视编辑系统、广播级的非线性视频编辑系

统等，可创建独立制作音像节目的卫星电视广播系统。

（二）软件建设百花齐放

软件建设的基本目标是为学习者、教师及教育机构提供高质量的内容资源、软件工具和相关服务，主要包括教学门户网站、网络课程、学科资源库及其他各种工具软件等。

近年来对外汉语教学网站可谓层出不穷，政府的、高校的、公司的、个人的，集教与学、考试、教务管理于一体，既有基于P2P技术的对外汉语教学资源平台，[①] 又有基于动态网络数据库技术、可实现用户跟踪与智能教学的E-Chinese教学平台。[②] 刘丽（2008）[③] 对因特网上对外汉语教学的相关网站进行了概括和介绍，而目前网络教学平台学习资源的交互性不强或缺少有效的社会性交互成了影响留学生远程学习动机激发与维持的重要原因。[④]

对外汉语网络课程的种类繁多，数量呈几何级数增长，有完全基于视频的师生在线学习，也有以"文本＋图像＋Flash动画"的媒体表现形式为主的离线学习。对外汉语教学网络课程的设计应遵循教学内容的覆盖面与语言技能训练的均衡、知识网络体系、

---

① 参见彭志峰《基于P2P技术的对外汉语教学资源平台构建研究》，《现代教育技术》2007年第5期。

② 参见周晓军《E-Chinese对外汉语网络教育平台的设计与实现》，张普、徐娟、甘瑞瑷主编《数字化汉语教学进展与深化》，清华大学出版社2008年版。

③ 参见刘丽《Internet上免费的对外汉语教学资源》，《科技资讯》2008年第13期。

④ 参见周平红、卢强、张屹《对外汉语学习网络教学平台建设的需求分析》，《开放教育研究》2007年第3期。

教学服务功能、交互教学模式等原则。①但目前主要存在的问题包括：重教学内容呈现，轻学习环境设计；缺乏教学活动设计；导航系统不强；缺少评价与反馈等。②

由于数字化对外汉语教学资源建设同样存在着低水平的重复，对可共享的、规范化的对外汉语教学资源库的需求也是日趋强烈。当前比较有代表性的有北京语言大学郑艳群教授研制的对外汉语教学多媒体素材库，中国大百科全书出版社与首都师范大学合作推出的、在海外发行的《对外汉语教学资源库》，北京语言大学崔希亮教授主持研发的"HSK 动态作文语料库"等。目前迫切需要的是制定对外汉语教学资源建设技术规范，统一开发者的行为，达到教学资源基本属性结构的一致性，以实现对外汉语教学领域内的资源广泛共享与互操作，并为教师或学习者等对教育资源的查找、评估、获取和使用能获得最大效率而提供支持。③

各种工具软件除了常规的记录、索引、通信等，还有对外汉语教学所特有的，包括：已广泛应用的如多语种自动转换、拼音自动标注、汉字手写识别、多媒体字典与词典等，正在从实验向实践转化的如语音识别、语音校正、计算机辅助写作、计算机辅助测试等。

---

① 参见张和生、洪芸《简论基于互联网的对外汉语教学》，《北京师范大学学报》（人文社会科学版）2001 年第 6 期。

② 参见罗立祥《对外汉语教学网络课程的评价研究》，北京语言大学硕士学位论文，2006 年。

③ 参见徐娟《对外汉语教学资源建设技术规范与资源管理系统》，《教育传播与技术》2007 年第 1 期。

（三）人件建设亟待转型

人件建设的基本目标是使学科教师、学生、技术统筹人员、管理者等都对数字化教学形成积极的态度，具备基本的数字化教学知识技能，掌握数字化在学习、教学和管理中的应用方式，能够充分利用数字化技术提高自己的工作成效，促进教学改革。①

正如 Warschauer 和 Meskill 所言，将技术成功有效地应用于语言教学的关键"既不在于硬件，也不在于软件，而在于人件"。② 然而，"合格的"以汉语为外语的教学师资"奇缺"已成为对外汉语教学的"瓶颈"，严重制约着汉语推广真正走向国际。究其本质，对外汉语教学工作中师资培训环节的薄弱，是影响这一事业发展的真正内因。③ 因此数字化对外汉语教学的人件建设亟待通过师资培训得以转型，培养教师除了具有丰富的语言学基本知识与技能、多元文化意识与跨文化交际策略、第二语言习得与学习策略、科学的教学方法，还要具备良好的信息素养，即具备信息技术与对外汉语教学的课程整合的能力，包括信息化教学设计的能力、教学内容信息化处理的能力、创设语言交际环境的能力、培养听说读写译语言技能的能力等。④

培训对外汉语教师历史最悠久的当属北京语言大学教师进修学

---

① 参见曹进、王灏《基于计算机与网络技术的外语课程资源整合策略研究》，《外语电化教学》2007 年第 3 期。
② 参见曹宁《走进二语教学的现代教育技术：发展性评述》，《高等教育与学术研究》2008 年第 4 期。
③ 参见李凌艳《汉语国际推广背景下海外汉语教学师资问题的分析与思考》，《语言文字应用》2006 年第 S1 期。
④ 参见徐娟、宋继华《对外汉语教师信息素养的内涵、评价体系与培养》，《国际汉语教学动态与研究》2006 年第 1 期。

院,多年来不间断地举办各类培训班,既有面向境内的常规教师培训、汉语与文化学习培训、汉语作为外语教学能力认证考试辅导,又有面向港澳台的汉语教师培训,也有面向海外的汉语教师培训,课程设置已对应《国际汉语教师标准》,培训模式采用"基础理论+教学实战"。另外,作为国家汉语国际推广领导小组办公室的海外汉语师资培训点之一,厦门大学海外教育学院于2007年推出了面向海外的汉语言文学网络教育培养方案(http://www.xmuoec.com/),设置了40门课程,涵盖语音、语法、汉字、词汇、HSK辅导、中国历史、中国文化七大门类,有705讲21 000多分钟的视频课程,还有对应的网络课件,学员只需宽带接入,即可自由进行学习。

(四)潜件建设有待创新

潜件建设的基本目标是构建数字化对外汉语教学的思想理论体系,其研究成果可以引领数字化对外汉语教学的应用方向,决定汉语教学质量和效果。

数字化对外汉语教学的潜件既有它的理论基础,也有自己的专门理论。张丹等(2004)[1]提出了基于互联网C/S的三维环境对外汉语教学模式;仇鑫奕(2006)[2]提出了一个虚拟现实技术支持下的课堂教学和自然习得相结合、班级授课和个别教学优势互补的对外汉语教学模式;张魁元等(2008)[3]提出了基于抛锚

---

[1] 参见张丹、钟绍春、程晓春、严小卫《基于互联网对外汉语教学模式的研究》,《广西师范大学学报》(自然科学版)2004年第3期。

[2] 参见仇鑫奕《虚拟现实技术支持下的对外汉语教学模式》,《外语电化教学》2006年第1期。

[3] 参见张魁元、文笑雨、张妮《基于抛锚式教学的对外汉语教育游戏模式设计》,《科教文汇》(中旬刊)2008年第8期。

式教学的对外汉语教育游戏模式设计;"长城汉语"混合教学模式是在混合学习理论、建构主义教学理论等多种教学理论的指导下,运用多媒体网络课件与面授教学相结合的混合教学方法,采用即时跟踪学习进度和测试学习效果的管理模式,向学习者提供个性化的学习方案;[①] 刘晓海和徐娟(2004)[②] 分析了建构主义在对外汉语高级阶段教学设计中的体现;孙宁宁(2004)[③] 分析了支架式教学法及其在对外汉语中级口语教学中的应用;何济玲(2008)[④] 分析了信息技术支持下的对外汉语教学方法改革。目前还需要挖掘其学科理论与实践探索的创新特色,在多元化教学模式、教学设计、教学方法等方面加强研究与建设。

三 "四件"建设中容易陷入的三大误区

(一)重视硬件、轻视软件

硬件设备是以外在的物质形态存在的,看得见摸得着,易使人在感觉上得到一种投入上的满足。软件是知识形态的技术,是人类思维程序的外化,软件建设是一个长期的、高投入的过程,

---

① 参见吕宇红、许建红、姚远《"长城汉语"混合教学模式及应用》,张普、徐娟、甘瑞瑗主编《数字化汉语教学进展与深化》,清华大学出版社 2008 年版。

② 参见刘晓海、徐娟《建构主义在对外汉语高级阶段教学设计中的体现》,《云南师范大学学报》(对外汉语教学与研究版)2004 年第 2 期。

③ 参见孙宁宁《支架式教学法及其在对外汉语中级口语教学中的应用》,《暨南大学华文学院学报》2004 年第 4 期。

④ 参见何济玲《信息技术支持下的对外汉语教学方法改革》,《科技信息》(学术研究)2008 年第 6 期。

不能使人在感觉上立即得到投入上的满足，所以容易走入"重硬轻软"的误区，导致软件建设滞后于硬件建设，软件投资在整个数字化建设投资中比例不高。而软件资源是开展各项教育活动的源泉和载体，缺少了它，硬件设备只能是一种摆设。

（二）对人件缺乏观念更新与政策保障

由于我国教育长期的文理分家，使得一些对外汉语教师欠缺必备的自然科学素质。他们习惯于在理念上将多媒体技术与网络技术视为理科的事，以至于对信息技术的意识淡薄、态度消极、兴趣不浓，对信息技术技能的掌握程度较低，更缺乏运用。再加上目前还没有广泛地将数字化教学的应用和研究成果纳入到汉语教师评价体系中，教师是否采用数字化教学技术全凭自我，从政策与制度上缺乏引导与支持，进而数字化对外汉语教学的进程较为缓慢，因此需要在理念、制度上进行变革。

（三）忽视潜件建设

为什么一方面缺乏汉语教学资源的呼声一浪高过一浪，而另一方面投入巨资开发的许多大型多媒体汉语教材进不了课堂？为什么有些网络汉语教学并不成功？一个重要的原因，就是因为这些实践活动缺少现代教育思想理论的指导，缺乏潜件建设成果的照明。潜件是我们进行数字化对外汉语教学设计和实施教学的必不可少的行动指南，它决定了硬件的选择、软件的编制、媒体的优化组合与恰当运用、信息的反馈、协调学生的生理活动和心理活动等，其重要性和科学性都不亚于硬件和软件。

四 科学进行"四件"建设的可行方案

"四件"建设必须坚持同步规划设计、同步配备、协调发展的原则。要有计划、分层次地合理配置各种常规教学仪器和现代教育技术设备。软件建设应以需求为牵引,大力推动数字化对外汉语教学资源库(多媒体素材库、声像资源库、课件资源库、电子图书馆等)的开发与维护,走从"量"的增长到"质"的提高之路,加强整合,鼓励共享。人件是资源的源泉,是数字化对外汉语教学系统正常、高效运行的保障,观念革新是人件建设的首要工作,要认识到汉语教学数字化是教育思想、教育理念创新的过程,是汉语教师的专业理论、教学技能、信息素养、敬业精神不断增强的过程。同时人件建设需要各级教育行政部门、学校、教师培训机构和社会力量的共同努力,开展多层次、多形式的汉语师资培训,教师考核评价体系需要进一步完善,保障人件建设工作的可持续发展。要加强数字化对外汉语教学指导思想、教学设计和教学方法的研究,根据培养目标和学科内容的特点来构建信息技术与对外汉语课程良好的整合模式,不断完善与发展本学科理论体系。

总而言之,硬件是基础,软件是重点,人件是灵魂,潜件是方向。只有加强"四件"建设的策略研究,才能形成"四件"有机组合的综合系统,最终实现数字化对外汉语教学过程、教学资源、教学效果、教学效益的最优化。

第二节　网络汉语教学资源可靠性和作用[①]

一些人对于电脑网络上出现的任何新东西总是会很快地加以广泛利用。学习中文的人也不例外，总有一些"先锋队""敢试队"会来将这些新的技术应用到中文教学中去。例如，因特网和网页刚出现的时候，几乎同时就有了学习中文的网页。我们最早在1995—1996年之间发现网络中文学习资料Chinese Multimedia Tutorial[②]。从此以后各种网页及网上学习资源就不断涌现。至今为止笔者的"网上学中文"网站[③]已经收集到超过1000种的网站网页，而且其数量还在不断增加。

面对如此浩瀚的网络资源，我们有许多问题需要探讨。例如，这些新的网络媒体形式是否每一样都可以应用于中文教学？对于学生的学习究竟有多大的帮助？在中文的教学中应该怎么使用？本节要探讨的是最近比较流行的博客（Blog）、维基（Wiki）和网播（Podcasting），具体探索的问题有四个：第一，现在到底有哪些博客、维基和网播与中文教学有关？第二，是谁在制作管理使用这些网站？第三，这些新的网络媒介有什么特点？第四，对于中文教学有多大作用，有什么意义？在讨论这些具体问题之前我们先来看一看博客、维基和网播是什么。

"博客"英文原为Blog，也有人译为"部落、部落格、网志"。

---

①　本节摘自谢天蔚《博客、维基、网播与中文教学》，《第八届国际汉语教学讨论会论文选》，高等教育出版社2007年版。

②　现在这个网页已经移到http://otal.umd.edu/chintut/。

③　参见http://www.csulb.edu/~txie/online.htm。

"Blog 就是一个网页，它通常是由简短且经常更新的 Post 所构成；这些张贴的文章都按照年份和日期排列。Blog 的内容和目的有很大的不同，从对其他网站的超级链接和评论，有关公司、个人、构想的新闻到日记、照片、诗歌、散文，甚至科幻小说的发表或张贴都有。许多是个人心中所想之事情的发表，其他则是一群人基于某个特定主题或共同利益领域的集体创作。"[1] "博客们"可以在公共博客网上开设自己的地盘，也可以用博客软件在自己个人的网站上开设自己的"讲坛"。前者的例子有多维博客 http://blog.chinesenewsnet.com/，后者如 http://xinyuan.us/blog/。

维基（Wiki），"wiki wiki"一词来源于夏威夷语的"wee kee wee kee"，原本是"快点儿，快点儿"的意思。在这里 Wiki 指一种超文本系统。这种超文本系统可以使一群人共同协作在网络上写作，包括一组支持这种写作方式的辅助工具。我们可以在此基础上对文本进行浏览、创建、更改，而且创建、更改、发布的代价远比一般的 html 文本要小。网上最有名的维基网站就是"维基百科"[2]。维基百科自 2001 年 1 月 15 日开始上线，截至 2006 年 1 月，英文版维基百科已有 100 万多个条目，而所有 212 种语言的版本共有大约 250 万个条目。中文版收集有"中文"（531 条）、"汉语"（181 条）、"华语"（14 条）、"中国语文"（17 条）、"中国语言"（2 条）、"汉字"（66 条）、"现代标准汉语"（1 条）、"学汉语"（1 条）、"对外汉语"（1 条）等条目。关于

---

[1] 参见方兴东《何为博客？》，博客中国，2002 年。网址：http://fxd.blogchina.com/583.html。

[2] 参见维基百科中文版网址：http://zh.wikipedia.org/wiki/%E7%BB%B4%E5%9F%BA%E7%99%BE%E7%A7%91。

Wiki 的一般情况（用法制作等）可参阅 Leuf & Cunningham（2001）[①]。

网络"Podcasting"跟博客和维基一样尚未有中文定名，有的译成"播客、自助广播"。我们在本节中暂且翻译成"网播"，即在网上广播的意思。如果翻译成"播客"，很容易跟"博客"混淆。网播是一种"网络广播或类似的网络声讯节目，网友可将网上的广播节目下载到自己的 iPod、MP3 播放器或其他便携式数码声讯播放器中随身收听，不必端坐电脑前，也不必实时收听，享受随时随地的自由。更有意义的是，你还可以自己制作声音节目，并将其上传到网上与广大网友分享"[②]。网播最有吸引力的地方就在于任何人只要有一台电脑、一个麦克风，接上因特网就可以成为网播的播客。

一 与中文教学有关的博客、维基和网播

在三种不同的网络形式中，学习中文的博客数量最多，其次为维基，网播的数量最少。

在网络上只要用搜索引擎就可以很快地找到一些学习中文的博客网站。有一个美国人 Alaric Radosh（中文名字雷叶林）经常在博客上写东西，他的博客网站名字叫"喜爱学中文的老外"（http://spaces.msn.com/aradosh/）。也有人对他写的东西发表评论。例如他写了一篇《谈谈"女人"与"女孩子"、"woman"与"girl"

[①] 参见 Leuf, B. & Cunningham, Ward. *The Wiki Way: Quick Collaboration on the Web*. Boston: Addison-Wesley Professional, 2001.

[②] 参见郑雅钦《什么是 Podcast》，博客中国，2005 年。网址：http://www.blogchina.com/140/2005-04-14/364318.html。

的用法》引起了许多饶有兴趣的回复与讨论。

　　John Pasden（潘吉）和 John Biesnecker 两个人为了"博客们"方便建立了一个"汉语为第二语言博客表"（China Blog List. org，http://www.chinabloglist.org/csl/），列出了一长串博客的网址，让人们可以很快找到网上有哪些博客网站。所列的网站都是老外用中文在那里写东西。涵盖的国家有日本、新西兰、西班牙、美国、意大利、澳大利亚，其内容五花八门。例如，超级老外潘吉把美国 *White Ninjia*（《白忍者》）网上漫画翻译成中文，放在自己的博客网站上，引起人们很大兴趣。另外让人忍俊不禁的是一些老外居然把中文学得那么自如，甚至能用来开玩笑。如："汉语有句俗话：饭后一支烟，赛过活神仙。但我觉得应该是：饭后一支烟，早死十几年！"（凯文的博客，http://homepage.mac.com/kevinjamessmith/iblog/Chinese/）

　　最近我们还见到中文教师开始在教学中利用博客网站。夏威夷大学的 Xiao Yang 老师率先利用了博客让中文二年级的学生自己在网络上写作，并且吁请其他学校的中文老师和学生响应。[①] Xiao Yang 老师不仅鼓励学生在博客上写东西，而且对学生的写作给予评论。他自己也有博客网站，不断在网上写作给学生提供材料。

　　此外更多的是不直接给学生使用的，属于为中文教师提供教学经验和数据分享的博客网站，如"华语教学分享馆"，其宗旨是"由网志联播召集网络上关心华语教学的朋友"，并且"透过

[①]　参见 Xiao Yang 老师的学生博客网站：http://xiaolaoshi.livejournal.com/friends 及 http://xiaolaoshi.livejournal.com/。如果其他中文教师也有类似的博客网站，请与本人联系（txie@csulb.edu），非常感谢。

联播分享彼此的教学及研究生活"①；从那里可以联通到许多其他与中文教学有关的博客网站。

维基网大多用于协同写作、教材编写和共同收集网络资源三个方面。制作人也多为对中文教学有兴趣的人士，少数是中文教师与学生的合作项目。其中最引人注目的是 Rice University 中文 201 班的学生。他们大概是第一批用 Wiki 来进行网上集体写作活动的。在 Meng Yeh 老师指导下学生用 Wiki 的形式将中国旅行的观感用中文写出来，并且配上照片，名之为"我们的中国之旅"。可以说这是一个图文并茂的学生习作园地。②

此外我们还可以见到维基中文教材，如：*Chinese Wikibook: A Free Textbook on the Standard Mandarin Dialect of Chinese*③。这是一个由三个人撰写（Taoster、Ran、Everlong）的中文教材维基网。三个人的身份不明，但其中一人为 Rutgers University 的学生。我们还发现另一个维基学汉语网④，作者 James Guo（郭宏）是中医方面的硕士，却对教外国人汉语有兴趣，制作了网络中文课程《用中文学中文》（*Learning in Chinese*）。

其他有学中文资源的维基网站，如中国成语维基网⑤，内容有谚语、成语和歇后语。如"星星之火可以燎原""熊瞎子摘苞米，

---

① 华语教学分享馆：http://blog.yam.com/huayuwen/。

② 参见 http://syllable.rice.edu/wiki/fall2005/Chin201_001_Yeh/index.php/Main_Page。实际上他们从一年级开始就采用 eportfolio 的形式开始写作。现在除了用维基以外，也使用博客。参见 http://blogs.rice.edu/tbar 和 http://blogs.rice.edu/rabalais。

③ 参见 http://en.wikibooks.org/wiki/Mandarin_Chinese。

④ 参见 http://hanyu.pbwiki.com/。

⑤ 参见 http://en.wikiquote.org/wiki/Chinese_proverbs。

摘一个丢一个""老骥伏枥，志在千里"等。学习广东话的网页有"Cantonese"[1]，但是只开了一个头，尚无实质内容。

网播：自从网播出现以来，中国已经有70多家频道，中文播客900多个，其中最有名的"土豆网"是最早的网播网站。[2]可是与中文教学相关的网播还不多。如果用"中文"或者"学中文"等词来搜索，还是很少能找到与中文教学有关的网播节目。以下是有关网播的一般网站：

网播百科：Podcast Encyclopedia，http://en.wikipedia.org/wiki/podcasting。

网播索引：Podcast Directory，http://www.podcast.net/。

网播新闻：Podcast News，http://www.podcastingnews.com/。

网播软件：Podcast Software，http://www.podcastalley.com/forum/links.php。

在外语学习方面我们找到的有日文和俄文的网播[3]：

学日文：Learning Japanese，http://japanese.libsyn.com/。

学俄文：Learning Russian，http://speakrussian.blogspot.com/。

在中文学习方面一个比较著名的网播站是Chinesepod.com[4]。这个网站是由上海的两个外国人和一个中国人主办的（Ken Carroll，Aric S. Queen，Jenny Zhu），属于香港注册的随

---

[1] 参见 http://en.wikibooks.org/wiki/Cantonese:_Contents。
[2] 参见《新民晚报》（美洲版·文娱新闻版）2006年3月7日。
[3] 全世界对网播情有独钟的人士似乎还不少，几乎各种语言学习的网页（一般网页以及专门网播网页）都可以找到。
[4] 参见 http://www.chinesepod.com/。

选培训有限公司[①]。这是第一个学习中文的网播站，从2005年起不断有新的节目上网，分四个程度：菜鸟、初级、中级和高级。除了广播以外，还有博客和维基。这是一个收费的网播站，需要注册、付费才能利用更多的资料，如录音的文稿等。学习者可以对广播的内容随时发表评论或提出要求。这个网播站非常受欢迎，从他们网站上的来信看，听众来自世界各国，对节目的评价很高。

二 谁在制作管理使用这些网站？他们为什么要写这些东西？

从目前收集到的资料来看，大部分的作者是学习中文的爱好者，或者是热心推广汉语教学的人士。此外还有少数中文教师让在校学中文的学生用博客练习写作，用维基网做合作活动（Collaborative Activity）。在大量的博客网站作者中，我们发现大部分都是学习汉语的人，而且外国学生占多数，中国人则常常会在网上对他们写的东西发表评论。有的学生在本地没有办法找到老师或者学中文的同学，博客就是他们学习中文的最好的手段。一位在美国的学生这样写道："我既没有好的语言环境，又没有很多时间。因此我学习汉语的方法就是写这个博客。"（中文newbie[②]）提供中文教学资源的则大部分是中文教师和一些与中文教学有关的机构。在这一方面，台湾学者比大陆学者更有兴趣。

使用维基的也都是学生或者中文爱好者以及一些正在教课

---

① "随选培训"英文为 on demand training，建议翻译成"随需培训"。

② 参见 http://spaces.msn.com/zhnewbie/PersonalSpace.aspx，有不少人回应他。

的中文教师。他们利用维基在网上进行一些课外的协作活动。创建中文网播的几位人士也并不是专业的中文教师，而是对广播事业有兴趣，并且有志推广中文教学的广播专业人士。制作 Chinesepod 的凯恩（Ken）在上海住了 11 年，主持过上海 101.7FM 的早餐广播节目，还创办了凯恩英语培训中心。和凯恩搭档的 Jenny 自 14 岁起在新加坡生活，接受新加坡教育，获澳大利亚国际关系学士、硕士学位（可参阅该网站的评论[①]）。

总结起来可以看出：博客常为学习者使用，内容大都跟学习经验和自己所喜欢的东西有关。网上发表没有任何限制，只要是自己喜欢的就可以发表。学习者经常出于兴趣、好玩在网上用中文写作，而且会得到一些反馈和共鸣，更加刺激他们的"写作"热情。教学中一直苦苦追求的"真实的语言交流"在此得到充分体现。

三 这些新的网络媒介有什么特点？

（一）作者有较高的中文写作水平

从上面的介绍中我们可以看出，这些网页（包括博客、维基和网播）的大部分作者虽然不都是专业的汉语教师，但是汉语水平相当高。请看下面一段从博客网摘引下来的文字：

"我小时候爱看美国人拍的古罗马大片，电影中的许多内容与我书上学的历史如方枘圆凿，对不上号，但屏幕上的画面却能给人以真实的错觉，更让童年的我深感其中。历史是活在我们

---

① 参见 http://www.chinesepod.com/about_intro.php。

今天的昨天,对所有人影响终生,但影响我们更多的是历史的事件,还是历史的叙述?是发生在我们过去的实事,还是我们刻意制造的假象?"——摘自《我的中文闹学记》(一个意大利小伙子在北京的随笔小札,2006年2月27日,http://spaces.msn.com/uthacalthing/)

究其原因是因为博客的作者有较高的中文写作水平,有充分的自信心。他们才敢于将自己的作品放在网上,而且希望得到众人的欣赏。在网上我们很少,或者几乎看不到初学中文的人在博客网上随意发表自己写的东西。中文教师似乎也鲜有人在博客网上像学生一样随意张贴自己的文章。

(二)双向交流和互动的特色

这三种网上媒体都有一个共同的特点,就是双向交流。例如上文说到的《我的中文闹学记》,贴出以后不到一个月就收到53个评论,有人赞许,有人来约稿。从跟帖的文字来看,大部分是中国人,少数是学中文的学生。以前的网页大部分都是单向的,即由网页的制作者将所要传播的信息提供给浏览网页的读者。虽然有的网页也有请读者发表评论(Comments)、留下联络地址(Contact Us),甚至建立讨论区(Forum),但是终究没有像博客、维基那样方便,读者可以随时发表评论、跟帖。网播虽然是单向的,但是网播的制作者一般都会把博客和维基跟网播联系在一起。这样发布新的内容和接受信息的反馈几乎是同步的了。这种双向交流和互动是以前所没有的。

(三)寓学于乐,商业气息不浓

博客、维基和网播很有娱乐性。首先使用博客的人都是为了好玩有趣而上手的,一旦作者的文章在网上出现以后,就有一些人来回应。这些人都是自觉自愿自掏腰包来办这些博客网和维基网的。所写的内容都比较有趣，是自己颇有心得的"得意之作"。

其次博客、维基、网播都由作者自己管理，商业气息不浓，广告比较少，至少目前"博客个人不能作为广告发布主体存在"[①]，不像有的网页一打开就是花花绿绿的各种广告，让人看了眼花缭乱，不知所云，退避三舍。

（四）变动性

跟网络上其他网页和资源一样，这三种网络形式同样有一个变动性的问题。在网络研究上这种变动性被称为"短暂性"（Ephemeral Nature）[②]。根据研究，网上资源在两至三年的时间内有20%至50%会消失。[③]这个数字是否可靠暂且不论，但是变动性确实是一个存在的问题。笔者从1997年开始收集网上学习中文的资源，采用的是简单的网页。但是在过去几年中，内容多有变动，因此该网页目前只能采取动态管理的方法，即将网页和资料库连接起来。资料库的内容若有变动，网页就会自动更改。学习中文的博客、维基以及网播同样会面临这种局面。例如学习俄语的网播站在播出了一段时间以后就中止了。其中原因是多种多样的，有的是作者没有时间再继续进行下去，有的是没有经费

---

① 参见《"徐静蕾博客拒绝广告"暴露法律盲点》，人民网·社会·社会广角，2006年03月24日。网址：http://society.people.com.cn/GB/1062/4233578.html.

② 参见 Harter, S. & Kim, H. Electronic journals and scholarly communication: A citation and reference study. *Information Research*, 2(1), 1996.

③ 参见 Benbow, S. M. P. File not found: The problems of changing URLs for the World Wide Web. *Internet Research*, 8(3), 1998.

维持。学校教师的网站网页也会因教师工作的变动而转移或者取消。不过新的网站网页又会很快出现,大有"野火烧不尽,春风吹又生"的势态。

四 对中文教学有多大的作用？有什么意义？

很显然,这几种形式都受到学习者的欢迎。博客的出现为中文学习者提供了网络自由创作的天地。本来在学习汉语的时候,学生至多只能按照教师的要求,写一些日记短文之类的东西,没有自己发挥的余地。而且写了以后只有教师可能对所写的东西做一点儿批改评论,至多在同班学生中做一点儿分享。可是现在一旦学生自己写的东西上了网,看的人就不再局限于教师,任何人都可以跟帖,发表看法。这样就对作者提供了反馈,更加刺激学生的写作欲望。除了在校学生以外,参与中文学习博客网络制作的还有一些已经在中国或者到过中国的人士,他们未必是在校学生,但是工作生活需要以及旅行的经验使他们在网络上尽情用中文发挥自己的感受和见闻。从他们所写的内容可以看出他们不仅对实际生活工作有体会,而且语言的运用也非常熟练,已经超过一般所谓高级汉语水平了。[①]

从读者的反映来看,有的博客跟帖非常多,反映也大多是正面的。例如上面所提到的一个意大利小伙子的一篇日记,其中不乏赞扬之言辞,如:"哇。相信你不是第一次听到别人的赞扬了。

---

① 参见《来华干嘛？在中国出现了一个怪人……》,博客网。网址:http://waze.net/laihua/。

但是我还是要再说一遍。天啊。好的太夸张了。"（匿名发布者）；"好一个'中文闹学记'！赞一个～～"（发布者笨狸上海棠花开）；"说实话，我都不知道'方枘圆凿'的意思……惭愧……呵呵，好强的汉语功底～"（发布者 _ash_m_ng）。由此来看，博客的发表起到了双向交流的作用，作者清楚地知道读者的看法。不过仔细分析起来，我们也可以看出，发表跟帖的大部分也都是汉语水平很高的人，懂得欣赏的人。至于这样的文章对于水平较低的学习者究竟有多大的作用很值得探讨。他们是否能够理解这些内容，从中吸取语言知识呢？对此我们不敢妄下结论，很需要进一步的研究。不过这种交流形式确实为学生在课外提供了一个很好的学习交流活动空间。中文教师（包括笔者）以前也曾经利用讨论组（Discussion Forum）让学生在网上发表写作练习。例如笔者在商业汉语课上曾经要求学生就一篇指定的阅读材料发表自己的看法，现在则完全有可能让学生轻而易举地建立自己的博客网，由学生在这个空间自由地发挥。

维基网出现以后人们曾经质疑其可信度（Creditability）。特别是 2005 年年底美国网上的"赛根泰勒风波"（Seigenthaler）发生以后更是如此。78 岁的前《田纳西人》（*The Tennessean*）编辑赛根泰勒在浏览维基百科有关他本人的资料时惊奇地发现，他"被认为与刺杀肯尼迪和他弟弟博比的事件有直接关联"[①]。他在随后为《今日美国》撰文时表示，如果要发生了什么暗杀的话，

---

① 参见 Seigenthaler, John. USA Today: A false Wikipedia 'biography'. 2005. Available from: http://www.usatoday.com/news.opinion/editorials/2005-11-29-wikipedia-edit_x.htm.

那就是对自己的人格诬蔑。赛根泰勒的经历引发了网民对维基百科的价值和可靠性的广泛讨论，或者更进一步地说，对线上资讯性质的争辩——究竟维基乃至网络上所谓的"真相"是否值得信赖？① 这种所谓"诬陷的事情"虽然为数甚少，但是大家对于众人合作撰写的任何内容都会产生不同程度的不信任，例如对维基网上的资料在学术研究时是否可以引用也产生了争议。② 如果网上出现汉语维基语法或者有关汉语的任何资料，那么这些资料究竟质量如何，是否由专家参与撰写，是否像以前的百科辞典一样有权威性等都会遭到质疑。目前我们还无法对这个问题做出解释和预测。

我们要看到维基的好处也恰好在于 wiki wiki（快点儿，快点儿）以及众人可以参与编写这一点上。我们现在可以有机会真正地实现"合作学习"（Collaborative Learning）。③ 众人可以一同工作，随时修改，共同编辑。在中文课上我们可以让一个组或者一个班建立一个维基网，共同对一个主题撰写文章，而且可以很快地加以修改。学生老师都可以一起参加这个共同写作活动。Rice University 的 Meng Yeh 老师认为"最大的一个优点就是，我

---

① 参见山村老狮《滋生假信息，还敢相信维基百科？》（家用电脑网焦点专题），2006 年。网址：http://family.chinaok.com/2006-01/16300.htm。

② 参见 Lever, Rob. Wikipedia faces crisis. In ABC Science Online, 2005. Available from: http://www.abc.net.au/science/news/stories/s1528925.htm.

③ 参见 Johnson, R. T. & Johnson, D. W. Action research: Cooperative learning in the science classroom. *Science and Children,* 24(2), 1986. Totten, S., Sills, T., Digby, A. & Russ, P. *Cooperative Learning: A Guide to Research.* New York: Garland, 1991.

作为教师可以在任何时间参与"①,至于众人一起编辑汉语教材,如何协调保证内容和教学思想一致的问题需要进一步的讨论和研究。目前笔者的建议只是请有关的专业人员、教师和编辑积极参与和贡献自己的专业知识,让高质量的汉语教材在网上立足。

这个建议同样对网播适用。网播相对需要较高的专业技术和知识,如广播节目制作的技巧、中文教学的方法。如果专业的广播电台或者电视台能够重视利用这一网络媒体的形式,与汉语教学的有关学校合作,制作一批有价值的网播节目,这对于在全世界推动中文教学将有极大的帮助。目前的电台和电视台都有一些网上广播节目,但是没有专门为中文教学设计的网播。我们何不利用这个形式做一点儿有意义的实事?网播实质上和以前的电台广播同属一个性质,但是由于传播的方式不同,网播节目能够不局限于广播电台电波所及的地方,而且在技术上也不需要短波电台一类功率很大的发射设备。只要有因特网,网播节目就可以随时下载收听。从这个意义上讲,科学技术的进步为中文教学和外语教学提供了新的有效的传播媒体。

此外,无论是博客、维基还是网播,都存在一个问题,即这些都是"被动的网页"。所谓"被动的网页",指读者必须自己到某一个博客、维基或者网播站上去。有的时候,几天没有到网站就不知道别人会在上面加了什么帖子。这和以前流行的新闻组(Newsgroup)和讨论组(Discussion Board)或者BBS一样。其实博客就是新闻组和讨论组的延伸和发展,不过现在更为方便,除了文本(Text)以外,还可以有图片、声像等多媒体形式以及

---

① 参见 Yeh, Meng. Personal email communication, 2006.

其他网站网页的链接。但是维基的出现却提供了一种新的写作模式，即集体写作模式或称为合作写作模式。对于语言教学中所提倡的"合作学习"观念是一种支持。

总而言之，这三种新兴的网络形式为中文教学提供了新的技术和手段。我们虽然在短期内无法预测或者衡量这些新型手段的有效性，但是从目前的观察来看，这些形式都受到学生的欢迎，至少在最近一段时间内引起很大的兴趣。我们需要更长时间的观察以及科学的研究才能对其有效性的问题做出回答。然而没有本节一开始就提到的"先锋队"和"敢试队"的"冲锋陷阵"，我们就无法回答这样的问题。为此我们向他们表示深深的敬意。

第三节　科技应用于汉语教学的有效性[①]

近数十年，计算机信息科学发展速度惊人，电脑辅助语言教学的各种尝试和成果，更是层出不穷，从20世纪70年代郑锦全教授的PLATO以及Kim Smith的汉语教学软件到现在，电脑辅助汉语教学的技术发展可以用一个广告用语来描述：You have

---

① 本节摘自李艳惠《汉语教学与科技的融合——何去何从》，崔希亮主编《汉语教学：海内外的互动与互补》，商务印书馆2008年版。

come a long way, baby！① 科技发展对汉语教学的深入影响到处可见：《美国中文教师学会学报》特别以一专刊讨论汉语电脑科技以及语言教学（Chinese Computer Technology and Language Teaching, May, 2003）。其他刊物的专刊中也有类似讨论（CLTA

---

① 一些代表性的对当代成果以及重要资源的评估有 Zhang（1998）、Bourgerie（2003）、Xie（1999、2000、2001、2002a、2002b、2004）等。随时更新反映出现时发展的有俄亥俄州立大学陈洁雯教授的 China Links 网站：http://chinalinks.osu.edu/，以及她所负责的美国中文教师学会网站：http://clta.osu.edu/CLTA Links.htm.。加州立大学长堤分校谢天蔚教授的 http://www.csulb.edu/~txie/ 等。网站资源的丰富，无法言喻。参见 Zhang, Zheng-sheng. CALL for Chinese-issues and practice. *Journal of Chinese Language Teachers Association*, 33(1), 1998. Bougerie, Dana Scott. Computer assisted language learning for Chinese: A survey and annotated bibliography. *Journal of Chinese Language Teachers Association*, 38(2), 2003. Xie, Tianwei. Using computers in Chinese language teaching. In Chu, Madeline. (ed.) *Mapping the Course of the Chinese Language Field, Chinese Language Teachers Association Monograph Series, 3,* Kalamazoo, Michigan, 1999. Xie, Tianwei. Pros and cons of using computers in teaching Chinese. In Zhang, Pu. (ed.) *Modern Education Technology and Chinese Teaching to Foreigners.* Guanxi: Guangxi Normal University Press, 2000. Xie, Tianwei.《e 世代的中文教师如何面临挑战》. *Journal of Chinese Language Teachers Association*, 36 (3), 2001. Xie, Tianwei. Three models of online teaching. In Zhang, Pu. (ed.) *E-Learning and Chinese Teaching to Foreigners*. Beijing: Tsinghua University Press, 2002a. Xie, Tianwei. Using word processing software and the impact on pedagogy. In Jing, Cheng (ed.) *Forum of Teaching Chinese to Foreigners, Vol.2*. Shanghai: Shanghai Foreign Language Press, 2002b. Xie, Tianwei. Reorganization and application of internet resources. In Zhang, Pu, Xie, Tianwei & Xu, Juan (eds.) *The Studies on the Theory and Methodology of the Digitalized Chinese Teaching to Foreigners*. Beijing: Tsinghua University Press, 2004.

Monographs 2 and 3）。在网络上,有关汉语教学的资源更是多如过江之鲫,目不暇给。随便在网络上搜寻一下有关汉语或汉语教学的某个项目,就有数不完、看不尽的网页,让人眼花缭乱。①

资源这么丰富,我们还可能缺什么呢?我们是不是都应该马上就全盘科技化,把科技带入我们的教学,达到提高教学效率和效用的理想呢?教师是否可以立刻减轻工作负担,学生能够立刻以最有效的方法获得最高的学习成果呢?事实并非如此。我们常听到老师的抱怨声,说他们在教学上所花费的时间反而多了,学生没交作业的借口也多了(我已经直接送到老师的 E-mail 信箱里了。我的电脑坏了。学校的电脑不能上网……)。这到底是什么地方出了差错?为什么科技好像不但没有真正帮助学生的学习,提高教学的效率,反而带来麻烦?我们到底应不应该使用这些新资源?要怎么使用?

针对这些问题,我们试图以美国大学中文课程的教学为例,通过各种实验研究,来探索答案,并寻求最佳解决之道。本节拟从汉字、阅读和写作、课外作业几个方面来讨论,对一些与教学配合使用的辅助教材②进行评析。

一 汉字教学与电脑辅助练习

我们要发展课件或决定使用某个辅助教材,应先知道问题在哪儿,是要解决什么问题。③对汉语教学而言,汉字通常被认为

---

① 对应原文附注 ③,篇幅很长,暂不在此摘录。
② 对应原文附注 ④,篇幅很长,暂不在此摘录。
③ 参见 Bai, Jianhua. Making multimedia an integral part of curricular innovation. *Journal of the Chinese Language Teachers Association*, 38(2), 2003.

是最难学习的。所以，有很多文章讨论汉字学习的心理因素、认知过程、教学方法等问题，[①] 也有很多学习汉字的辅助课件不断地出现。例如各种笔画顺序的练习，在线汉字辨识以及电脑生字卡等。这些辅助教材是否达到了原先设计的目的？我们有必要进行科学的分析。

以南加州大学中文组所设计汉字网页（http://www.usc.edu/dept/ealc/chinese/newweb/character_page.html）为例，它依据的是《中文听说读写》（*Integrated Chinese*，Cheng & Tsui Company，1997）。自从这个网页开放以来，我们收到很多来自世界各地的信函，赞同我们的设计，觉得这个网页非常有用，能够真正地帮助学生认识汉字，老师在课堂上可以不必花太多的时间介绍笔画顺序，学生可以随时参考练习，而且比一般的汉字练习本有用。因为学生可以直接而又清楚地看到笔画的移动顺序、方向，而且笔画转换速度还可以调快慢。这网页可以说基本达到了原先设计的目的。来信者还提出不少要求，其中最主要的要求是，希望将网上整套汉字笔画练习及其发音、意义、组词等全部下载到他们自己的电脑中，以便使用。学生的这些要求都证实了我们自己的判断：网络资源虽然方便，但有时也会出现诸如在线练习速度比较慢、不易控制等问题，所以，最好还是把常用的软件和资源放在自己能控制的电脑系统中。

虽然这个网页非常有用，用过的学生和老师都很喜欢。但是根据每学期对学生使用这个网页的评价调查结果，我们认为，网

[①] 举例而言，一些近年出现在 *Journal of the Chinese Language Teachers Association* 中的蒋冕华（1998）、印京华（2003）等，下文将说明。

上汉字练习系统并不能完全取代课堂汉字教学以及学生的纸笔练习。大部分学生还是希望老师能在课堂上花些时间介绍汉字，希望在老师的具体指导下自己动手练习。根据学生的愿望，我们改革了原先的汉字教学方法。现在的做法是，在刚开始学习中文时，老师在课堂上把汉字书写的基本原则介绍给学生；在介绍生字、生词时，再重点地重复性地介绍有关汉字的构造和笔顺。在这个过程中，我们还要求学生想一些故事帮助他们自己记忆汉字。我们的汉字网页则起汉字练习本的作用，学生可以用他们喜欢的网上练习的方式学写汉字。除了要求学生抄写课文或重要的句子外，老师在纸质汉字作业方面并不做硬性要求。这种折中采用电脑资源兼顾传统练习汉字的方法，得到学生的普遍赞同，老师的评价也相当令人满意。

这种做法也印证了印京华（2003）[①]对汉字学习所做的研究报告。印京华（2003）对美国大学生记忆汉字时使用的方法做了问卷调查报告。在明德学院暑期学校连续进行三年的问卷调查，收回有效问卷193份。结果表明：有超过半数的学生（66%）使用自制的汉字生字卡来帮助记忆汉字字形，记忆字音的占59%，记忆字义的占62%。而使用电脑化生字卡来帮助记忆汉字字形、音、义的学生仅有12至16人，比例没有超过8%。在这些学生中，只有两个人认为使用电脑化生字卡是记忆字音的最佳方法。"在美国学生中流行的并被多数学生认为是有效的记忆汉字的学习方法可概括为：费力多于巧妙。比如在记忆汉字如何写的方面，最

---

① 参见印京华《美国大学生记忆汉字时使用的方法——问卷调查报告》. *Journal of the Chinese Language Teachers Association*, 38(3), 2003.

流行同时也被认为是最有效的方法是费力地反复书写,记忆汉字发音的方法也趋向于费力。因此并不巧妙的'看与汉字对应的拼音'和'反复诵读'是两个最流行的,同时也是被大多数学生认作是最有效的学习方法。"为什么呢?"对大多数学生来说,那些看来'费力'的学习方法实际上是最简单的方法,因为使用这些方法时所需更多的不是认知型技能,而是运动型技能。但是那些'巧妙'的学习方法却需要更多的认知型技能。比如,利用汉字的部件(包括声符和义符)帮助记忆汉字的形、音、义就属于认知型的技能。但这又恰恰是学生缺乏的并有待大量学习并得到充分训练的技能。而传授诸如此类'巧妙'方法所需的知识和对此类技能的训练又不可能在初级或中级阶段'毕其功于一役',不得不分散到汉语学习的各个阶段……"另外,以前也有根据神经语言学的研究报告,发现学习汉字时,如果能够以手动的方式,顺着笔画依序写出,记忆比较深刻。[①] 这就好像一个人坐着别人开的车子,不太容易记住走过的路。只有自己开了一次,就马上记得一清二楚了。也难怪学生除了要有网络资源以外,还希望有传统笔纸的练习。我们常常可以看到学生拿着一叠小卡片,每张卡片是他们自己精心设计的汉字学习卡,上面是用他们自己的方法记下每个汉字学习的资料。学生可以边走边看,边吃边看。可见,这种方法有时比最先进的汉字电脑辅助技术还方便。

  以上所讨论的是学生纸笔练习的汉字学习记忆的观念。近

---

① 参见 Chen, Sylvia Shengyun. Intra-lexical noun-verb dissociations: Evidence from Chinese aphasia. Doctoral Dissertation. University of Southern California, 1997.

几年来，渐渐有人提出这种看法：现在计算机技术这么发达，只要一触键盘，汉字就可以打出来了，根本不需要用手去写。最能代表这种理念并真正有系统地付诸实行的是美国纽约 Baruch College 和宾州 Bryn Mawr College 所研发的 Penless Chinese Language Learning: A Computer-assisted Approach （http://www.penlesschinese.org/）。这个网页以一个特制的专用软件为工具，学生输入拼音和调号后，屏幕上就会出现一些同音字或字音相关的字，学生对这些字进行筛选，找出所需的汉字。也就是说学生只要知道拼音，大概晓得字的样子，他们就有办法"写"出汉字。根据 Penless 发表的研究报告，这个计划非常成功。控制组的正确率可达百分之五六十；实验组的则高到大约百分之九十，甚至百分之百。这个实验结果似乎表明，我们在汉字教学中也许应该尽量推广电脑打字技术，以免除手写汉字、"一字一字"记忆学习的辛苦。但是如果仔细审视这个实验的设计和过程，我们也许不会那么有信心地想马上就采用这个方法。第一个问题是，这种方法会不会影响到学生长期阅读能力的培养。我们知道，通常学生只是在初学汉语的阶段，学写汉字比较辛苦，过了这段基础训练以后，他们的根基打稳了，汉语（包括汉字）学习就容易多了。而用 Penless 学习，在开始时是比较轻松，进展可能也比较快，但持续下去，到了中级甚至高级阶段，并不一定那么轻松。因为，学生一旦离开 Penless 这个软件，他们可能写不出、认不出汉字。更何况 Penless 软件的词库目前还是常用课本词汇的集合，收字有限。学生进入中高级阶段，所接触的汉字可能会超出软件词库，这样，利用 Penless 软件学习汉字也有一定限制。

第三节　科技应用于汉语教学的有效性

美国加州州立大学长堤分校谢天蔚教授（2003）[①]做过以不同软件让学生打入汉字的错误分析研究，发现有些学生甚至不看电脑上出现的选择是什么，随便乱输入，造成不少困扰。我们在南加州大学也做过这样的实验：由于考试时要求所有学生使用电脑打字，而且电脑的软件必须转成学生不能使用在线字典等各种资源，所以我们以一般纸笔考试做实验，试图将写汉字的负担变成认识汉字的工作。具体操作是：考试时，先将生字表发给学生。这生字表不按课本中出现的顺序，且不以词为单位排列，而是一个一个字排列。这种设计的依据是：学生考试时，一点儿背景也没有的学生往往比较吃亏，他们必须记住很多生字、生词，而且还得一笔一画地在有限的时间内急着写完。如果给学生生字表，至少能够利用他们识字的能力，不一定完全要能凭记忆写出百分之百正确的字。但是没想到实验结果并不如预期。学生觉得要从字表而不是词表中找出正确的字，并不简单，如果硬采用这种方法，会浪费很多宝贵的考试时间。我们因此放弃这种做法，还是回归让学生一定要能凭记忆写出汉字的做法。学生认为，他们虽然要花很多时间练习，但学得很扎实。

另外，谢天蔚教授目前也在做同样的实验：第一个学期，学生还是用手写字，第二个学期以后才开始以电脑打字、做作业、考试。现在，我们还没有得到这项研究的实验结果，不知道这种混合方法的实际效果，更不知道最好的混合方法是应该从什么时

[①]　参见谢天蔚《中文输入错误分析》，Presented at the International Forum on Chinese Character Instruction and Computer Technology, Baruch College. New York, 2003.

候转换？转换之后是否还应该再加入学生手写的练习？什么时候可以开始不输入调号？① 什么时候可以开始以词为单位输入？

因此，我们也许可以下这样的结论：根据目前实验的情况来看，电脑机载练习应该只是辅助性的汉字练习技术。电脑可以减少老师在课堂上花在介绍、练习汉字上的时间，但不能完全取代。只有通过老师在课堂上的教授以及学生本身的主动练习，电脑辅助汉字练习才能达到最好的效果。

二 阅读和写作教学与电脑辅助练习

计算机信息科学的发展给汉语教学带来的另一个重要影响是，强化了学生文本阅读和书写的训练。在阅读方面，从早期简单地在练习文本中添加词汇讯息到目前利用在线字典阅读文本，学生的阅读负担减轻了许多。例如：利用南极星的文书处理软件，只要移动一下鼠标，文本中的字义、字音就可自动出现在文字旁边。最近几年，随着文字处理和翻译系统的发展，有的软件可以自动把文章依词分列②，因此，学生阅读长篇文章已经不是问题了。

关于在线阅读对学习语言的好处，Bai（2003）曾有研究，他引用 Gettys et al.（2001）③ 的实验结果，认为用电脑辅助的方

---

① 参见蒋冕华《由声调记忆、识字和发音的相关性谈改进学生发音》. *Journal of the Chinese Language Teachers Association*, 33(1), 1998.

② 文章依词分列的例子：http://www.usc.edu/dept/ealc/chinese/new-web/reading-page.htm.

③ 参见 Gettys, S., Imhof, Lorens & Kautz, Joseph. Computer-assisted reading: The effect of glossing format on comprehension and vocabulary retention. *Foreign Language Annals*, 34(2), 2001.

法大量而快速地阅读文本，可以大大提高学生的词汇量。现在有一些研究文章都讲到关于用电脑辅助进行文本精读和泛读的好处和大量的在线阅读对语言学习的重要性。可以从分词的效用来观察，Lu（1997）[①]曾详细介绍了分词的理念和做法，Chang（2002）[②]也公布了用电脑软件和分词训练学生阅读能力的实验结果。他们的研究表明，分词对阅读比较难的文章才有效，对一般不特别难的文章，效用则不明显。

我们还可以从平时的教学活动看电脑辅助阅读的优点。语言课常常要求学生去找资料完成某个任务，比方说，要学生安排旅游、介绍旅游点、购物办晚会、找邮局、找医院等等。学生在网络上寻找资料，然后，粘贴到南极星上，马上就懂了。从这几年我们学生的期末评鉴报告看，利用电脑辅助工具展开这些活动对阅读帮助很大，学生对这种机载阅读的方法也很满意。

另外，在写作方面，由于电脑的辅助，我们已经可以从第一个学期开始就让学生写成段成篇的文章了。[③]在南加州大学，我们一直要求学生做这种活动：学期开始时，就让学生定一个题目（通常是跟自我介绍有关的题目）。然后，每个星期，要学生以电脑打字交上一段，老师看完后，标明需要修改的地方，还给学

[①] 参见 Lu, Bingfu. Computer-aided training in reading Chinese. *Journal of the Chinese Language Teachers Association*, 32(2), 1997.

[②] 参见 Chang, Chih-Ping. Marking text boundaries and learning the Chinese language. Doctoral Dissertation. University of Southern California, 2002.

[③] 参见 Mou, Sherry J. Integrating writing into elementary Chinese. *Journal of the Chinese Language Teachers Association*, 38(2), 2003.

生，以后，每个星期一段，到学期终了，学生把所有完成的段落合成一本小书，加上图画，变成一本非常可观的书。还有学生甚至用 PowerPoint 或自设网站把所写的东西美妙地呈现出来。这些作品是学生自己的，学生非常喜欢。可见，用电脑辅助的方法学习写作，从最低年级开始就显现出很多效果。

当然，我们还要做更多客观的实验，以求能确实掌握怎么使用电脑辅助阅读和写作才是最有效的。

三 课外作业与电脑辅助练习

电脑辅助教学的另一个目的是减轻老师的工作。现在，教师不仅可以利用电脑更正学生的错误，还可以让学生使用电脑做功课。然而，电脑辅助学生做练习的效果到底怎样？老师的工作量真的减轻了吗？学生的学习效果有没有受到影响？正面还是负面的影响？我们可以通过下面两个例子来说明。

南加州大学中文组根据《中文听说读写》编制了南加州大学中文教学网上作业 *Integrated Chinese*：*A Multimedia Companion*（Cheng & Tsui Company，2004、2005、2007）。该网上作业包括听、说、读、写以及综合练习等内容，被制成 CD 放在网上。学生可以到语言实验室直接上网练习，也可以从网上下载练习资料回家练习。完成功课后，他们再把练习结果传送给老师。在口语练习方面，由于目前传送的技术问题比较多，我们暂时先不要求学生传送这一部分内容。我们用这种方法做了一个学期的实验，尽管效果不那么理想，但教师还是对让学生利用电脑做作业以减轻自己工作量的做法充满信心。这是因为，学生是第一次完全以电脑做功课，且做得好坏直接影响到学期成绩，他们都希望能成功地做完作业，并在网上传给老师。当然，在实验中，我们也遇到这样的情况，一些学生对电脑没信心和把握，要在老师一而再，再而三地说明下（有时在每个练习前都给予详细的解说，甚至还给了例子）方肯去做；更有甚者，有的学生似乎根本就不看这些重要解说，一味地依赖老师的帮助来用电脑做功课；还有些学生在网上传送作业后并不能确定其作业是否被老师收到，所以重复传送了好几次。由此可见，在学生最初使用电脑辅助练习时，教师虽然少了改作业的时间，却在教学生如何使用这种方法上花了很多时间。但尽管如此，参与实验的教师对这种方法有一定信心，认为学生习惯用电脑操作以后情况应该可以改善。

为了解学生对这种方法的看法，我们曾做过问卷调查，其中一个问题是"如果可以选择使用电脑或纸笔来完成作业，你们会希望选哪一个？"，答案分为两类：本来就不习惯用中文输入系统操作电脑的人，觉得用电脑练习比较浪费时间；而常用电脑的人觉得，虽然用电脑做作业比较便捷，但考试成绩跟用纸笔似乎没有什么差别。

另一个例子来自南加州大学语言中心主持的实验计划。1999年到2002年，由 The Andrew W. Mellon Foundation 赞助了一个采用科技辅助外语教学的评鉴计划，所有的外语教学单位都参与了这个计划。在这个计划实施中，西班牙语是参与人数最多的语种。学生每个星期完全用电脑完成作业，再将其传给老师。这项计划在2002年有了初步的实验报告。结果发现，多数学生不喜欢用电脑做作业。其主要原因有两个：（1）电脑容易出错，且不方便，不能一边跟同学聊天儿、吃饭，一边做功课。（2）上网时间集中，网络拥挤,在线速度慢。大部分学生都等到最后该交作业才着急上网,而此时上网人数太多,影响练习资料下载的速度。另外,有的老师私下也非常反对电脑辅助教学,经常在课上向学生抱怨使用电脑的坏处。这也会影响学生对使用电脑做练习的态度。为了调动学生使用电脑的积极性,从 2003 年起,该项计划对实验做了一些改善。采用将不同班级学生交作业的时间错开,改善电脑主机的配置,增强网络传送的速度等方法,使学生上网的时间更充裕。另外,因为每年授课人都要轮换,反对电脑辅助教学的老师也减少了。到 2004 年总结该项实验情况时,结果是喜人的。大多数学生认为用电脑辅助做练习的方向是对的,它可以增强学生对提高自己语言学习能力的信心,教师也对因电脑辅助练习为他们省下大量批改作业的时间而欢欣鼓舞。

以上两个例子表明,用电脑练习代替传统的笔纸练习是有潜能的。其成功与否主要在于:(1)学生和教师对电脑软件的适应以及他们对信息技术接受的程度。(2)教师能否全力扮演支持的角色。(3)学生和教师是否能很快就体会到使用电脑的好处。(4)是否真正节省时间,方便使用。(5)所做的练习工作是否能完全融入课程。

在用电脑做练习的过程中,学生最喜爱做听力的练习。Zhang(2004)[1]报道过加州伯克利大学使用 WebCT 来做听力练习。过去,学生得去实验室借录音带,做完功课后再还。Zhang(2004)

---

[1] 参见 Zhang, Lihua. Stepping carefully into designing computer-assisted learning activities. *Journal of the Chinese Language Teachers Association*, 39(2), 2004.

改进了这种麻烦的办法。学生可以在自己舒服的家里上网听录音、做功课。作业的目标以及步骤都十分明确，学生反映非常好，结果也令人满意：71% 的学生认为这种做法方便，78% 的学生认为采用 WebCT 学习语言比较有效率。

毫无疑问，这个计划的成功，是因为有特定而明确的目标，而且方便有效，所以学生的兴趣很高。[①]

当然，Zhang（2004）也注意到学生通常是在最后一分钟才做功课的情况，以至于有时无法按时完成作业。可见，不管科技怎么发达，如果学生不很好配合，效果总是有限的。

上面所介绍的是学生用电脑辅助方法完成课外练习，以及减轻教师工作强度的情况。另外，还有一点需要特别注意，这就是多媒体设计问题。下面就举一个例子说明。

四 多媒体设计

一般认为，学生如果能多方面地接触语言，他们的学习效果一定会很好。所以，若以多媒体形式设计语言资讯，便可以使学习者同时接触到形、音、义等方面的语言信息，从而提高学习效果。现在，很多课件都充分利用声、光、平面、立体等各种不同

[①] 在同一篇文章中 Zhang 提到在 Web CT 上所列的参考联网（Reference Link）。调查结果发现只有稍多于三分之一的学生知道网页上有参考联网这个项目。没有一个学生常常使用。89.2% 的学生很少使用（"Seldom" used it）。这倒是给老师们很大的警讯。如果不想浪费时间，最好是给学生很明确的任务，让他们知道应该要使用什么网络上的资源。否则不如静下来，喝杯茶！

层面来设计。然而，多媒体教学的实际效果如何呢？Zhu & Hong（2005）[1]曾做了一个很有意义的研究。他们探讨了在电脑多媒体辅助教学环境下不同的媒体（如发音和笔画顺序动画）对学生汉字字体记忆的影响。美国中西部一所大型公立大学的 92 名汉语学习者参与实验。以班级为单位并根据所使用的生词卡种类（电脑显示），将这些学生分为四个组：无发声无笔顺动画、有发声无笔顺动画、无发声有笔顺动画、有发声有笔顺动画。实验结果显示，有发声无笔顺动画组别的学生对所测汉字的字体记忆得最理想，有发声有笔顺动画组别的学生对所测汉字的字体反而记忆得最差。他们使用双重编码理论（Dual Coding Theory）[2]的分散注意效应（Split-attention Effect）来解释实验结果。

这个实验的结果和一般人的直觉恰恰相反。可见用多媒体教学并不是多就好，而是要用得恰到好处。

五 结论

近几年来，随着科技的发展、电脑和网络的普及，汉语教学科技化的浪涛以无法阻挡的气势冲进各个校园，以致许多学校都对语言教学的电脑化投入了巨大的人力和财力。为了满足这种教学的需要，各种产品也不断涌现。面对这种浪潮，我们必须要冷

---

[1] 参见 Zhu, Y. & Hong, W. Effects of digital voiced pronunciation and stroke sequence animation on character memorization of CFL learners. *Journal of the Chinese Language Teachers Association,* 40(3), 2005.

[2] 参见 Paivio, A. *Mental Representations: A Dual-Coding Approach.* New York: Oxford University Press, 1986.

静思考，沉着应付，要多做一些实验，看哪些新科技方法可行，哪些不可行。这里，我们必须明白"人"的重要性，即老师的引领作用和学生对新技术的态度是成功实施电脑辅助教学计划的关键。同时，我们还必须清楚地认识到，在语言教学方面，新科技并非灵丹妙药。只有考虑周到，运用恰当，它才会在"教""学"中发挥作用。此外，只有电脑技术真正地与语言习得理论、语言处理、认知理论、神经语言学等结合和沟通，它在语言教学上的应用前景才广大。为这个前景的实现，我们应该多花点儿时间研究讨论，以大量的客观的实验来说明，科技与教学在哪些地方可以融合，哪些不可以融合。只有这样，才不会感到我们好像只是追着科技发展的步伐跑，累得喘不过气来，才会稍微享受一下科技带来的益处和乐趣。

第四节　科技应用于汉语教学的原则[①]

近年来，电脑网络技术的飞速发展推动了教学改革，现代教育技术在对外汉语教学领域中所起的作用也日趋明显。电脑网络技术的发展为改进及丰富各个教学环节创造了有利条件，多媒体的应用也使得我们的对外汉语教材变得有声有色。然而面对潮水

---

① 本节摘自白建华《高科技手段与高效率教学——浅谈高科技手段在对外汉语教学中的有效融入》，崔希亮主编《汉语教学：海内外的互动与互补》，商务印书馆 2008 年版。

般涌来的电脑技术及网络教学资源，有些对外汉语教师感到困惑和束手无策，甚至产生了抵触情绪。也有一些学者过高地估计了电脑及网络技术的作用，甚至将传统教学与多媒体教学对立起来，把多媒体教学说得天花乱坠，把传统教学说得一无是处，以致认为有朝一日多媒体将取代老师。在笔者看来，这些想法都未免过于偏激。若要真正优化对外汉语教学，必须在研究教与学的基本理论、课程设置、教学法、教学手段上下功夫，在此基础之上再考虑如何将现代科学技术有效地融入对外汉语教学的各个环节。多媒体技术与任何现代科学技术一样，只能作为一种工具在教学中使用，永远也无法取代优秀老师的课堂教学。

接下来，我们先探讨一下利用高科技提高教学效率的几个原则，然后结合俄亥俄州两所大学远程教学的合作经验和体会，从课程设置、课堂教学、学生评估等诸多方面谈谈我们是如何将电脑技术和网络技术有效地融入实际教学之中的。

一 高科技手段与高效率教学

毫无疑问，现代科学技术在改进汉语教学方面有着极大的潜力。作为对外汉语教师我们应该迎接 e 时代的新挑战，与时共进，积极、稳妥地利用高科技手段提高我们的教学效率。下面我们谈一谈利用高科技所应遵循的几个原则。

第一个应遵循的原则是现代教育技术再发达，也取代不了优秀的对外汉语教师。

我们要积极地利用高科技在对外汉语教学中的优势，但同时要对其局限性有足够的认识。前面已经提到，现代高科技手段有极大的潜力，使用得当能促进我们的汉语教学，提高我们的教学效率。[1] 但是也不能忽视其局限性，否则，在使用过程中会令人大失所望。电脑只是一种现代工具，它的智商是零，需要人的操作才能发挥作用，没有优秀老师的参与，没有教学前沿的试验，任何学习软件都只是纸上谈兵。因而在我们选择或开发多媒体教学资源的过程中，首先要考虑的一点是我们的制作团队是否有优秀的教师参与。近年来，我们在使用高科技手段提高教学效率方面有过不少尝试。其中有成功的经验，也有失败的教训。然而最大的收获是在实践中发现，高科技使用的成功，离不开教学第一线优秀的对外汉语老师和电脑专家的合作，另外，学习者的及时反馈也至关重要。电脑的另一个局限性是它所提供的教学互动是极有限的。我们都很清楚，成功的外语学习离不开师生之间和学生之间的互动。虽然多媒体学习软件在很多方面为学习者提供了帮助，但终归只能起一些辅助作用。当然，多媒体学习材料相比传统教材有很多优势，比如，多媒体材料能做到有声有色、图文并茂，同时给学习者多种有效的刺激，从而提高学习效率。多媒体还能帮助我们做到寓教于乐，提高学习者的学习动力。但是要想达到上述效果，首先得有一批极富教学经验的教师参与制作，同时，也要有一线教师的合理操作方可达到预期的效果。

第二个原则是运用高科技首先必须尊重教学规律，解决对外汉语教学中的实际问题。

---

[1] 参见 Bai, J. Real people on real topics: Web and CD versions. Funded by the Andrew W. Mellon Foundation, 2002. Xie, Tianwei. e-Generation's Chinese language teachers: Meet the new challenges. *Journal of the Chinese Language Teachers Association*, 36(3), 2001.

在考虑使用什么样的现代教育技术,如何使用这些技术时,不应先考虑技术,而应首先考虑如何利用高科技提高我们的教学效率,解决教学中的实际问题。很多电脑程序(Program)和模板(Template)都有很多功能,有的功能有助于提高教学效率,有些功能虽然先进,但与教学没有很紧密的关系,学起来、用起来反而麻烦,事倍功半。如果我们首先考虑如何解决教学中的实际问题,就可以更有效地利用我们宝贵的时间,充分开发现代教育技术的潜力。在这个原则下,我们需要考虑的具体问题是:第一,高科技是否确实比现有教学手段更能有效地解决我们教学中的实际问题?毋庸置疑,同一本教材,多媒体形式要比传统形式更生动、更直观。但是一味追求高科技不一定是最佳选择。比如,尽管网络的传送速度越来越快,Streaming Video 这种高科技不如录像带或 DVD 这些所谓的"低"科技更实用和适用于课堂教学。Streaming Video 图像小,传送慢,影像也不够清晰。而录像带或 DVD 反而没有这些限制,所以"低"科技有时候比高科技更容易使用,更有助于提高教学效率。第二,如果我们能够确定某种高科技手段的确有利于教学效率的提高,接下来的问题是:我们有没有足够的时间、财力和物力?有没有现代教育技术专家的支持?在使用高科技的过程中,有些行政管理人员误以为,高科技的使用能承担老师的一些任务,从而降低整体费用,其实不然。高科技使用得当,能提高教学效率,可是在初始阶段,费用不是减少,而是增加。要想在高科技的有效使用上有所突破,必须得到校方的支持,申请到足够的研究经费,这无论是在中国还是在美国都不是一件很容易的事。第三,如果我们具备了所有的条件,接下来我们就要考虑,把高科技运用到整个教学过程中的哪一个环节才能最大限度地提高教学效率。整个教学过程至少可以分成四个环节（见图 8-1）：

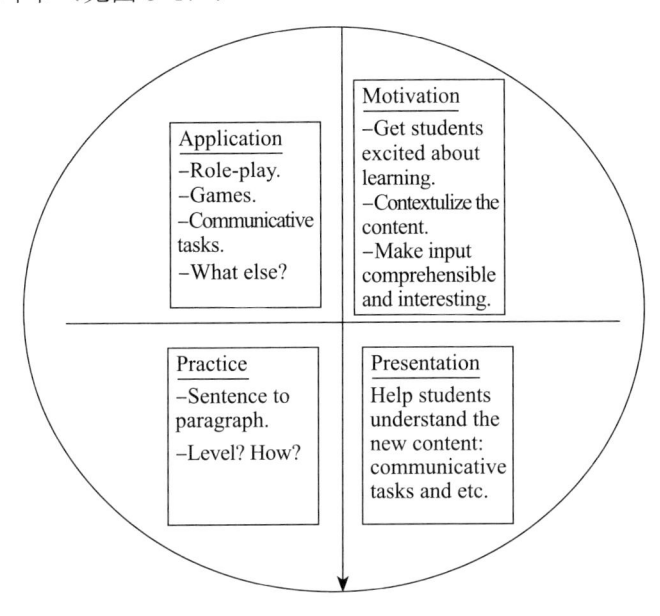

```
Motivation
-Get students excited about learning.
-Contextulize the content.
-Make input comprehensible and interesting.

Application
-Role-play.
-Games.
-Communicative tasks.
-What else?

Presentation
Help students understand the new content: communicative tasks and etc.

Practice
-Sentence to paragraph.
-Level? How?
```

图 8-1 教学过程的四个环节

发掘和提高学生的求知欲和学习动机；将学习内容有效地、准确地传递给学生；通过语言的操练帮助学生掌握语言的规律；最后是运用 Task-based 学习活动使学生能够准确地、流利地、得体地进行不同场合的交际活动。

第三个应遵循的原则是不断试验、总结、推广，对反馈信息加以分析。

众所周知，高科技手段是新技术，将其运用到教学中更是新中之新。我们应在实践中不断总结经验，并对实践加以分析，进行有实验基础的研究，然后对有效的经验加以推广，并及时获取反馈信息，在总结中不断提高。多年来，在传统的教学手段方面，我们已积累了一定的经验。但是，现代高科技手段在教学中的使用才刚刚起步，我们还需要在使用高科技来提高教学效率方面做有心人，经过有实验基础的研究来指导我们如何把高科技有效地融入语言教学的整个过程中去。① 比如，Gettys et al.（2001）对多媒体教材中生词的标注方式进行过研究，他们发现，不同的标注方式对学习者的阅读能力的提高和单词的记忆都有不同的效果。实验证明，单个单词的标注比整句的翻译标注法更有助于学习者对词汇的学习和记忆。其他研究结果表明，同时利用图片和文字解释生词比单独使用文字解释或者图片解释更有利于提高学生对生词的理解和记忆。② 另外，有人对利用网络交流（CMC）的教学手段也进行了实验，研究结果表明，网络交流对语言能力的提高在某些方面胜过口语练习。③ 目前，建立在实验基础上的

---

① 参见 Nagata, N. The effectiveness of computer-assisted metalinguistic instruction: A case study in Japanese. *Foreign Language Annals*, 30(2), 1997. Nagata, N. The effectiveness of computer-assisted interactive glosses. *Foreign Language Annals,* 32(4), 1999. Chun, D. M. & Plass, J. L. Effects of multimedia annotations on vocabulary acquisition. *The Modern Language Journal*, 80(2), 1996. Gettys, S., Imhof, Lorens & Kautz, Joseph. Computer-assisted reading: The effect of glossing format on comprehension and vocabulary retention. *Foreign Language Annals*, 34(2), 2001.

② 参见 Kost, C. R., Foss, P. & Lenzini, J. Textual and pictorial glosses: Effectiveness on incidental vocabulary growth when reading in a foreign language. *Foreign Language Annals*, 32, 1999.

③ 参见 Ortega, L. Processes and outcomes in networked classroom interaction: Defining the research agenda for L2 computer-assisted classroom discussion. *Language Learning and Technology*, 1(1), 1997. González-Bueno, M. The effects of electronic mail on Spanish L2 discourse. *Language Learning and Technology*, 1(2), 1998.

检验高科技手段的研究正在得到越来越多的学者们的重视。美国的 Mellon 基金会近些年投巨资赞助多媒体教学。他们现在也重点支持有实验基础的、能对高科技手段进行评估的研究课题。我们在使用高科技提高教学效率的过程中，要不断总结经验，多做些有前沿性的、建立在实验基础上的研究。

二 远程教学与资源共享：利用高科技手段提高教学效率的一个实例

前面我们谈了利用高科技提高教学效率所遵循的几个原则，下面我要举一个利用高科技手段提高教学效率的实例：美国中西部偏远地区两所大学（Kenyon College 和 Denison University）如何通过开设"远程高级汉语"解决师资不足的问题。

Kenyon 和 Denison 两所大学都面临同样的问题：学校小，学生人数在 1500 到 2000 左右。学中文的学生虽然近年来有所增长，但是到了高年级，学中文的学生人数还不是太多，学生人数还没有增长到校方愿意多雇对外汉语教师的程度。由于师资不足，我们不能开设足够的高年级汉语课程，高年级学生能选的课程很有限。所以经过两校对外汉语教师的几次讨论，我们决定最好的出路是通过远程教学实现资源共享：Kenyon 开设"远程高级汉语"，Denison 开设"远程中国文学"。这样两校的学生都有机会多选一门中文课。

为了得到校方的支持和 Mellon 基金会的赞助，我们所做的第一件事就是参加远程教学设备的培训班，充分了解现代技术所具备的优势以及如何利用其优势提高我们的教学效率，然后向校方和 Mellon 基金会说明通过远程教学开设高级汉语的重要性、迫切性和可行性。由于我们的构想和创意合理可行，而且具有前沿性，很快得到了校方和基金会的大力支持。

有了校方和基金会的支持，我们开始着手远程教学的课程设计。为了避免闭门造车，我们先考察了美国不同的远程外语教学项目。目前的考察结果是远程教学基本上有两个模式：一是借助电脑网络系统的非共时教学（比如夏威夷大学的中文远程教学）；二是借助闭路电视的共时教学（比如科罗拉多 Morgan County 社区大学的外语远程教学）。夏威夷大学的远程教学课程是"高级汉语"，他们主要是通过万维网进行非共时语言教学。教师把所教的内容放在网上，然后提供学生所需要的解释，并且设计不同的语言练习活动。师生之间和学生之间通过网上交流达到教授并提高其汉语水平的目的。另外他们也和中国台湾的一些大学生建立了网上交流。科罗拉多 Morgan County 社区大学是通过 ITV 进行共时教学。教师在主校授课，远端的学生和主校的学生同时上课。另外，主校和远端的学生还可以利用课外看录像带和其他一些辅助材料的方法提高其外语水平。

我们认为，两种模式各有利弊，所以决定吸收各家之长，取长补短。同时借助电脑网络技术以及闭路电视的技术进行我们的远程教学，试图有效地将电脑网络、闭路电视以及多媒体等技术融入我们整个教学过程中。

远程教学的主要设备是两校的 Teleconferencing 教室，其中包括：

- Tandberg Educator 5000 videoconferencing suites
- Easy-to-use touch screen control panel that can be moved from

a speaker's podium to conference table and document cameras for display in room as well as video conference exchanges

· Full room microphone coverage

· Two color monitors at the front of the classroom to view incoming and outgoing images

· One color monitor at the rear of the classroom for instructor's view

· Two video cameras capable of automatic tracking and independent control

· Dedicated video network connections between the two campuses

· Four dial-up telephone lines (ISDN) for video connections to facilities worldwide

· Networked microcomputer for projection and video conference exchanges

· Color projection system and screen for computer displays

· Telephone for voice communications with other sites or for support

关于远程教学（Teleconferencing）教室的性能，http://siddall.info/vc/网站有更详细的介绍。除了远程教学教室的各种技术手段，我们也尝试使用了Blackboard和其他LMS（Learner Management System）系统。

"远程高级汉语"课程的主要部分是每星期在远程教学教室上的三次"共时教学"课，每次一小时。除此之外，还有利用电脑网络和LMS系统进行的课前准备、课后作业、操练课和单班课。

下面我们具体描述一下每个部分的操作步骤：

课前准备部分，学生上课之前需要熟读课文，所用的课本是《乐在沟通》（Cheng & Tsui Company，1996 年）和《两岸对话》（Cheng & Tsui Company，1998 年）。预习方法有传统式的看课文、背单词，也有比较新式的利用网络工具的学习方式。比如，教学生用 Annotator（http://www.rohan.sdsu.edu/～chinese/annotate.html）自己制作生词表。学生可以将任何 GB 码的中文材料贴入 Annotator，然后点击"Annotate"，电脑可以在几秒钟之内自动做出每个词的中文拼音及英文解释供学生参考。另外，Annotator 还有断词或者把整篇文章转换成拼音等功能。

再有，我们也采用了"文林""释文解字"或者其他类似的网络辅助工具，比如 Popjisyo（http://www.popjisyo.com/）帮助学生学习。这些工具使用方便，操作简单，可以提供线上词典、各种解释，以及课文的声音材料，等等。学生可以用这些工具对任何中文材料进行处理，然后将鼠标移至不认识的字、词，电脑可以提供英文解释和声音。另外，学生也可以将他们自己喜欢的网页网址键入 Popjisyo，然后可以点击网页上的任何中文词来得到英文注释。

另外，老师也可以通过 ITV 值班时间帮助学生预习。这些课前活动一方面是帮助学生课前预习，更重要的是培养他们独立学习的能力。

为了更好地提高教与学的效率，我们为所使用的课本制作了一套多媒体辅助教材——*Real People on Real Topics*，有 CD 版也有网络版。网络版的网址是：www2.kenyon.edu/depts/mll/chinese/bbvideo/bbvideo.htm。这套多媒体辅助教材包含不同年龄的中国人谈论有关文化和社会问题的录像，所谈论的内容都是课本练习部分中涉及的题目。除了录像，学生还可以点击看脚本、生词注释，也可以通过点击做听力理解题。跟上面提到的电脑网络工具相比，我们这套材料的生词解释准确度高得多，因为我们提供的不是线上词典，而是根据文章的上下文提供的恰当的词汇注释。

另外，这套教材为学生的讨论课增加了更多的素材，他们可以听到、看到中国人对同样问题的看法和态度。他们可以通过对有意义的话题的讨论扩展词汇，提高对中文的理解和表达能力。

这套多媒体教材的制作是一次成功的尝试，制作小组有经验丰富的对外汉语教师，也有懂多媒体技术的人员，还有使用本套教材的学生代表。制作这套多媒体辅助教材所使用的电脑软件有两个：一个是 Macromedia Dreamweaver，一个是美国明德学院教育技术中心免费提供的 Makers（http://makers.cet.middlebury.edu/）。这两个制作工具操作简单、实用性强。关于如何利用这两个电脑工具制作符合学生需要的多媒体教材，笔者在网站（http://www2.kenyon.edu/People/bai/Research/Index.htm）有详细说明。

ITV 课堂讲解及练习是"远程高级汉语"课程的主要部分。ITV 课的主要目的是解答学生的问题，通过课堂操练、个人报告、小组讨论或辩论提高学生的理解能力和表达能力，同时也帮助学生了解中国的社会、时事、文化等方面的知识。除了口语练习，我们也做一些写作练习。例如，老师可以提出一个问题，然后给 5 分钟让学生写出他们的回答；他们的作文可以用 ELMO 投影仪投到大银幕，这样两端的同学都可以看，然后根据他们的写作对谈论的话题进行更深刻的讨论。

Teleconferencing 教室是新式的教学环境，前面我们说过，新式的教学环境需要新式的教学手段，比方说，怎么样安排教师和学生的排列？如何更好地使用远程教室的预设（Pre-set）？如何准备远程教学的教案？如何更有效地利用 Teleconferencing 教室提高我们的教学效率？这些都是我们仍在继续尝试，并需要进一步改进的方面。

"远程高级汉语"的最后部分是课后作业及其他学习活动。其主要目的是强化学生所学的内容，测试他们的学习效果。我们采用了传统的笔头作业，远端的同学可以将笔头作业用传真机传给老师。我们也使用了比较新式的手段。例如，利用 Blackboard 的 CourseInfo 还有 Eres 的功能进行了分题讨论（Web-based Threaded Discussion）：我们要求学生每星期 2—3 次根据他们所听到或者读到的重大事件进行报告并发表自己的看法。其他的学生至少有 2—3 次的跟帖。通过电脑网络完成以上学习任务不需要很多的技术训练。随着中文信息处理技术的发展，跟五年前相比，汉字的输入和传送更便捷。这就为我们利用高科技手段达到教学目的提供了技术依据。

对修改作业的方法我们也做了些改革，为培养学生独立学习、独立思考的能力，我们采用用不同的颜色标出学生作文中不同类别的错误的方法，鼓励学生自己找出具体的问题并加以修改。比方说，红色是语法错误，蓝色是词汇使用的问题，粉色是"老师不知所云"，等等。除了正常上课，两校的学生每学期有 2—3 次面对面的聚会，费用由校方支付。另外远程教学的两端都设有助教，帮助学生解答问题和练习会话。

前面我们谈到了运用高科技手段提高教学效率的原则之一是

不断验证我们的实践。所以，为了检验"远程高级汉语"课程的效果，我们在学生中做了一些调查。总体来说，学生的反应是积极的。如果学生认为这门课的效果跟其他语言课"差不多"，那就证明我们的远程教学尝试还是成功的。

调查问卷的第一个问题是"跟其他的课相比，你觉得这门远程高级汉语怎么样？"。学生的回答包括："没什么差别""开始的时候不太习惯，远程交流比较难"，有些远端的学生指出教室的音效有问题。根据学生的反馈，校方对远程教室的设备做了更新，比方说，增加了质量更好的麦克风。

调查问卷的第二个问题是"跟其他外语课相比，这门远程高级汉语课更费时吗？"。大部分回答是"没什么不同"。有两个学生提出用电脑写作比较费时。现在的中文输入方法越来越科学、越来越方便，比如现在我们可以用 NetMeeting 的 Whiteboard 手写输入中文，而以后的学生会更好更快地掌握电脑中文输入的方法。

调查问卷还问及学生对"远程高级汉语"的网页（www2.kenyon.edu/People/bai/CHNS321/）的看法。调查结果表明，学生们对"远程高级汉语"的网页很满意，他们觉得网页给他们提供了方便，网站上的内容有助于他们的学习。

调查问卷的第四个问题是询问学生对电脑软件"南极星"和中文输入的看法。有的学生喜欢用电脑写作业，有的学生担心长期用电脑会影响他们对汉字的记忆。

调查问卷的第五个问题是"你对用颜色标出你们作业中的问题有什么看法？"。差不多所有的学生都表示喜欢老师用颜色标出问题然后自己动脑动手改正自己的问题。

因为学生没有很多地使用"讨论园地"(The Discussion Board),我们设计了以下的问题:"在你看来,为什么同学们不喜欢使用'讨论园地'?"学生的回答是:在"讨论园地"栏目上输入中文太慢,而且网络上的辅助工具常常不能用。

调查问卷表明,学生们最喜爱的是"单班课",无论是面对面,还是通过 ITV 老师和学生的个别谈话,学生们都一致认为:"非常好!是练习中文不可多得的好机会……好极了!通过这些个别谈话我的中文水平有了明显的提高……这些一对一的个别谈话非常有用。"可见,优秀的老师还是胜过高科技!但是,在老师资源不足的情况下,合理、充分地利用高科技手段可以有效地弥补一些缺陷。

三 结论

利用高科技手段进行远程教学具有很大的潜力,这种模式有利于资源共享,可以有效地解决师资缺乏的难题。美国的学术杂志 *Language Learning and Technology* 2003 年出版了专辑,该专辑就不同的远程教程模式以及远程教学中的其他具体问题进行了讨论。可见,远程教学正在受到越来越多的重视。

我们开设的"远程高级汉语"这门课还算是行之有效的。校方已经决定把"远程高级汉语"作为两校长期合作的课程。但是我们还面临许多亟待解决的问题。例如,远程教学作为一个新的教学模式应该具有哪些特点,与传统的教学在具体的课堂操作上应该做哪些调整和改进?如何解决合作方课程设置方面的兼容问题?远程教学的教材和练习方法应该有什么特色?如何培养学生的独立学习能力，独立使用网上的学习材料及辅助学习的工具的能力？如何提高学生，特别是远端学生的自觉学习动力？如何保证远程教学"课堂"之间的有效互动？这些问题还有待进一步探讨。

　　总而言之，我们应该在实践中不断总结经验，对我们的实践加以分析，然后对有效的经验加以推广，在总结中不断提高。我们需要迎接 e 时代新的挑战，要充分利用已有的科技成果，将现代高科技手段有效地融入我们的对外汉语教学之中，我们需要多做些有前沿性、有实验基础的研究，积极、稳妥地使用高科技提高我们的教学效率。

后 记

2006年，商务印书馆出版了"商务馆对外汉语教学专题研究书系"。当时，我们对2006年之前，与计算机辅助教学相关的论文进行了梳理，选编了有代表性的论文，编辑为两册，分别是《对外汉语计算机辅助教学的理论研究》和《对外汉语计算机辅助教学的实践研究》，成为该套书系的一部分。此前，虽然1994年美国教育传播与技术协会（Association for Educational Communication and Technology）已经发布了教育技术的原始定义，且在2004年又发布了新的定义，但在2006年之前的很长一段时间内，教育技术无论是作为研究对象，还是作为领域或学科，都没有被汉语教学界所重视。而2006年之后的10年来，汉语教育技术的发展正践行着教育技术研究各个范畴的基本理念，逐渐成为汉语教学研究的对象。

教育技术研究的宗旨在于指导教学，解决教学实践中的具体问题。不同学科应用教育技术有其特殊的地方，但它离不开教育技术发展变化的大环境和大背景。因此，当商务印书馆再次启动书系的续编之时，经与专家讨论决定，我们把相关内容所编辑成册的书名定为《汉语作为第二语言教学的教学技术研究》和《汉语作为第二语言教学的教学资源研究》。

我们搜集了2006年之后的10年间，在中国境内公开出版的汉语教育技术相关论文,共计近 1600 篇。本书是有关汉语作为第二语言教学的教学技术的相关内容,选取了其中有代表性的论文。全书分八章:第一章汉语教育技术研究形势分析;第二章多媒体汉语教学原理探讨;第三章网络汉语教学设计与学习策略研究;第四章网络汉语学习环境构建研究;第五章汉语教学前沿技术应用与探讨;第六章信息化教学实证研究与计算机模拟;第七章汉语教学中的信息挖掘与利用;第八章信息技术应用于汉语教学的反思与对策。希望能够为大家呈现这一时期对外汉语教学技术研究的整体面貌。

按照本书系体例上的安排,所选文章的参考文献等一律作为脚注,敬希谅解。

感谢所有同意将自己的研究成果选入本书的作者,没有各位学者杰出的研究工作,本书的编辑工作无法完成。

我要特别感谢我的研究生们。这项工作自 2014 年年底启动之后,我的几届研究生都参与了此项工作。他们帮助我做了大量细致的工作,付出了辛勤劳动。他们是李阔林、李曼语、赵笑笑、袁萍、周梦圆、刘梦迪、陆凯英、田晋华、张蕊、韩春、王雅思、张晓杰。

感谢责任编辑刘婷婷在书稿的编辑中付出的辛勤劳动。

受篇幅和其他原因所限,有一些相关的重要论文未能编入本书,希望能够得到谅解。其他不当之处,也请各位同行批评指正。

郑艳群
2018 年 4 月 9 日

图书在版编目(CIP)数据

汉语作为第二语言教学的教学技术研究/郑艳群主编.—北京:商务印书馆,2019
(商务馆对外汉语教学专题研究书系.第二辑)
ISBN 978-7-100-16734-5

Ⅰ.①汉… Ⅱ.①郑… Ⅲ.①汉语—对外汉语教学—教学研究 Ⅳ.①H195.3

中国版本图书馆CIP数据核字(2018)第237475号

权利保留,侵权必究。

汉语作为第二语言教学的教学技术研究
郑艳群 主编

商 务 印 书 馆 出 版
(北京王府井大街36号 邮政编码100710)
商 务 印 书 馆 发 行
北 京 冠 中 印 刷 厂 印 刷
ISBN 978-7-100-16734-5

2019年1月第1版　　开本880×1230 1/32
2019年1月北京第1次印刷　印张11⅝
定价:36.00元